中国技工教育发展历程

崔秋立　主编

中国人力资源和社会保障出版集团
中国劳动社会保障出版社　中国人事出版社

图书在版编目（CIP）数据

中国技工教育发展历程 / 崔秋立主编 . -- 北京：中国劳动社会保障出版社：中国人事出版社，2021

ISBN 978-7-5167-4697-4

Ⅰ.①中…　Ⅱ.①崔…　Ⅲ.①技术教育－研究－中国　Ⅳ.①G719.2

中国版本图书馆 CIP 数据核字（2021）第 065428 号

中国劳动社会保障出版社
中 国 人 事 出 版 社 **出版发行**

（北京市惠新东街 1 号　邮政编码：100029）

*

北京市艺辉印刷有限公司印刷装订　新华书店经销

787 毫米 ×1092 毫米　16 开本　20.75 印张　266 千字

2021 年 5 月第 1 版　2021 年 5 月第 1 次印刷

定价：68.00 元

读者服务部电话：（010）64929211/84209101/64921644

营销中心电话：（010）64962347

出版社网址：http：//www.class.com.cn

中国技工教育发展历程

顾　问

刘　康　张立新　张　斌　王晓君
冯　政　陈李翔　汪春慧　翟　涛
王　飞　杨　奕

主　编

崔秋立

编写组

崔秋立　王俊峰　林忠候　巫惠林
李兴军　周　永

前言

为沧桑巨变的技工教育而作

穿越历史的长廊，伴随着中华民族探寻复兴之路的艰辛尝试，中国技工教育的种子悄然萌发。19 世纪末，福建船政学堂在福州马尾诞生，1868 年 2 月 17 日，清朝船政大臣沈葆桢为了培养造船修船的技术工人，在福建船政学堂内开设“艺圃”，由此诞生了中国第一所技工学校。

在争取民族独立和人民解放的斗争中，中国技工教育的发展也从未停止。从张謇兴办手工、纺织染传习所到抗战时期的兵工署技工学校，从国际友人路易·艾黎创建的培黎学校到解放区大连铁路工厂青年技术学校，中国技工教育的火种不断绵延、迸发、燃烧。

当天安门广场升起第一面五星红旗，一个崭新的国家屹立在世人面前。1953 年，随着国民经济第一个五年计划的实施，国家开始建立培养后备技术工人的制度，确定由劳动行政部门综合管理技工学校和技术工人培训工作，初步建立了特色鲜明的培养体制和培养模式。技工教育为新中国培养了大批训练有素、技艺精湛的产业技术工人，为社会主义建设做出了卓有成效的历史贡献。

1978 年，党的十一届三中全会做出了以经济建设为中心的战略决策，一场社会大变革从此拉开序幕，技工教育焕发出强大的生机与活力，谱写了发展的新篇章。20 世纪 80 年代，《技工学校工作条例》等法规规章颁布，技工教育走上了法制化、规范化的办学之路。20 世纪 90 年代，随着高级技工学校、技师学院的建立和发展，技工教育逐步形成了技术工人梯次培养的格局。

党的十八大以来，中国这艘巨轮开启了实现百年复兴梦的新航程，技工教育也被赋予了新的时代使命。2013 年 4 月 28 日，习近平总书记与全国劳动模范代表座谈时强调："工业强国都是技师技工的大国，我们要有很强的技术工人队伍。"

技工院校在改革创新中不断发展壮大。技工教育办学规模持续扩大、办学实力逐年增强、培养质量不断提升，为我国社会发展和经济建设培养了数以亿计的技能劳动者，从这里走出了一批又一批大国工匠。实践证明，技工院校已经成为我国后备技能人才培养的主阵地，成为开展就业培训、职工培训、技能竞赛的训练基地，成为开展精准扶贫、技能扶贫的重要培训载体，一个结构合理、层次多样、管理规范、特色鲜明的现代技工教育体系正在形成。

为进一步加大技工教育宣传力度，让社会各界和技工院校师生深入了解技工教育发展的历史，我们组织编写了这本《中国技工教育发展历程》，对我国技工教育的发展轨迹进行了全面梳理和系统阐述。本书展现了中国技工教育从萌芽、发展、壮大到辉煌的沧桑巨变，介绍了技工教育发展特色、承担的主要功能，以及对经济社会发展的重要推动作用，揭示了技工教育的历史底蕴和文化内涵。

百年回眸，沧桑巨变；栉风沐雨，春华秋实。中国技工教育凝聚着技能图强的磅礴力量，正在书写劳动创造未来、技能成就梦想的壮丽篇章。培养大国工匠，促进就业创业，推动中国经济实现高质量发展，将是新时期技工教育肩负的使命与职责。一个劳动光荣、技能宝贵、创造伟大的新时代已经到来，它必将激励广大技能劳动者，为实现中华民族伟大复兴的中国梦砥砺奋进，共铸辉煌！

目录

第一章
技工教育的萌芽与初创

第一节　社会分工与职业变迁

一、生产劳动促进了社会分工

人类早期的劳动就有一定的分工。早期的狩猎活动包括围堵、投掷、捕杀、分割等，参与狩猎者分工合作，各有侧重。成年男子从事捕猎、渔获等活动，妇女从事采集植物、果实等活动。这是最初始的，按照人们的性别、年龄、身体条件而进行的自然分工。之后，不同的生产劳动方式，就有更明确的劳动分工，仍然属于自然分工范畴。比如捕鱼、狩猎、采收、耕种等相对固定的分工，即靠山者为猎人，近水者为渔夫，居草者为牧民等。在我国古籍中，还有许多关于人类劳动分工的记载。《尸子》记载："燧人之世，天下多水，故教人以渔。""伏羲氏之世，天下多兽，故教民以猎。"《白虎通义》记载："至于神农，人民众多，禽兽不足，于是神农因天之时，分地之利，则制耒耜，教民农耕。"

应该说，这些分工还不能称为社会分工，而属于劳动分工，也称为自然分工，是按照人们在社会经济活动中的劳动方式自然划分的，只是劳动方式的独立化、专门化。这样的劳动分工往往是人们在一个经济单位的经济活动过程中劳动条件（包括身体条件）和劳动技术上的联合方式，即劳动的联合方式。

自然分工是相对于社会分工而言的。劳动分工一旦超越了一个经济单位，演变为社会范围内的生产分工，就成为社会分工。有观点认为，人类社会产生于原始社会晚期，经历了五次社会大分工。第一次社会大分工是攫取经济与生产经济的分离，即采集、渔猎与农业、畜牧业分离。第二次社会大分工是畜牧业从农业中分离出来。第三次社会大分工是手工业与农业分离。第四次社会大分工是脑力劳动与体力劳动分离。第五次社会大分工是原始社会晚期商人阶层的出现。

二、社会分工产生职业和职业技能教育

人类经历了第一次社会大分工，采集、渔猎发展为农业、畜牧业，也催生了农耕技术“职业技能教育”的萌芽。传说中，神农氏选出五谷，发明了木耒、木耜（翻土工具），教人们进行农业生产，使人们结束了漂泊迁徙生活，过上了定居生活。据考古发现，距今七八千年前，我国黄河流域的先民种植起粟子，长江流域的先民种植起水稻，也种植起桑麻，告别了“不耕不稼”“不织不衣”的时代，迎来了农耕文化的萌芽与发展。

农业部落早于游牧部落，畜牧业最初包括在农业中。传说中的伏羲氏“教民养六畜，以充牺牲”，又结绳为网，用来猎捕飞鸟。伏羲氏即是“降伏牺牲”“驯养牺牲”的意思。这一切说明，农业生产中已经逐步产生了驯养家禽家畜的“副业”。河姆渡文化和仰韶文化均有饲养猪、狗、水牛等发现。还有一些文献和考古成果证明中国七千多年前就有家畜驯养业，是世界上最早养猪的国家之一。此后，中国与整个人类一道经历了第二次社会大分工，畜牧业从农业中分离出来，丰富了人类生产方式，积淀了畜牧业饲养与防病的经验，丰富了“职业技能教育”的内涵，也推动了传承、教育的专业化。

职业是从业人员为获取主要生活来源而从事的社会性工作类别。社会分工促使职业出现，职业的出现又促使不同职业劳动知识与技能得到积累和传承。我国最早的职业分工出现在距今 3 000 年前的西周，即人类第三次社会大分工之后。当时典型的职业分工就是“四民分业”现象。《穀梁传 · 成公

元年》记载："上古者有四民，有士民，有商民，有农民，有工民。"《逸周书·程典》记载："士大夫不杂于工商，商不厚，工不巧，农不力，不可成治……业有分专，然后可以成治。"第三次社会大分工，即手工业与农业的分离，成为早期工艺技术及其专门教育的开始。《考工记》记载，当时官营手工业已有专业分工，如木工、金工、皮工、陶瓷工等30个工种，均有一定的师带徒培训制度，培养造就了大批专业工人（工匠），鲁班、干将、莫邪等都是在这种制度下相继出现的能工巧匠。

《考工记》

《考工记》开篇说道："国有六职，百工与居一焉。""六职"分为：王公、士大夫、百工、商旅、农夫、妇功。其中，百工即指当时的手工业从业者。

《考工记》记载手工业者有六大类，三十个工种。其中，攻木之工有七种，攻金之工有六种，攻皮之工有五种，设色之工有五种，刮摩之工（玉石之工）有五种，搏埴之工（陶工）有二种。分工细密，人尽其能，则有助于工匠技艺专精。

《考工记》对"工"的见解非常准确，"知者创物，巧者述之，守之，世谓之工"，这是对不断创新、提高工效、保持优良传统工艺的歌颂。

三、艺徒制成为职业技能教育的典型形式

第四次社会大分工是脑力劳动与体力劳动分离。这个时期，专职"文化人"出现，教育开始分化为培养"劳心者"和"劳力者"两类。巫成为掌管宗教、巫术、医药、天文历法和文字记录的专业人才，需要专门教育和传承。原

始社会末期，开始设置公职人员，专门从事文化教育活动。《尚书·舜典》记载："命汝典乐，教胄子。"

第五次社会大分工的标志是原始社会晚期商人阶层的出现。《易经·帝系篇》记载："日中为市，致天下之民，聚天下之货，交易而退，各得其所。"商人的出现和交换传习，促使"工商食官"制度产生，并成为周朝工商业发展的基本制度。

自周朝以后，百工成为古代手工业者的代称，归司空管辖，分级设有"工官"管理手工业者及其生产。

除官府手工业外，社会上还存在大量个体手工业。职业技能教育早期主要为家庭内的技艺传授，即世业家传。社会发展使手工业介入商品交换领域，带来一定的竞争，促使家传技艺的传授范围扩大，形成收徒授业方式。春秋战国时期，百工技艺几乎无不有师。

这种收徒授业方式，后来就演进为稳定时间极长、贯穿整个古代社会的艺徒制。艺徒制是学徒边从事劳动，边接受师傅操作技艺教育的一种教育形式。学徒无工资，有月规和年节压岁钱。艺徒制兴起于奴隶社会，发展完善于封建社会，是中国古代职业技能教育的典型形式。

秦汉至隋唐，封建经济达到了相当高的水平，与此相关的技艺传授也有了长足进步。虽然自隋唐开始的科举选拔使以后的主流教育围绕着科举应试展开，但以专业教育和技艺传授为主的职业专科性"学校"已经出现。唐代已设立了"掌百工技巧之政"的少府监（负责天子和皇族日常用品的制作）和"掌土木工匠之政"的将作监（负责朝廷的土木建筑）。两监在全国范围内选拔优秀工匠，均有培养和训练艺徒的职责。少府监制定的艺徒培训标准，规定了学徒年限（复杂工种4年、简单工种9个月）和考核制度（季考、岁考）。明代出现资本主义萌芽性质的手工工场，形成"机户出资，机工出力"的生产关系。明清时期，工场内形成社会性的师傅授徒形式，取代了“子就父学”“个人收徒”方式，艺徒制得到突破性发展。特别是行会的出现，标志着我国古代艺徒制传授活动的高度规范化。清代浙江温州丝织行会规定，学徒先学织后学染，每台织机可有 2 名学徒，学制 5 年。

艺徒制是历史最悠久的职业技能教育制度。艺徒制以“言传身教”“心传”为特色，注重现场学习；以亲密的师徒关系维系，精要技术传承精准；以工助学，节省学习成本。艺徒制的局限也十分明显，表现为传授随意性较大，不够系统集中，教育周期长、效率低，带徒数额有限，教育范围较小等。

四、中国近代“技工”概念的起源

（一）“技工”的出现

在古代，“技”的本义指人赖以谋生的手艺，“工”的本义指工匠的曲尺。在古代汉语中，技与工很少连用，技有技艺、技巧、技术的含义，工有工具、工匠、擅长的意思。我国古典文献中第一次连用“技工”一词的是南宋诗人刘克庄，其《方岩尹主课渔溪》诗曰：“君于场屋素称雄，非止原夫一技工。贯虱心推白社族，执牛耳属紫薇公。乌衣子弟如康乐，绛帐先生得马融。看得龙飞第一榜，联翩奏赋冠南宫。”

1868 年，福建马尾船政学堂设立艺圃，招考“艺童”，有食无薪，优秀者留下为“艺徒”，有食有薪，毕业发展可由“小匠”至“匠人”再到“匠首”，大部分从事舰船维修的船身、船机、木匠、铁匠等工种。张之洞在湖北创办“工艺学堂”，培养的学生分为“工师”“匠首”“匠目”，其中“匠目”的任务是“运用机器之方，辨别物类之法，会各种制造程序”。此时，“技工”范围不仅限于“艺徒”“匠人”，还包括电报等领域的工人，有高级“技术工匠”的含义。

清末媒体报道中的"技工"

1896年9月2日，李鸿章在美国纽约接受《纽约时报》采访，美国记者问：美国资本在中国投资有什么出路吗？李鸿章答：中国政府非常高兴地欢迎任何资本到我国投资……资金和技工由你们提供。但是，对于铁路、电讯等事物，要由我们自己控制。

1914年1月14日，国民政府参谋部登载《航空学校毕业员技工待遇条例》。该条例共有"第一章　学员""第二章　学习技工""附则"3个部分，共12条。第一章分为任用、奖励、召集、抚恤4节。第二章分为任用及奖励、服务年限2节。这是民国时期第一次出现"技工"的文献，专门指代区别于普通技术人员的航空业服务者。

（二）"技工"含义的明晰

"技工"（artisan）一词的本义源自拉丁语中一种被称为"ars"的体力劳动，意为把某种东西"聚拢、捏合和进行塑形"，后来随着劳动形式的逐渐丰富才演变为"技能、技巧、技艺"（art）的意思。"artisan"作为特定的职业和特定的社会阶层，即"工匠""手艺人"的意思，是通过16世纪法语"aitisan"和意大利语"aitigiano"的含义才确定下来的，并于17世纪早期开始广泛运用。

中国近代使用的"技工"一词伴随清朝海军建设开始使用起来，并在航空领域率先出现。"技工"一词的源头与常说的"skilled personnel""technical talents"有所不同，不是以操作性为主的工作者的统称，而是高技术、懂机械、常动手人员的代称。

20世纪20年代，"技工"的含义逐步被明确为具有专门技艺的"技术工人"。"技工"一词多见于政府公文。如1921年，《江西省农会丛刊》发布《江西农事试验场技工服务规则》；1922年，航空署公布《修正技工工资等级规则》；1927 年，浙江省建设厅分别命令技工雷男、张福仁、龚式农等审查考核蚕种制造厂、林场、农事试验场等成效。至此，“技工”已成为“技术工人”的代称，涵盖多个领域。

1934 年，上海《时代》画报刊发照片《汽车女技工——王定》

1928 年 12 月 31 日，国民政府交通部发布《技工章程》，“技工”一词正式进入政府管理体系。《技工章程》共 63 条，分为“总则、录用、薪给、考核、奖励、惩戒、告假、川资、恤养”9 章。《技工章程》规定：“凡从事于交通部电政机关机械或线路之工作者称为技工。”《技工章程说明书》特意指出，“名称：旧章向称工匠，新章则改为技工，机匠改称机工，并另加工头一项”“范围：从前电报局及电话局工匠，各自专章今，统一名称及待遇，起见合并规定”。该章程经多次修订，是民国时期技工管理的重要规章制度。

1936 年，河南省公布《河南省技工民工恤金章程》，指出“本章程所称技工，指从事于电话、长途汽车、公路队、农场水利、竖井、河防、地质调查、农工器具制造等工务之一者而言。所称民工，指从事于公路水利及其他微工办理之工务而言”。该章程也是技工权益保障的专门文件，技工抚恤比民工优厚一等，说明技工的珍贵。

1939 年 4 月，《修正协助内迁各厂招募技工暂行办法》颁布。1939 年 9 月，《汽车技工管理规则》颁布，规定“技工分为工匠、副匠、艺徒三级”“技工依据所习之工作各分为十种：装配匠、铜匠、铁匠、木匠、电气匠、漆匠、轮胎匠、车钳匠、缝匠、润油工”。

抗战期间，实业部门纷纷迁往大后方。实业需要技工，所以技工成为各方争夺的对象。黄汉瑞在《论战时技工管理》中指出："技工是指有手艺的，或熟练工人而言。……本来技工的数量已有限，能安全退入后方又不多，于是自然地演成技工荒。"《战区失业技工的救济问题》《战时技工执照统制问题》《战时汽车驾驶人及技工受雇解雇督行办法》等，主要涉及管理、救助、雇佣等问题。这一时期，《通缉本局潜逃技工》《制发通缉技工像貌单》等颇多，那些身怀绝技的技工一旦出逃，被视为重大损失，往往会惊动当局，受到通缉。

在这里，技工是指具有专门技艺的技术工人，以航空、船舶、公路交通、电报电话、机械、农技等为主要领域，是传统工匠的现代化称谓。当时的技工，是重要的战略资源，也是人才的核心组成部分，具有明显的前沿性、技术性、稀缺性和高收入等特征。

（三）"技师"的起源

"技师"一词最早见于清末的媒体报道。《北洋官报》先后于1903年登载"世界第一火车站：美国纽约铁路技师……"，1906年登载"特聘技师改良磁器""俄派技师视察铁路"，1907年登载"实业：选派学生充当技师""实业：聘请技师勘办林木"等消息。当时其他报刊也有所涉及。

1905—1911年，清政府学部先后举办七届归国留学毕业生奖励科名出身考试，共授予1 399名进士、举人出身。1911年，《奏派工科进士为技师长》指出："福州电气公司开办以来，布置将次周密。兹查总技师一席，系由松督咨请学部将工科进士学部主事刘崇伦留闽充任。闻学部大臣已据请情入奏矣。按刘君闽产，素精工科，若充任该公司技师长，想必无遗憾，而为吾闽造一大事业也。"

1919年，译著《职业技师养成法》出版。1920年，教育部《颁发职业技师养成法令》和《劝学所购阅职业技师养成法》对该书予以推荐。同年，京师学务局令公立职工学校将各科助手改称技师。

1923 年 4 月，国民政府颁布《技师甄录章程》，对农、工、矿技师资格限定为："在国内外大学或专门高等学校修习农工矿各专门学科三年以上，得有毕业文凭并实习确有经验者；办理农工矿各场所技术事项，合并计算在八年以上着有成绩，或能自行发明改良制造或著作于农工矿各业确有心得者。"当时规定，"大总统技师甄录合格人员拟认为与文官高等考试及格者有同等之资格"，并发农商总长签发的专门证书。

1924 年，农商部公布 15 名技师，随后《政府公报》陆续公布多批次技师名单。国民政府先后于 1928 年颁布《工业技师登记暂行条例》，1929 年颁布《技师登记法》，1947 年颁布《技师法》。《技师法》规定，依专门职业及技术人员考试法，经技师试验或检核及格者得充任农、工、矿技师。

1926 年和 1927 年，《光华年刊》两次登载文学士、工科技师杨才清照片

《技师法》中技师分类表

农业技师	农艺、园艺、森林、蚕桑、植物、病虫害、畜牧兽医、农业、化学、水产等科
工业技师	土木、水利建筑、市政工程、卫生工程测量、原动机机械制造、自动车轮机、造船航空工程、冷藏、电力、电讯、电机、号志、化学工程、分析化学、造纸、制革、制糖、窑业、制药、纺织等科
矿业技师	采矿、冶金、应用地质科

1928—1931 年全国技师统计分类表

科别	人数	科别	人数	科别	人数
土木	217	应用化学	20	采矿	117
建筑	40	农科	18	机械	38
电气	32	冶金	18	纺织	16
蚕桑	2	轮机	1	材料	13
农学经济	2	窑业	1	电工	7
农艺化学	1	地质	4	水产	1
造船	2	畜产	1		

第二节　近代工业与洋务运动

一、师夷之长技以制夷

第一次鸦片战争的失败和西方列强的侵略，使中国的领土、领海、司法、关税和贸易等主权开始遭到严重破坏。在经济上，以小农业和家庭手工业为主要标志的自然经济开始解体，以棉纺织业为主的家庭手工业受到外来商品的巨大冲击，以丝茶为主的农产品日益商品化。在文化上，西方思想文化向社会各层面渗透，教育成为西学渗透的主渠道之一，尤其是西方以教会为主要平台进行的教育渗透，带来了西方的思想，也带来了西方近代科学。当时，传教士除传教外，还翻译了《代数学》《几何原本》《天文问答》《地理全志》《重学》《指南针》等书籍，开始传播自然科学。教会在华办校，虽然重在传播西方价值观，但客观上也推动了数学、物理学等科学知识的传播。

近代中国的启蒙学者正是从西方科技的先进性中领悟到富国强兵必须学习和运用科学的道理，于是开启了文化层面上的思想启蒙。比如，被誉为“第一个睁眼看世界”的林则徐就是以《四洲志》一书，开始介绍西方国情，介绍一些科技知识，并提出“师敌之长技以制敌”。林则徐的朋友魏源在《四洲志》的基础上编写了《海国图志》，并在该书序言中强调：“善师四夷者，能制四夷；不善师外夷者，外夷制之。”他把林则徐的原话稍加修改，提出“师夷之长技以制夷”，成为近代这场思想启蒙运动中最具影响力的口号，推动社会掀起一波“学习西洋人先进技术，用于抵御西洋人侵略”的思潮。

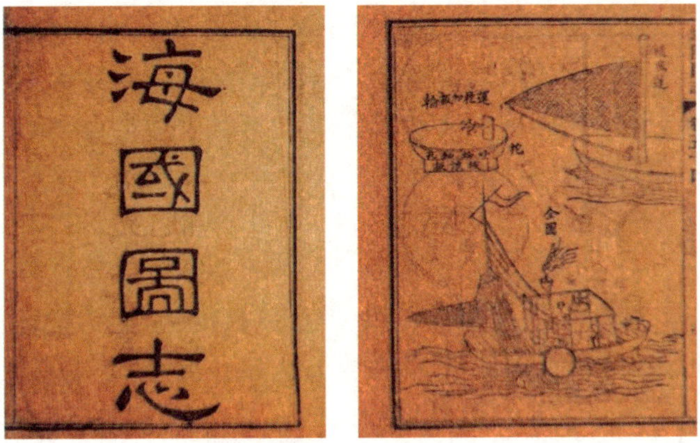

1843 年刻印的《海国图志》

这股思潮的目的只在学习西方技术以抵御侵略，并没想触及中国自身的变革，所以虽有警世作用，却也只是一种微弱呼声，在当时没有形成现实社会变革力量，直到后来洋务运动兴起，才被付诸实施。但它确实是对中国传统思想的突破，开始学习来自西方的“长技”，而不再把“技术”“技艺”“技能”之学视为末流，具有划时代意义，也为以现代科学为主要内容的“新教育”热潮的兴起做了思想准备和舆论铺垫。

二、以强兵富国为目的的洋务运动

第二次鸦片战争，中国再次惨败，京师失守，皇帝出逃，圆明园被焚，被迫再次签订屈辱条约。此后，一些人开始倡导和推行“洋务”。清政府内部对如何解决一系列内忧外患问题而分成两个派别，即洋务派与守旧派。洋务派主张“师夷长技”，守旧派则认为“长技”终是末流，“忠孝礼义”方为根本。两派围绕引进西学、学习科技而展开激烈争论，首先发生在朝堂上，后渐渐走向民间，民间文人也被卷入争论。直到 1898 年，张之洞发表《劝学篇》，以“中学为体、西学为用”的观点缓和了两派矛盾，获得朝野上下一致认同，学习西方先进科学技术成为人们的共识，通过选择性借助西方工业化技术才能实现自强。

洋务派掀起了洋务运动，主张并利用官办、官督商办、官商合办等方式发展新型工业，增强国力。这一场从 1861 年至 1894 年的洋务运动，大致可分为两个时期，前期口号是“师夷长技以自强”，后期口号是“师夷长技以自富”。

19 世纪 60 年代，在“自强”旗号下，洋务派通过引进西方的机器设备和技术开始创办军事工业。曾国藩创建的安庆军械所，就是洋务派开办的第一个兵工厂。接着，李鸿章在上海创办江南制造局，生产枪炮、炸药和轮船。左宗棠在福州马尾创办福建船政局，制造轮船，分拨海军和各省巡防缉私之用。19 世纪 70 年代以后，洋务派在“求富”旗号下，在继续兴办军事工业的同时，创办了一些民用工业。洋务派办民用工业，主要采取“官督商办”形式，即招商投资入股，官方派人经营管理。此外，还有“官办”和“官商合办”的工业，其中比较著名的有李鸿章筹办的轮船招商局、上海机器织布局、开平矿务局，张之洞兴办的汉阳铁厂等。19世纪80年代，开平矿务局还修建铁路运煤，开创了中国铁路运输事业。

这一时期，中国工商业有所发展。一是外资企业陆续产生。外国资本家在通商口岸建立新式工厂，在租界经营公用事业。到1894年，外资企业有191家，产业工人3.4万人。二是清政府创办的以军事工业为主的洋务企业约有48家，产业工人4万人左右。三是民族工业有所发展，如机器缫丝业及小型轻工业，到1894年有135家，产业工人3万人左右。中国产业工人总人数约10万人。工商业的发展带动了对技工的需求，具有工业化特点的技工培养也开始出现。

开平矿务局

三、洋务学堂的兴起

洋务派认识到，与外国人打交道需要大量翻译人员，创办新式工业需要技术人员和技术工人，必须由专门学校培养。在这种形势下，出现了新式洋务学堂。

（一）洋务学堂的类型

新式学校按照“中体西用”的基本原则设置课程，以学习外语和西方科学技术为主，兼学中国经史之学，培养当时急需的翻译和技术人才。

洋务学堂大体分为三类。第一类是办洋务急需的翻译人才，1862 年总理各国事务衙门兴办了中国近代第一所新式学校——京师同文馆，接着又兴办了上海方言馆（1863 年）和广州同文馆（1864 年），这些都可算作是近代中国以学校方式开展技术教育的开端。后来，这一类同文馆都是以学习外语为主，同时安排算学、天文、地理、矿学、各国史略、万国公法等教学，成为名副其实的近代新式学校，办学方向逐步由以语言翻译为主转向以自然科学为主，培养了一批批科技人才。

京师同文馆内学习外语的师生

第二类是军事学堂。清政府陆续开设的军事学堂达 15 家，著名的有福建船政学堂（1866 年）、江南制造局附设操炮学堂（1874 年）、天津水师学堂

（1880 年）、广东实学馆（1882 年）、天津武备学堂（1890 年）和江南水师学堂（1890 年）等。

第三类是技术学堂，有 14 家，如福州电报学堂（1876 年）、天津电报学堂（1880 年）、湖北算术学堂和南京铁路学堂等。

创办于 1890 年的江南水师学堂学生合影

晚清时期，洋务派先后开办了 30 多所新式学堂。洋务派所开办的学堂，多是依附于其所创办的洋务事业，与社会需求密切结合。这一时期，国家尚未建立统一的学制，大中小各级学堂都尚未设立，但已出现服务于实业的学校，且门类包括农、工、商、铁路、电报等。各种学校的创立，是为了满足国家实业发展的需要，并非注重为个人谋取职业生计。

（二）洋务学堂的办学特点

首先，洋务学堂引进了西方近代科学技术教学内容，增设了很多实科，如数学、物理、化学、几何、地理，最为难得的是增加了很多技能教育的内容，如轮船驾驶技术、洋枪洋炮使用技术、发电报技术、造船技术、采矿技术、机械制造技术等。

天津水师学堂学生所学功课涵盖语言文字、天文地理、算学几何、物理化学。在实际办学过程中，兼顾理论学习与技能训练。学堂分设驾驶和管轮两班，每班均分设内堂课与外场课。内堂课就是理论课程，两班开设国文、英文、几何、代数、立体几何、物理、化学、静重学、水重学等基本课程，驾驶班另有驾驶、天文、海上测绘等专业课程，管轮班开设力学、汽学、桥梁学、锅炉学、制图学、煤质学、手艺工作学、鱼雷学等专业课程。外场课教授陆军兵操、升桅操练、弹药及引信法理等实际军事训练课程，驾驶班与管轮班外场课程类似。

天津水师学堂学生进行炮法操练

江南制造局于1874年设立操炮学堂，学习内容除中英文外，还有算学、绘图、军事与炮法。1898年，以关系“国家之工艺”及“民生之工艺”为两大宗旨增设工艺学堂，并将操炮学堂并入工艺学堂。工艺学堂规定其课程除汉文、英文、算学、绘图外，其余仿照日本大阪工业学校设立化学工艺和机器工艺两科，并以各厂的实际生产场地和设备为50名学生的学习提供实验条件。学堂教材从国外引进，译印书籍除供应宁沪两学堂使用外，由制造局图书处发售，以广为流传。授课教师主要由制造局中的学者担任，如教授算学的华衡芳、教授化学的徐寿、教授工艺的王世绶、教授绘图的杨渐逵、教授机器的华备钰等。作为教学所需器具，各厂的汽机等生产设施都可供使用。

课程和教学活动是教育培养目标实现的途径，也是办学实践的主体或基本内容。洋务派举办的早期技术学堂大多规模较小，各学堂之间缺少明确的界限和相互衔接的关系，课程设置也不尽相同，开设的课程并不全是西学学科，也有一定比例的中学学科。各学校的课程都分为基础课和专业课，注重专业理论和实践。教学内容因专业领域的不同而有所侧重，因为受洋务运动指导方针的影响，各学堂办学亦是以“中学为体、西学为用”为基本模式，“四书五经”教学依然是课程的重要组成部分。

1. 严格的教学管理制度

洋务学堂有严格的教学管理制度，规定学堂教学时间和作息时间。天津水师学堂要求学生“盖自开堂以来，一日之间中学西学文事武事，量晷分时，兼程并课，数更寒燠，未尝或辍，叠经季褚生课业，月异而岁不同”。

2. 严格的考试制度和奖惩措施

为激励学生学习，洋务学堂设有名目繁多的考试制度和严格的奖惩措施。福建船政学堂（初名“求是堂艺局”）规定：“开艺局之日起，每三个月考试一次，由教学洋员分别等第，其学有进境考列一等者，赏洋银十元；二等者，无赏无罚；三等者，记惰一次，两次连考三等者，戒责，三次连考三等者斥出。其三次连考一等者，于照章奖赏外，另赏衣料以示鼓舞。”依据学制年限的规定，如果学堂实现教育目标，达到质量要求，学生学习及实践卓有成效，对教师及学生实施奖励，以取得目标管理中的积极效果。

求是堂艺局章程

一、各子弟到局学习后，每逢端午、中秋给假三日，度岁时于封印日回家，开印日到局。凡遇外国礼拜日，亦不给假。每日晨起、夜眠，听教习、洋员训课，不准在外嬉游，致荒学业；不准侮慢教师，欺凌同学。

二、各子弟到局后，饮食及患病医药之费，均由局中给发。患病较重者，监督验其病果沉重，送回本家调理，病痊后即行销假。

三、各子弟饮食既由艺局供给，仍每名月给银四两，俾赡其家，以昭体恤。

四、开艺局之日起，每三个月考试一次，由教习洋员分别等第。其学有进境考列一等者，赏洋银十元；二等者，无赏无罚；三等者，记惰一次，两次连考三等者，戒责，三次连考三等者斥出。其三次连考一等者，于照章奖赏外，另赏衣料，以示鼓舞。

五、子弟入局肄习，总以五年为限。于入局时，取具其父兄及本人甘结，限内不得告请长假，不得改习别业，以取专精。

六、艺局内宜拣派明干正绅，常川住局，稽查师徒勤惰，亦便剽学艺事，以扩见闻。其委绅等应由总理船政大臣遴选给委。

七、各子弟学成后，准以水师员弁擢用。惟学习监工、船主等事，非资性颖敏人不能。其有由文职、文生入局者，亦未便概保武职，应准照军功人员例议奖。

八、各子弟之学成监造者，学成船主者，即令作监工、作船主，每月薪水照外国监工、船主辛银数发给，仍特加优擢，以奖异能。

3. 重视实习实践

重视实践、创立实习制度也是洋务学堂办学的一项重要举措，其目的是打破传统的读书观念，让学生能够真正地将学到的理论知识应用于实际工作。

福建船政学堂不仅为学生开设船体建造实习课、蒸汽机制造实习课等，还特别规定“在最后两年中，制造学生须至厂中工作，管轮驾驶学生须至船上实习”，以此提高学生的实际操作技能。为了“精求博览”“切实考察”，福建船政学堂最先派学生留学欧洲，在西方本土学习。其他的洋务学堂，如福州电气学塾、广东水陆师学堂等也仿照此法派学生赴西欧游历学习。值得一提的是，广东水陆师学堂有机地将课堂讲授、理论学习与现场实习相结合，甚至选派学员至海外实习及训练。

福建船政学堂选派留学欧洲的部分艺圃学生

第三节　福建船政学堂与艺圃

一、我国近代航海教育和海军教育的发祥地

福建船政学堂由著名洋务派代表人物左宗棠、沈葆桢在福州马尾创办，是中国近代第一所技术型院校，也是我国近代航海教育和海军教育的发祥地。

1866 年 6 月 25 日，闽浙总督左宗棠上奏朝廷，请在闽设局试造轮船。

7 月 14 日，清政府批准左宗棠的本章，以“当今应办急务”令左宗棠办理船政。经费在福建海关税收内酌量提用，不足时提取福建省厘税。

同年 10 月，左宗棠调任陕甘总督，闽浙总督由吴棠接任。左宗棠担心船政办学受挫，于 10 月 29 日，以闽省造船需要为由，请求缓赴陕甘总督任所。10 月 31 日，左宗棠又奏请派沈葆桢总理船政。11 月 17 日，经批准，左宗棠暂缓交卸，留闽会办造船。11 月 19 日，军机处奉旨派沈葆桢总理船政。然而，这还只是人事安排，沈葆桢因母丧丁忧在家，未能马上到任。

至此，左宗棠一直挂心的船政人事安排总算有所落实，左宗棠便又把精力转向与船政配套的办学上来。12 月 11 日，左宗棠评议制定船政及求是堂艺局章程，并再奏请兴办学校事宜。12 月 16 日，左宗棠离开福州，取道北京，又对船政办学进行汇报请示，而后前往陕甘任所。12 月 23 日，船政主体工程全面动工。求是堂艺局对外招生 105 名。

1867 年 1 月 6 日，求是堂艺局开学。马尾校舍未建成前，暂借福州于山定光寺、仙塔街及城外亚伯尔顺洋房上课。2 月，清帝命沈葆桢先行接办船政，等其母丧假满期再具折奏事。于是，沈葆桢在服丧期间正式接管了船政，推动了船政办学事业的发展。6 月 6 日，求是堂艺局迁回马尾新校舍，改称船政学堂，正式分前学堂、后学堂。前学堂为制造学校（造船学校），外语采用法语，亦称法语学堂；后学堂为驾驶和轮机学校，外语采用英语，亦称英语学堂。8 月 9 日，沈葆桢启用木质公章“总理船政关防”，以节制所有船政事务，包括办学事宜。12 月 26 日，马尾船政学堂增设绘事院，招聪颖少年 39 人学船图、机器图、船体、机器绘算概要等，学制 3 年。12 月 31 日，船政学堂已建成船政衙门、正副监督洋楼、洋员办公室、医生、匠首寓楼、车间和匠房，办学事业得到充分保障和拓展。

在福建船政学堂之后，洋务派共建立新式学堂 30 余所。这些学堂的共同特点是理论学习与实践操作并重，在学生掌握军事、科技理论知识的基础上，安排足够的时间进行实习，达到学以致用的目的。同时，实施严格的考核制度，对“技艺”优等者“优予登进”，读书期间，费用全部由官方承担，毕业后，统一安排职位。可以说，这为当时“学而优则仕”主导下的教育界吹来新风，对技术和技能教育的尊重，标志着中国近代技术教育的诞生，并开始培育中国技术教育不断发展的土壤。

清政府从 1872 年起开始派遣留学生，第一批赴美学习的 30 名幼童于 8 月 12 日离开上海，之后又相继派遣 3 批。而福建船政更是向外派遣留学生的前沿阵地，第一届出洋留学 35 人，之后又派遣了第二届和第三届，分赴英、法等国学习。

以船政学堂为代表的新式学堂，直接引入了西方的教育观念，推行了一套与科举制不同的教育模式，主要为分年排课、按班级授课、用考试定升级等制度。

二、中国历史上第一所技工学校

1868 年 2 月 17 日，船政大臣沈葆桢在福建船政学堂开设艺圃（又称“艺徒学堂”），学生被称为“艺徒”，学制 5 年，培养造船和修船的技术工人。艺圃被普遍认为是中国最早的技工学校。

早在船政学堂基建阶段，沈葆桢提出的四种困难中就有“需匠之难”。一方面，技工严重缺乏；另一方面，一些工匠身上存在着各种陋习，培养合格技工的任务十分紧迫。船政学堂在办学实践中发现，只培养技术人员还不够，还必须提高工人的技术水平，于是设立“艺圃”，选择有一定学习能力的工人进行专门培养。“艺”为技艺、技能，“圃”指培养人才的地方。“艺圃”首批招收 100 多人，采取半工半读、工学结合的方式培养技术工人。艺圃作为全国技工教育的发轫地，也为培养我国第一代造船、航空、机械、通信等行业技术工人做出了重要贡献。

福建船政厂区（照片下部和右中部平房分别为工人住宿的西考工所和东考工所，照片左中部为船政后学堂，位于船政后学堂和东考工所中间的平房院落就是艺圃）

1868 年 8 月，船政学堂建成制造学堂、驾驶学堂、绘事院、艺圃。1870 年 6 月 12 日，沈葆桢奏请将船政所造第三号轮船命名为“福星号”，第四号轮船命名为“伏波号”。6 月 15 日，“福星号”轮船改为练船，专供船政学堂学生练习、实习所用。船政学堂从高等院校到技工学校，已全面铺开，教学方式日益多样化。

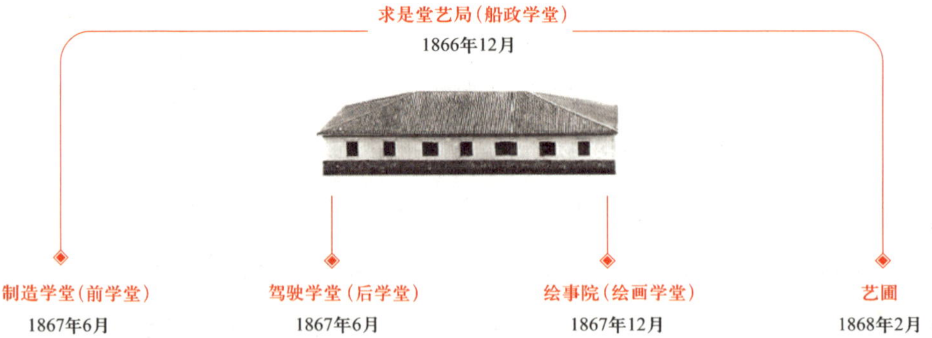

与此同时，办学的艰难也伴随着船政学堂办学的始终。1871 年 12 月，后学堂“学生以洋教习逊顺非礼虐待，为之哄堂（罢课）”，影响了艺圃的正常

教学秩序。沈葆桢亲自问事，撤去逊顺教习职务，顺利化解了这次教学危机，避免了该事件给船政学堂整体办学带来的消极影响。

1873 年 3 月 26 日，船政学堂学生严复、刘步蟾、林泰曾、叶祖硅、吕翰、张成、邓世昌等 18 人由洋教习德勒塞率领进行第一次航海练习，北上浙江、上海、烟台、天津至辽宁牛庄后，又开始南下练习。同年 7 月，南下实习学生经厦门、香港到新加坡、槟榔屿，南行共 4 个月，除在各码头停泊外，实际在海上航行了 75 天。回程时，由学生自行驾驶，沿途填写航海日记，观测天文，熟悉驾驶操作。同时，为做好外国工人撤退的准备，经前、后学堂及艺圃的征选，挑出中国工匠、艺徒中精熟技艺、通晓图说的，以备为正匠头和副匠头。后来，洋师仅付给图件，不再进厂，由中国工人放手自造。

1873 年 11 月，船政前、后学堂已办 4 班，在学人数 160 多人，艺圃学徒班在学人数 140 多人。鉴于造船驾驶原理较深，学习年限已由原先的 5 年延长了 2 年多。

1897 年 4 月，船政学堂扩大招生范围，准 20 岁左右“举贡生员”报考，前学堂招 80 名，学制 6 年。开设课程为：一二年级学数学入门、几何入门、格物浅语；三四年级学数学、理解代数、平面几何、立体几何、八线算术、几何画法、重学、格物入门、化学入门；五六年级学高等代数、几何、重学、微积分、化学格物，各年级每日兼学汉文。艺圃也同时分为艺徒学堂和匠首学堂，分别培养中级技工和高级技工，学制均为 3 年，招收艺徒 60 人。三年之后大考一次，考校所习各业，并令试制匠人手艺器件。其所制精熟者，即予升为匠人赴厂办工，择其优者派入匠首学堂肄业三年，教以稍深艺学，并讲说制造、轮机、汽机、打炼钢铁法度。艺徒择优升入匠首，培养出来的就是高级技工（技师），其优秀者可直任监工（工程师）。

至此，艺圃在办学目标、学习内容、学制安排等方面都具备了技工教育的特点。诸多专家认定艺圃就是晚清船政大臣沈葆桢为了培养技术工人而在前学堂内增设的一所技工学校，是中国历史上第一所技工学校。

第四节　艺圃的特点与意义

一、艺圃的特点

1868 年 2 月，福建船政学堂所设的艺圃学徒班开设木匠、铁匠、船身、船机 4 个专业，半天课堂学习（堂课），半天下厂实习（厂课），学制 5 年，培养能独立按图做工的技术工人。这种办学模式持续了 30 年，虽然每届学生的“入学肄业”情况有所不同，但其课程设置、学习模式和教学要求均相对稳定。

在课程设置上，艺圃安排了法语、算术、几何、图形几何、代数、绘图学、机械图说、解析机器等课程。

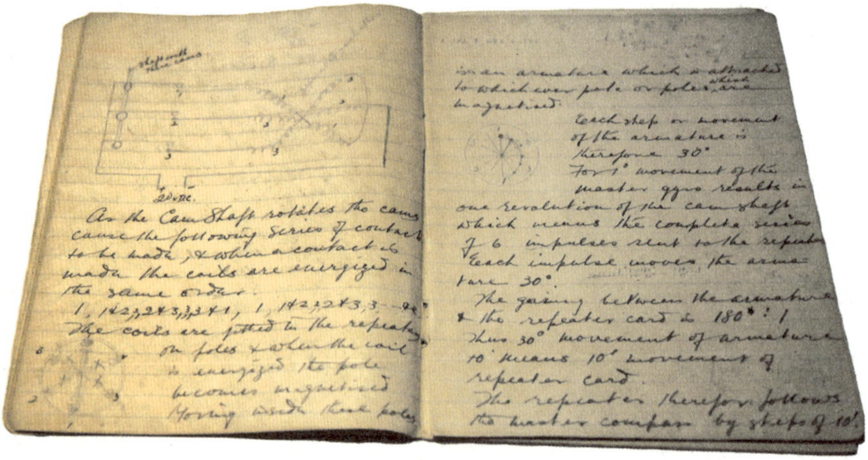

福建船政学堂学生的笔记本

在学习模式上，艺圃实行半工半读，工多于读。第一学年每天下厂跟班劳作（实习），晚上七至九时上课；第二学年起，每天上午上两节课，其余时间下厂实习，晚上再上一个半小时课。

在教学要求上，艺圃致力于传授学生看图纸技能，做到按图加工，会计算机器、船体各部分体积和重量，以及工作需要的操作技能。

福州将军兼管船政的裕禄对当时的艺圃办学内容和特点进行了描述："艺圃拟分为两学，一为艺徒学堂，一为匠首学堂，课程限制各以三年为期。初入学堂，按照法国初学学堂办法，学习法国语言、文学、数学、几何入门、常用艺学浅义并画法等书。各徒均于每日下午赴学肄业，上午入院学习船身、轮机各种绘事，并时时派赴各厂历练工作。三年之后，择其优者升补匠首，技尚未精者，可以分派各厂充当小匠，俟其历练娴熟，再升为匠人。各生徒在学，或性情懒惰不肯勤学，或资质鲁钝于学难期心得者，均随时剔退，另行挑补。现均饬令入学按章办理。此外并尚挑有年幼聪颖幼童造册存记，令其在家候传，以备后学堂挑补及前学堂艺圃两处鲁钝生徒步剔退者之用。"

艺圃的办学特点可以概括为以下几点：一是办学目标明确，作为船政学堂组成部分与必要补充，采取"先招工、后招生"的方式专门培养技术工人。1868 年，沈葆桢在《奏船厂现在情形折》中说明艺圃设立之缘由："各厂分招十五以上，十八以下，有膂力悟性者……名曰艺徒。现所招已及数百人……于是复有艺圃之设。"二是课程内容为数理化等现代科学课程和近代工业技术技能。三是新式学堂格局，有学制年限，以班级授课。四是办学模式采取校企一体办学，工作本位，工学一体，生产与教学相统一。企就是校，校即是企。船政大臣既是工厂的最高行政长官，也是学堂的行政领导；船政监督既是工厂的监督，也是学堂的监督；教习既是工厂的教习，也是学堂的教师；艺圃的学生既是学堂的艺徒，也是工厂的工人。学校和学生均参与制造和生产。1868—1907 年，福建船政制造了大小船只 40 多艘，大都由学生参与制造，学生在实践中得到培养和锻炼。

艺圃的设立对中国技工教育具有重要意义，标志着我国近代技工学校的诞生，开启了学校培养技工的先河。第一，它属于新式学堂，教学组织和内容具有近代学校特征。第二，艺圃“校企一体”“工学结合”“生产与教学相统一”等办学特征对后来的技工学校有着深远的影响，可以说构成了技工学校教育的基因。

不仅仅是艺圃，校企一体办学是当时洋务学堂的普遍现象，江南制造局等军工企业也办有工人在职训练班和徒工夜校，教授基础科学知识，训练技能，提高工人的知识和技能水平。

二、艺圃的演变与传承

百年沧桑，国家局势动荡，船政学堂屡经搬迁、流变。据有关考证和分析，艺圃留下的流变史迹如下。

1907 年，清政府停办了船政学堂，前、后学堂与艺圃均被撂荒。直至 1912 年，船政学堂才正式被北洋政府接管，并于 1913 年改组成为 3 所学校，前学堂改组为福州海军制造学校，后学堂改组为福州海军学校，而艺圃于 1913 年 10 月改组为福州海军艺术学校。

1917 年 12 月，福州海军飞潜学校创办，未直接对外招生，而是由福州海军艺术学校在校生转入。甲班学飞机制造，乙班学潜艇制造，丙班学发动机制造。

1926 年 5 月，福州海军飞潜学校与福州海军制造学校并入福州海军学校。1928 年创办航空班，专门培养试飞飞行员。

1935 年 2 月，福州海军艺术学校停办，筹办“福建省马江私立勤工初级机械科职业学校”（简称勤工学校）。8 月，福建省教育厅批准福州海军艺术学校改为私立勤工学校。

1937 年 5 月，福建省教育厅批准私立勤工学校设立高级机械科和高级航空机械科，招收高小毕业生，学制 5 年，校名改为福建省马江私立勤工工业职业学校。

1937 年 9 月 3 日，勤工学校迁往鼓山下院上课。1938 年 6 月 10 日，勤工学校内迁至三明市尤溪县。6 月 12 日，勤工学校在马尾的三个实验室被日寇炸毁。1941 年 6 月，勤工学校迁至将乐高滩。

1943 年 7 月，勤工学校受福建省交通局委托，代办汽车机械科，招收 41 人，学制 3 年。1944 年 2 月，勤工学校受福建省教育厅委托办“福建省立林森高级商船职业学校”，一套班子，两块牌子。1945 年 9 月，抗战胜利后迁回福州马尾，两校合并，改称福建省立林森高级航空机械商船学校（简称高航）。

1949 年，高航改称福建省立高级航空机械商船学校。1952 年 8 月，全国院系调整，高航的各院系分散开来，并入福州工业学校、集美水产商船专科学校（现福建航海专科学校）、上海船舶工业学校（现江苏科技大学）。

此后，由福建船政学堂发展而来的高等教育板块，由福建交通船政学院继承。船政学堂的技工教育板块，于 1958 年重新延续，马尾船厂在艺圃原址办起技工学校，培养造船技术工人，直至“文化大革命”期间停办。1979 年，学校复办，更名为福建省船舶技工学校。1994 年，再次更名为福建省船舶工程技术学校，沿袭至今。学校办学方针是“传承船政艺圃精神，培养现代职业能手”。2010 年 1 月，飞毛腿集团有限公司也在马尾创办了福建省飞毛腿工业技术学校，秉承福建船政艺圃精神，开拓前进，2016 年成为国家高级技工学校，2019 年 7 月通过技师学院的评审。其办学方针是“传承艺圃精神，锻造现代工匠”。

第二章
在民族独立和人民解放战争中成长的技工教育

第一节　清末实业发展中的艺徒培养

在清末，实业主要是指农、工、商、矿等产业领域，后来也包括铁路、桑蚕、森林、水产、医学等行业。为发展实业所兴办的学校为实业学堂。清末实业救国思潮兴起，清政府实施新政，成立商部，颁布《公司律》，实业由洋务运动时期的军事方面向农、工、商各业拓展。1904—1911 年 7 年间，较 1895—1902 年工业投资额增长 2 倍多，工厂数目增加近 2 倍。同时，交通、铁路、银行等也有较大发展。从 1902 年到 1908 年，先后有沪宁、京张、津浦等 11 条铁路建成或开建。在发展实业的同时，许多仁人志士意识到人才培养十分重要，实业必须伴随教育同步发展，造就服务于实业的技术人才，提出“父教育、母实业”“实业与教育迭相为用”（张謇），“工艺非学不兴，学非工艺不显”（周学熙）等主张。在学习借鉴西方，特别是日本技术人才培养方式的基础上，实业教育得到迅速发展，艺徒培养也得到重视。

“实业教育”一词，最早是 1901 年清政府出洋学生总监夏偕复在《学校刍议》中提出的。一般认为，江西绅士蔡金台于 1896 年创办的江西高安蚕桑学堂，是中国人自己创办的第一所真正意义上的实业学堂。伴随实业发展和教育制度的变革，实业教育得以迅速发展。从目前的研究来看，严格意义上的实业教育主要是指实业学堂教育，而广义的实业教育亦包括同时期为实业发展服务的其他教育培训形式。

实业学堂教育是一个从初等教育到高等教育的体系。1904 年，由管学大臣张百熙、荣庆和湖广总督张之洞等制定的“癸卯学制”(《奏定学堂章程》)中，明确了实业学堂教育的地位和基本教育形式。其中，艺徒（技工）培养是一项十分重要的内容。朝野人士大多认为，实业发展离不开对技工的培养，技工培养在实业教育中不可或缺。因此“癸卯学制”有关实业教育的内容中，有“实业补习教育”和“艺徒学堂章程”等章节，对艺徒（技工）培养加以规定。实业补习教育和艺徒学堂成为实业教育的重要组成部分，辅之各类传习所、工艺局的兴办，形成学制与非学制艺徒（技工）培养体系。近代技术工人培养，由此进入新的阶段。

辛亥革命后，各类实业学堂改为实业学校。实业教育大致在 20 世纪 20 年代初被职业教育所取代。

一、实业学堂的艺徒培养

张之洞在 1898 年刊行的《劝学篇》中就曾将从事实业的人分为“工师”与“匠首”。“匠首”是“习之器，守其法，心能解，目能明，指能运，所谓巧者述之也”。张之洞于 1898 年在湖北设立工艺学堂，提出培养匠首和匠目，要求学生掌握各项工艺之法、机械制造之本源，要“懂得运用机器之方，会各种制造程式”，要亲身参加生产实践。1904 年颁布的“癸卯学制”明确实业教育在培养层次上包括初等、中等、高等教育，并提出要以提高知识和技能为培养目标。工匠和艺徒的培养，在各类实业学堂中都有所体现，包括一些普通实业学堂。但艺徒（技工）培养主要包含在初等、中等实业教育中，特别是集中在实业补习学堂中。

实业补习学堂是实业教育侧重于培养艺徒（技工）的学堂，附设于实业学堂。“癸卯学制”规定有两种形式，即实业补习普通学堂和艺徒学堂。

实业补习普通学堂的办学目的，是以“简易之教法，授实业所必需的知识和技能”“与其他专施普通教育，及专施实业教育之学堂不同，以各项实业

张之洞（1837—1909 年）

工艺学堂

中人，其职能日有进步为成效”，学制 3 年，政府补贴学费。实业补习普通学堂的生源主要是有小学毕业学历，或者没有小学毕业学历但已超过学龄者，设农业、工业、商业、水产四科，要求“学堂教授科目，务注意切合其素所操作之事物，使能实地应用”。学堂可以采取灵活的教学方法，选择业余时间和假日授课。

艺徒学堂是实业补习学堂的另一种形式。1906 年，学部颁发《通行各省举办实业学堂文》，要求“多设艺徒学堂，招收贫民子弟，课以粗浅艺术，俾得有谋生之路”。学部在《奏定艺徒学堂之章程》中明确，“以授平等程度之工业技术，使成为良善之工匠为宗旨”“以各地粗浅工业日有进步为成效”。艺徒学堂招收粗知书算的 12 岁以上贫民子弟，以“毕业初小学堂者为合格”，免收学费，学习时间以 6 个月以上、4 年以下为宜。两种实业补习学堂对文化水平要求以及教学形式大致相同。普通学堂面向农、工、商等产业，对学生入学年龄、文化水平要求更严格一些。艺徒学堂则主要面向工业技术，以培养工匠为目标，并且以招收贫民子弟为主。

截至 1911 年，各省已有 82 所，商部直管 1 所。其中，商部招收艺徒，应考者 5 600 多人。

全国较有影响的艺徒学堂

1905 年，端方将湖南原农务工艺学堂改为艺徒学堂，专事培养艺徒，设金工、织布、漆工、电镀等专业，这是湖南官立技工学校设立之始。

1906 年，建立农工商部艺徒学堂，是农工商部示范性学堂，设染色、纺织、铸造、漆工等 8 个专业，有 14 名日本教师和 10 名中国员工。

1909 年，设立四川兵工厂艺徒学堂，为工厂培养艺徒 150 多人。

艺徒学堂是艺徒培养史上的飞跃，适应了实业发展的需要，突破了传统艺徒培养模式的局限。艺徒学堂传授科学知识，讲解工艺原理，设立算学、物理、化学等课程和相关专业科目，采取班级授课形式，扩大了规模，提高了效率。艺徒学堂的办学特点有：一是面向民众的务实性，有广泛的生源基础；二是办学模式的灵活性，学制、专业设置灵活；三是承担生产任务，亦工亦学，在生产实践中培养技能人才。

二、传习所和工艺局

“传习”一词出于《论语》，后因王阳明《传习录》而为世人广泛使用，后来被借用为一种实践技能培养的方式。鉴于兴办实业需要大量的应用型、技能型人才，有关人士提出设立传习制度。1905 年，罗振玉在《学部设立后教育之管见》中提到各省先要设立工艺传习所，“先求应用，后求学理”，在女子教育中呼吁“非先设立女子手工传习所不可”。传习制度也成为当时实业教育中一种艺徒（技工）培养的重要形式。《奏定大学堂章程》规定，农科大学“可别置蹄铁术传习生、农业传习生、蚕业传习生、林业传习生各若干名”，属于非学历技能教育。

传习制度在女子技能培养中发挥了重要作用。当时女子受教育程度较低，很难接受高等实业教育。以传授技能为主的传习制度，为她们开启了学习技能、走向社会、自强自立之门。1904 年 9 月，张竹君女士首先在“爱国女学”中设立女工传习所，主要开设有刺绣、桑蚕、编织、保姆以及综合性工艺等专业。

女工传习所

到 1911 年，各地设立传习所 591 个，其中影响较大的有上海自立女工传习所、上海速成师范女工传习所等。被学界关注和研究最多的是张謇创办的传习所。

张謇创办的传习所

1908 年，张謇创办通州女子师范学校手工传习所（后改称南通女子刺绣传习所）。该传习所以传授妇女刺绣工艺为主要内容，同时还开设编物、裁缝等手工艺科目，并设立本科班和研究班，采用理论与实践相结合的先进教学方法，轰动一时。该传习所共开办了 15 届，为中国近代女子技术技能教育和中国刺绣工艺的发展做出了一定的贡献。

张謇请著名刺绣大师沈寿女士担任传习所所长兼刺绣科教习。沈寿治校严谨，教学有方，常率学生写生，观察实物，讲述仿真绣的理论。1915 年，沈寿所绣《耶稣像》在美国旧金山举办的“巴拿马太平洋万国博览会”上展出，获得一等奖。

女工传习所学生

工艺局（工艺厂）是清末收养无业者并授以简单工艺技能的官办机构。晚清时期，由于战乱和灾害，农村隐性失业人口增加，上千万无业游民涌入城市，成为一个严重的社会问题。著名慈善家经元善提出，最大的善举莫过于创设工艺局，“教成一艺，则一身一家永可温饱”。

1903 年，清政府首开工艺局，聘请数十位教习传授技艺。

清末北京地区主要的工艺厂

光绪三十四年（1908 年），庆亲王奕劻等奏请在“首善”之地京师设置九个工艺厂（合称首善工艺厂）。九厂设有图画科、织工科、提花科、绣工科、卫生衣科、染工科、料工科、钣金镀镍科、胰皂科、铜铁科、木工科、藤器科等门类不同、新旧兼有的工艺科目。

北京外城总厅设立外城贫民工厂，主要教授“手工”和“浅近文艺”。其中，“手工”包括织呢、织布、织毯、制造铜锡器皿、印刷、织带、缝纫、搓绳、编制藤竹各器等；“浅近文艺”包括“有益身心之学说及关于伦理之故事，日常应用之粗浅文字，心算、笔算、珠算之加减乘除以及图画体操等”。

为提倡女子学习工艺，农工商部于1909年筹办了京师首善第一女工厂，招收女工200多名。

此后，清政府农工商部督促各地设立工艺局。到1911年，各省设立工艺局（工艺厂）398个，直隶工艺局从1903年至1907年毕业2 000余人。工艺局既是生产单位，也是学徒培训机构；既可以“消纳游民”，又为工商业培养了艺徒（技工）。如当时“洋布”倾销，得益于当地工艺局培养了一批技术工人，使河北高阳土布生产仍得以发展。官办工艺局由于大都缺少造血功能，生产效益低下，难以为继，1915年前后陆续关闭。

辛亥革命后，实业教育进一步发展。1913年，北洋政府教育部公布《实业学校规程》，进一步提倡实业教育，并重视实业教育中的艺徒（技工）培养，规定实业补习学校分农、工、商等种类，“为已有职业或志愿从事实业者授以应用之知识技能，并使补习普通学科”“实业补习学校教授时间，不拘寒暑昼夜，以便捷学生教育为原则”。

三、实业教育艺徒培养的主要特征

实业教育秉承了洋务运动时期艺徒培养的模式和办法，同时适应实业发展需求，形成了以下四个方面的鲜明特征。

（一）有较强的针对性

实业教育依托产业办教育，是由产业派生而来，而不是先教育后产业，让学校去找产业合作。陈炽在《商书·分建学堂说》中提到，“每创一业，开一厂，设一局，均应附设一学堂，或独立创兴，或数家合办，学成后入船入厂，习练有成。愚拙者为工人，聪颖者为总管”。张謇提出“实业之所至，教育之所至”。各种工艺学堂、艺徒学堂和传习所根据农、工、商及社会发展需要进行艺徒培养，所设专业涉及各个门类，多设机械、化工、纺织、刺绣等专业。张之洞的湖北工艺学堂设置了汽车、车床、绘图、翻砂、漆器、竹器等专业。京师第一艺徒学校根据当地实际开设金工、木工等专业，均为当地产业工人培养之急需。

（二）强调实践技能教学

民国初年，实业教育得到进一步发展，培养模式进一步规范。1912—1913 年，政府颁布“壬子癸丑学制”，针对实业教育制定了《实业学校令》和《实业学校规程》，特别强调实业学校的实践技能培养。1915 年，教育部发文要求，要为实业学校配置相应设备，使实业教育名副其实，并规定“实习及实验时间，须占总授业时间五分之二以上”，特别是对实习教学的规定，提出应在工业学校设立工场，工场的组织和设备完全按照普通工厂办理。这些规定的实施，对于实业教育中学生生产技能的培养起到了积极作用。

（三）实行厂校一体办学

一些实业家所兴办的实业教育，实行厂校一体、工学结合，在实践技能培养方面独树一帜。如著名实业家周学熙，1903 年赴日考察，回国后设立直隶工艺总局，创办十多所工艺学堂。在学堂设立实习工厂，传习工艺技术，采取厂校一体、工学一体方式，培训了大量艺徒。“工场之设与工业学堂联为一气，兼以工场为工业学生试验、制造之所，而学堂各科教习，即可为工场工徒讲课之师，相辅而行，收效较速。”南通著名实业家张謇，依托企业创办艺徒学堂、传习所、职业补习学校等，其中最出色的纺织染传习所、纺织染专门学校，就是直接与大生纱厂校企一体办学，半工半读。1910 年，由江西瓷业公司创办的中国陶业学堂，其办学宗旨是“养成明白学理，精进技术之人才，以改良学业”。学堂始招陶业本科，附办艺徒班，不收学费，免住宿费。陶业学堂设在饶州瓷厂内，实行厂校一体办学。

（四）与实际生产相结合

梁启超曾于 1902 年提出“生利分利”观点，对实业教育产生了较大影响。张謇主张实业教育要有“生利”功能，即具有创造财富的生产功能。他认为这是实业教育与其他教育的重要区别。实业教育除了开启民智，还能够创造物质财富，因此重视教育教学与生产有机结合。一方面，将产品打入国内外市场，使得课程教学和实践有所收益；另一方面，又通过市场检验教育的办学实绩。如女工传习所不仅生产产品，还设有组织营销的绣织局，将产品远销海内外。这种办学模式，对后来的技工培养有着重要影响。

女工传习所学员上课情景

第二节　民国时期的技工培养

1911 年，辛亥革命推翻帝制，新文化和新思潮广泛传播，民族资本主义得到进一步发展。据统计，从 1913 年到 1920 年，全国纺织、食品、印刷、机械等10个行业的机器厂从698所增至1 759所，工人从27万人增至55.7万人。到20世纪30年代初，产业工人数量增至150多万人。伴随经济的发展，技工培养得到广泛重视。一方面，实业教育继续发展并逐步演化为职业教育，在技工培养方面积累了一些经验；另一方面，劳工教育形成思潮，促进了相关法律法规的完善，许多实业家重视劳工教育和素质提升，开展了多种形式的职工培训，提高了工人的文化程度和技能水平。同时，工厂学徒制培训也较为普遍，并逐步突破传统学徒模式，走向契约化和规范化，技工教育和培养呈现出多渠道、多样化的局面。这一时期，技工概念逐步取代艺徒、匠目、匠首等传统提法，有些企业开始将培养技工的机构称为技工学校。

一、劳工教育对技工培养的影响

民国时期，劳工教育作为解决劳工问题的重要措施，引起社会广泛关注。早在北洋时期，李大钊等人撰文提倡劳工教育。一些企业和行业开始主动突破原有的学徒制，实施劳工教育并形成相应制度。商务印书馆、中华书局、上海商业银行等开始创建教育设施，实施与以往学徒制不同的劳工教育，较为典型的有交通部所属各铁路段的劳工教育。1928年，全国教育联合会通过了“实施劳工教育”方案，工商部颁布了《工人教育计划》。1929年颁布的《工厂法》，明确规定工厂须使劳工接受补习教育。1931年，公布了《劳工教育设计委员会章程》。1932年，实业部会同教育部公布《劳工教育实施办法大纲》，督促各地举办劳工教育。

《劳工教育实施办法大纲》规定，劳工教育由各地方教育行政机关督促当地农工商及其他各业之厂、场、公司、商店等负责完成。实施劳工教育成为企业的法定责任，“各厂、场、公司、商店等雇佣工人在五十人以上二百人以下者，应设立一个学校或劳工班，工人每增加二百人应即递增一班，其不满五十人者得与附近之厂、场、公司、商店联合办理之。劳工学校或劳工班之费用，由原设立机关负担，联合办理者，应共同负担之”，这些规定使劳工教育带有公益性和强制性的特点。劳工教育在工业、手工业、商业、交通运输业等企业开展，成为全国范围的教育活动。

《国际劳工通讯》对上海从 1935 年 8 月到 1936 年 2 月的补充调查显示，上海约有 400 多所劳工学校，分 742 班，学生人数 35 116 人。民国时期，出现政府、社会团体、教育机构、企业、工会等共同参与劳工教育的景象，并形成有特色的劳工教育形式。

民国时期，各省市主管劳工的机构为社会局，其职能之一是负责劳工福利，把劳工教育和培训作为一项措施加以推进。如山东省 1933 年组织企业设立 12 所职工学校，培训职工上千人。河南省设立 17 所劳工补习夜校，培训劳工 1 020 人。各产业部门也十分重视职工培训，如交通部、铁道部等产业部门设立专门的职工培训教育机构，推进劳工教育。1930 年，交通部颁布《交通职工职业补习教育暂行规程》《交通职工补习班办法大纲》，并于当年举办了培训。1932 年起，举办 3 期邮务职工培训，参训职工 2 000 多人。铁道部于 1933 年成立职工教育委员会，在对职工进行识字教育的基础上开展技能培训。据 1933 年统计，铁道部共有 28 所职工学校，培训人数 11 400 人。

当时社会上出现了一批有特色的行业和企业，如民生公司为教育型企业，铁道部所属各路段公司为带有体系化劳工教育特点的行业。荣氏企业以“学校工厂化是精神原则之所在”为理念，实施劳工教育，要求劳工“进厂先教识字，落工习副业，非实习不能派事”。上海康元印刷制罐厂为贯彻“学校化之工厂”“工厂化之学校”的理念，“随时将智识应用，亦即随时在经验中求智识，易辞以明之。即在工作中求学问，绝不险求智识再俟机会以谋应用”。

此外，沪江大学、上海青年会、上海女青年会针对劳工设立的沪东公社、沪西公社、沪西女公社等教育机构颇有成效，所设劳工新村更具特色。大规模设立劳工教育设施，在提高劳工文化知识水准、生产技能水平的同时，改善了劳工的素质结构，对普及教育和提高国民素质所起的作用不容忽视。

劳工教育企业——民生公司

著名实业家“航运大王”卢作孚以民生实业股份有限公司为基地，开展公司“学校化”实验，建立了以技能训练为主的职工培训制度。新职工必须接受岗前培训，并有计划地送职工去学校深造。举办多种形式的培训班，采取脱产、半脱产、轮训、业余学习等多种形式，进行业务技能训练，使职工素质大幅提升。1933 年，民生公司职工以高超的技能打捞了英国“万流号”千吨轮，并将其改造为长江流域最大的中国轮船，震惊了整个造船和航运业。

民生公司第一艘货轮

二、“技工学校”的出现和职业技术教育的演变

20 世纪 20 年代前后，实业学校教育逐步演变为职业教育，这也是职业技术学校教育的重大事件，对技工培养有着较大影响。随着传统的以学徒为特

征的“艺徒”逐步被现代意义的“技工”所替代，以技工学校为名称的技工培养机构也开始出现。1917 年，由上海申新、昌恒源等纱厂发起，上海、江苏、浙江等地纱厂组成的民间商会“华商纱厂联合会”，与江苏省教育会共同筹办纺织技工学校。1920 年，《华商纱厂联合会季刊》登载了“九月十二日特别会议，建设纺织技工学校案”“议本学校定学额一百二十人，分正预两科。正科须高小毕业，有文凭者。预科尽各厂工人子弟，年在十三岁以上、十八岁以下者。所有开办及当面预算，已托职业学校主任编订”的消息。这是目前所见最早公开使用“技工学校”一词。

技工学校与职业学校几乎同步产生。从华商集团的议案中，我们可以看出技工学校与职业学校有所不同。技工学校由企业举办并为企业培养技工，与职业学校名称有所区别，说明两者并非完全同类。同时，技工学校与职业学校又有一定联系，有些教学和管理工作具有共性特征。这对于理解两者之间的异同具有一定意义。

目前一般认为，“职业教育”一词由山西农林学堂总办姚文栋于 1904 年在《泰聘普通教习文》一书中首次提到。辛亥革命后，科学民主思潮兴起，欧美职业教育理论和实用主义教育思潮传入中国。一些有识之士，针对实业教育中存在的问题，积极倡导和推行职业教育。1917 年，中华职教社的成立，对职业教育起到了积极的推动作用。1922 年，北洋政府颁布壬戌学制，正式用“职业教育”的概念取代原有的“实业教育”的概念，原有的实业学校均改为职业学校。1927 年，南京国民政府成立前后，职业学校的发展有些反复。1930 年，职业学校数量减少到 149 所。20 世纪 30 年代，国民政府相继出台了《职业学校法》《职业学校规程》等相关法规，进一步确立和凸显了职业教育在教育体系中的地位，促进了职业教育的发展。1936 年，全国职业学校恢复到 494 所。

这一阶段的职业教育是实业教育的继承和发展，但两者在范围、层次及与社会生活适应程度上有许多不同。

（一）倡导者不同

实业教育多由熟悉日本工业发展和实业教育的官员和实业家主导，受日本影响较大。晚清“以日为师”蔚然成风。“新政”前后，清政府多次组织赴日学务考察，对实业教育的发展起到了推动作用。如著名实业家、教育家周学熙，曾于 1904 年 4 月赴日考察两个月，认为“日本维新最注意者：练兵、兴学、制造三事”，致力于兴办实业和学堂。职业教育则由有欧美文化背景的教育家和学者主导。由于倡导者不同，故形成了依托实业办学和相对独立的学校教育两种不同的办学特征。

（二）办学形态不同

实业教育围绕实业发展，有多种办学类型，包括高、中、初等实业学堂以及艺徒学堂、传习所等。职业教育则以中等职业学校教育为主，涉及领域较为广泛。原高等教育层次上的实业教育仍为专门学校。

（三）办学理念不同

办学理念由“富国强兵”向国计民生转变。实业教育明确的办学方针是振兴实业，是“国之富强之本”（张謇），并强调“实业之所至，即教育之所至”，主要目的是促进实业发展，更多从促进生产发展角度出发，注重教育与实业的互动关系，“不是为了学生毕业后可获得职业而办教育”“亦只为国家谋，所以增进生产、开发交通，而非个人推广生计”。职业教育则强调“无业者有业，有业者乐业”（黄炎培），“培养青年生活之知识与生产之技能”（1932 年《职业学校法》），“一方为人计，曰以供青年谋生之所急也；一方为事计，曰以供社会分业之所需也”（《中华职业教育社宣言书》），“抢饭碗的教育”（蔡元培）。职业教育着力于解决民生问题，注重个人谋生就业和职业发展，同时对生产力的发展起到了一定的促进作用。

虽然此时期实业教育退出了历史舞台，但以社会需求和企业发展为本位，为产业服务的理念，实行企业主导、校企一体的办学体制，为后来技工教育发展提供了宝贵经验，也是技工教育与其他职业教育的不同点之一。

三、职业教育中技工培养的理论和实践

（一）黄炎培的职业教育思想和实践对技工培养的贡献

1. 培养理念

黄炎培将“为个人谋生做准备”作为职业教育首要目标，提出“使无业者有业，使有业者乐业”。在培养理念上，注重提高劳动者的谋生能力，并将职业技能教育与就业紧密结合。他主张通过职业教育，给人以适合个性的一技之长，使之不仅能够获得适应社会所需要的职业以谋生，还能够胜任职业，开启了“职业教育就是就业教育”“以就业为导向”的职业教育理念的先河，使职业技能的培养着眼于青年就业的需求，对后来职业技能的培养具有深远影响。

1923 年 6 月，中华职业学校教职员工合影

2. 培养方式

在培养方式上，职业教育强调手脑并用、做学合一，重视实践技能培养。黄

炎培提出将“手脑并用”“做学合一”作为基本教学原则，使学生在掌握知识的过程中形成实践能力。他将中华职业学校的教学宗旨确定为“双手万能”“手脑并用”，强调边做边学，在工作中“求得系统的知能”，并将实习作为贯彻“手脑并用”原则的教学方法。1918 年，中华职业学校在创办之初就开设了铁工场、木工场和纽扣工场，后来又开办了珐琅工场。学校“半日授课，半日工作，务期各种技能达到熟练”，有些专业采取“先习后作”制，初级阶段以实习为主，只用四分之一时间修习基本学科，高级阶段采取各二分之一的课程培养。《职业学校法》和《职业学校规程》也明确，实习是职业学校的重要教学环节，各科教学应以先实习、后讲授为原则，以便学生更好地理解知识、掌握技能。实习场所由学校自设农场、工厂、商店组成，部分实习场所由工商企业合作提供。

中华职业学校学生在铁工教室实习

中华职业学校珐琅科学生在实习车间实习

中华职业学校学生在木工教室实习

3. 重视职业道德教育

黄炎培主张“职业教育者，必须同时注重职业道德”“培养德行，养成健康人格”。一是提出“敬业乐群”的职业观，主张职业平等，无高下，无贵贱，应当热爱职业，忠于职守，将“敬业乐群”作为中华职业学校校训。二是提倡“劳工神圣”、尊重劳动的理念，指出“作工自养，是人们最高尚、最光明的生活”。中华职业学校学生入学“誓约书”就包括了“尊重劳动”，并将养成劳动习惯贯穿于学校生活的全过程。三是养成“金的人格”，要求师生具有金子般的人格，要有为工商业服务的精神，注重师生四个方面的人格养成，即高尚纯洁的人格、博爱互助的精神、侠义勇敢的气概、刻苦耐劳的习惯。职业道德教育使职业教育的内涵更加完善，也使技能劳动者能够更加适应未来工作岗位的需求。

中华职业学校学生在做早操

中华职业学校学生管理采用自治的形式，全校学生组成了“职业市”，由学生组织选举市长、议长以及各种委员会，对教学、治安、伙食、卫生、娱乐等进行管理。

中华职业学校“职业市”市民合影

4. 主张开放办学

针对职业教育实践中的问题，黄炎培认为“只从职业学校做工夫，不能发达职业教育；只从教育界做工夫，不能发达职业教育；只从农、工、商职业界做工夫，不能发达职业教育”。黄炎培于 1926 年提出“大职业教育主义”，主张职业教育要参与一切，容纳一切，不能关门办学，要适应社会需求。他还认为教育的本质具有职业性，“凡教育皆含有职业之意味，盖教育云者，因授人以学识技能而使之能生存于世界也”，因此职业教育不能只依赖兴办职业学校，还要渗透于各类教育之中。上述观点对于职业教育和职业学校如何定位、发展，如何培养满足社会需求的技术技能人才都有着重要启示。

（二）陶行知的“生利主义”职业教育观

著名教育家陶行知，基于“生活教育”理论，提出了“生利主义”职业教育学说。他主张职业教育不是简单地使受教育者能够谋生，而是能够教会人们生产产品或提供服务，用劳动为社会创造财富和价值。基于这个目标，他认为在技术技能培养中，教师要有实践经验，最好是来自行业企业。教学环境要有职场环境和氛围，最好利用现成的设备，工学两用，让学生在教师的指导下完成学习任务，同时也完成生产任务。教学方法“应以一事之始终为一课”“成一事再学一事”，不必按照传统的学科体系进行，应该按照工作的先后过程和从简单到复杂、从单一到综合的认知规律开设课程。在教学模式方面，陶行知提出了“教学做合一”“事怎样做就怎样学，怎样学就怎样教。要在做上教，在做上学”。这些理论揭示了职业技术教育的一些基本规律，具有很高的实践应用价值。为实践“生利主义”职业教育观，陶行知先生还亲自组织创办“工学团”，把工场、学校和社会融为一体，劳动场所即是课堂，劳动实践即是上课，将教育与劳动相结合。

陶行知（1891—1946 年）

（三）职业补习教育和建教合作

20 世纪 30 年代，在实业补习学堂的基础上，职业补习学校开始兴起，最早的职业补习学校由中华职教社发起并举办。1933 年，国民政府公布《职业补习学校章程》，规定各省、市、县根据需要设立职业补习学校或补习班，并鼓励工商业者开办。施教对象面向未就业者和已从业者，开展职业知识和技能培训。教学内容分为普通课程和职业课程，并以职业课程为主。教学形式灵活，学生可以依据自身情况进行选择。考虑到一些在职人员的补习需求，规定“对于已从事职业者，以不妨碍其现有职业之工作为原则”，修业期限由“学校依照地方情形及职业性质订定”。1936 年，国民政府推出《推行职业补习教育办法大纲》，要求各类教育机构积极参与。在以普通教育为主、劳动者缺乏系统职业教育的情况下，职业补习教育是充分利用职业学校资源普及职业知识、提高劳动者技能的有效渠道。

建教合作是指为提高教育效能，在原本相互分离的职业学校与厂矿、企业、公司、商业等实业机关（当时称为建设机关）之间加强合作与沟通。1923年10月，第九届全国教育会联合会大会提出把职业教育从单独由教育机关办理转变为教育机关和实业官厅共同办理的要求。1936年，国民政府颁布了《职业学校与建设机关协作大纲》，通令各学校应与校外生产实习机关详定分派学生实习方法。在各地教育主管机关的推动之下，各职业学校采取灵活多样的方式和企事业机关合作，共同培养技术技能人才。抗战时期，国民政府继续推进建教合作，并与职业补习教育相结合，使技术技能人才的培养更有针对性。

建教合作的主要内容有："设置合作机构""生产机构应尽量开放实习，与教育机构互相利用仪器设备""职业教育机构应协助生产机构推进业务，并给予技术人员进修之便利"等。政府组织推动是建教合作的一个特色。1938年，国民政府成立中央建教合作委员会，各省也成立了相应机构。从1938年到1941年，通过了数十项相关议案，推动了职业教育机构与产业部门的合作，特别是在改善实习环境、加强职业学校与企业资源共享等方面取得了显著成效。

这一时期的职业学校更加重视对学生技能的培养。按照《职业学校规程》的规定，职业学校的课时分配，实习须占50%，普通学科占20%，职业学科占30%。学生除了毕业成绩要达到合格标准外，实习成绩同样也要合格，"实习成绩至少要占总成绩的三分之一"。职业学校的实习地点要根据环境和实际情况，分为学校自设、学校联络和学校指定三种。1945年12月，教育部颁发《工业职业学校学生利用工厂设备实习办法》，规定"工业职业学校之专设工厂，或已设工厂而设备不全者，得请求利用所在地公私营同性质之工厂设备，供给学生实习"，要求职业学校教师入职前须有1～2年的职业经验，没有职业技术及经验证明文件的教师，要接受职业技能考试。在实业教育被职业教育所取代、职业学校与企业分离之后，国民政府推进建教合作，探索在职业技术教育中加强校企之间的密切合作，资源共享，对于提高学生生产技能起到了积极作用。

四、工厂学徒制的发展

随着工业化的发展，企业数量大幅增加，机器生产发展迅速，手工业学徒的培养方式已不能满足生产发展需要，工厂学徒制便应运而生。学徒的形式有养成工、练习生等。在劳工教育思潮的影响下，工厂学徒制与传统手工业学徒相比，培养模式、雇佣方式、薪资奖惩等都有明显变化。招收学徒有年龄要求和学徒年限，最重要的特征就是契约化。契约通常采用保证书、志愿书等形式，约定学徒年限、违约责任、事故赔偿等内容，并根据厂规，对学徒薪资、工作时间等加以规定。总体上看，在劳资关系中雇主处于强势地位，劳动者权益缺乏保障。工厂主更看重学徒的劳动力价值，学徒的技能提升只能靠经验积累。

在学徒制发展中，民国中期兴起的练习生制，是一种较为常见的学徒模式。练习生是指在由传统手工业向现代工业转型的行业中，一些对劳动力素质要求较高的领域，如银行业、缫丝业、交通铁路业、新兴零售业等招收的学徒。练习生的招收对象，主要针对高小、初中、高中文化程度的青年人，须具备文字基础和算术基础，经过笔试、面试等环节招收录用。培训期至少为 3 个月，有的为 1 ~ 2 年，大多数以 3 年为期限。练习生在培训期有工资和补贴，除顶岗实习外，也会参加本单位培训或由单位送至其他职业补习学校学习，培训期满后，多数被单位正式录用。练习生制可以高效率地培养人才，在当时被认为是一种有益的制度，受到社会认可。1933 年，缫丝银行招收 10 名练习生，报名竟达 250 多人。练习生制度标志着旧式学徒制下宗法性质师徒关系的废除，有利于大批培养技工，对促进实业发展发挥了积极作用。比如，成立于

1929 年的中国飞轮制线厂每年招考练习生 200 余人，其练习生人数占职工总数的 65% 以上。纺织行业更是“凡纺织厂莫不有练习生”。这些练习生的使用，大幅降低了民族企业的生产成本，为民族工业的原始积累提供了人才储备。

第三节　抗战时期的技工训练

日本发动侵华战争之后，中国的民族经济遭受重创，民生凋敝，技工教育也受到极大影响。特别是全面抗战爆发后，民族工业举步维艰，许多企业停工停产，技术工人数量锐减。全国职业学校数量从 494 所减少到 292 所，在校生人数从 56 822 人减少到 31 592 人。后备技术工人培养严重不足。鉴于技术工人在战争中的特殊地位，特别是对于民族军事工业的支撑作用，国民政府采取了多种措施加强技工培养。1938 年 4 月，国民党临时全国代表大会通过《战时各级教育实施方案纲领》和《抗战建国纲领》，提出“战时需作平时看”的教育事业发展总纲领，要求“训练各种专门技术人员，予以适当之分配，以应抗战需要”。随后，职业技术教育得到发展。为培养合格的技工，由国防和经济部门主导，依托大后方的军工企业（工厂）及大专院校开展技工培养，由政府举办的一批技工学校随之诞生。

一、设立“技工训练处”，建立技工学校

1937 年 2 月，国民政府经济部颁布《扩充技工训练实施办法》，支持厂矿企业扩充技工训练，要求有条件的企业“以培养技艺优良之技工，配合经济

建设为宗旨”举办技工训练，学制 3 年，课程为术科和学科两类，术科“以参加实际工作为主”，并要求设立专门实习场所。1939 年，国民政府下令国防工业委员会设立技工训练处，负责办理技工培训。技工训练处于 1940 年 10 月正式成立。1942 年 1 月，国防工业委员会改组为国防工业设计委员会，隶属于中央设计局，技工训练处也随国防工业设计委员会隶属于中央设计局。1944 年 1 月，又改隶于经济部。技工训练处的隶属关系虽有改变，但其职能和工作中心没有大的变化。技工训练处下设教务组、总务组和会计室，分别负责教学管理与教学研究、行政管理和技工训练经费管理。

1940 年，根据国防最高委员会要求，教育部呈送了《训练机械、机电机师及工程师计划大纲》，国防工业委员会呈送了《技工人员训练大纲》。国防工业委员会根据以上两个大纲，会同财政部、交通部、教育部、航空委员会、兵工署、资源委员会等机关，拟就《训练技术人员计划大纲》，计划在 5 年内训练技术员工 10 000 人，其中技工 7 000 人、中等技术人员 2 000 人、工程师 1 000 人。

《训练技术人员计划大纲》规定：工程师和中等技术人员由教育部负责指定大学及高级学校进行训练；技工由国防工业委员会的技工训练处负责指定军工企业、国立大学附设实习工厂，以及有关工厂附设技工训练班进行训练。技工训练分为 3 年制的“特殊技工训练”、2 年制的“普通技工训练”和 1 年制的“速成技工训练”三种。技工训练班招收 16 ~ 25 岁的高小毕业生，经考试录取，其训练程度分别相当于职业学校毕业、修业两年或一年学历水平，培训期间供给衣食，发放津贴，招生名额由技工训练处核定。从 1940 年到 1944 年底，共招录技工 5 800 余人，毕业者 3 000 余人，在训者 2 000 余人。

由于沿海各省相继沦陷，特别是技工培养的特殊性，国民政府的技工培训计划没有依托职业学校实施，而是在技工训练处的直接管理下，一批企业和大学，特别是军政部兵工署所属企业承办，如兵工署第二十一兵工厂、第四十一兵工厂、第五十兵工厂、第五十三兵工厂、资源委员会、钢铁厂迁建委员会、第二十四兵工厂、第二十五兵工厂、第五十二兵工厂、中央机器厂、桂林机器厂、中央大学等单位，均由兵工署批准举办“技工学校”承接上述任务，为抗战培养了大批优秀技工，并形成了技工教育由产业部门主导，校企一体、工读结合的技工培养模式。

这一时期，技工训练处制定发布了一系列规章制度，用于规范、约束办学行为，确保办学质量。一是确定了技工训练教学的原则：要有精确熟练的手艺、必要的工业知识、写作通顺的国文能力。二是技工训练的设施要求有教室、实习工厂、标本室、图书室、宿舍、食堂、办公室、厕所、操场等。同时，还制定了“单级技工训练班机械工具最低限度之设备表”，对技工训练实习教学所需的设备、工具等提出了要求，以保证实习教学的质量。三是制定了技工训练课程内容大纲和课程实施表，规定每周理论课 10 ~ 12 小时，实习 38 小时。后来又制定了技工训练班课程内容大纲，对课程实施表中的各门课程提出具体的要求，如教学标准、教学时数、教材内容、教授方法等。四是规范教材编写。五是明确教师资格。技工训练班主任应为国内外工科大学毕业，且有丰富的职业经验；教务人员应为专科学校以上毕业，有教育行政管理经验；技术学科导师须专科以上工科学校或高级职业学校毕业；实习导师可由厂内的机师兼任。六是规定学生成绩的考核分为体格、操行、军训和学业（实习与学科）四项，成绩合格后，准予毕业。学生毕业之后，在原受训机关有服务年限的规定，服务年限期满后，发给毕业证书。

技工学校的技术工人培养与当时的职业学校教育具有显著差别。一是办学和管理体制不同。技工训练由专设的技工训练处统一管理，一直隶属于工业和经济部门，并依附于企业，校企一体办学。职业学校由教育部门管理，多由社会力量举办。二是培养方法不同。职业学校教育偏重理论教学，实践教学环节不足，且主要在校内进行；技工学校以技能教学为主，采取工读结合的培养方法，在“其每周 50 个课时中，企业实习课时为 38 学时，理论课时仅 12 课时”。三是办学定位不同。技工学校直接为抗战需要、为企业培养符合岗位需要的技术工人，比“泛化”的职业教育更具针对性和实用性。

根据目前所见资料，兵工署所属技工学校共有 38 所，其中已找到工厂与学校有对应关系的 13 所。

兵工署所属部分技工学校一览表

校名	创办单位
兵工署第一技工学校	第五十兵工厂
兵工署第二技工学校	第十一兵工厂
兵工署第三技工学校	炮兵技术研究处
兵工署第五技工学校	第二十兵工厂
兵工署第六技工学校	第四十兵工厂
兵工署第七技工学校	第二十二兵工厂
兵工署第八技工学校	第二十四兵工厂
兵工署第九技工学校	第五十一兵工厂
兵工署第十技工学校	第四十一兵工厂
兵工署第十一技工学校	第二十一兵工厂
兵工署第二十五技工学校	第二十五兵工厂
兵工署第三十三技工学校	经济部
兵工署第三十八技工学校	钢铁厂迁建委员会

资料来源：蒋国昌. 重庆教育志［M］. 重庆：重庆出版社，2002；中国人民政治协商会议昆明市西山区委员会. 西山区文史资料选辑：第 3 辑［G］. 1992.

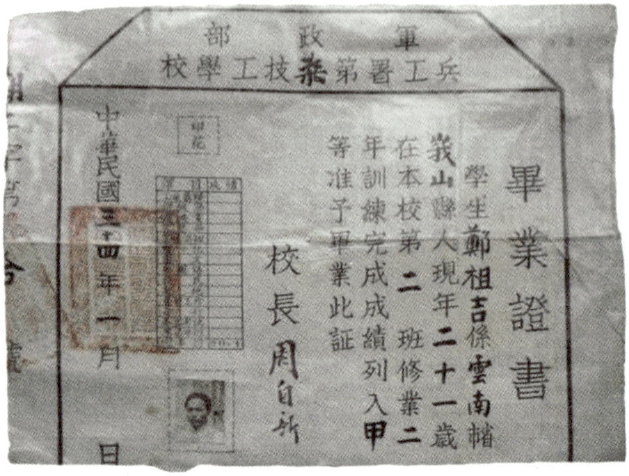
軍政部
兵工署第柒技工學校
畢業證書
學生鄭相吉係雲南輔義山縣人現年二十一歲在本校第二班修業二年訓練完成成績列入甲等准予畢業此証
校長周自新
中華民國三十四年一月 日

兵工署第七技工学校学生毕业证书

1938 年，兵工署接管成都兵工厂（前身为四川机器局），改厂为校，定名第五十兵工厂艺徒学校，从沦陷区招收儿童 300 名，公费就读，学制 4 年，分车、钳、铸、锻、电、木 6 部，学习期满按成绩派为助理技术员或机械士。1940 年 9 月，学校更名为兵工署第一技工学校第五十兵工厂，厂长江杓（中将）兼任校长。

二、兵工署第十一技工学校

目前，在兵工署设立的技工学校中，史料较为翔实的是兵工署第十一技工学校。第十一技工学校隶属于兵工署第二十一兵工厂（原金陵兵工厂）。1937 年，该厂由南京迁入重庆，厂长由著名爱国人士、兵工署副署长李承干少将兼任。1939 年 2 月，该厂将 1929 年开办的艺徒补习班改建为工人补习学校。1940 年 9 月，学校再次更名为兵工署第二十一兵工厂附属第十一技工学校，受兵工署和第二十一兵工厂双重领导，业务上受兵工署经济部技工训练处指导，对外化名为士继公学，李承干兼任校长。第十一技工学校占地 7.7 万平方米，校舍 8 200 平方米。学校以“培育优良技工”为宗旨，以“教授学生初级工业知识，训练学习各种技能，养成良好习惯并实行军事管理，以训成身心健全兼有知识之优良技工”为目的。学校校歌由郭沫若撰词，贺绿汀谱曲，其中“劳我筋骨，提我精神”“学欲其专，技求其精”体现了“工业救国”的使命感和技能成才的雄心壮志。

兵工署第二十一兵工厂技工学校校门

技工学校按照国民政府规定的招生条件和班次招生，设有速成技工、普通技工、高级技工和特别技工4种训练班。速成技工班学制为半年，普通技工班和高级技工班学制为2年，特别技工班学制为3年。学校招收16～25岁身体健康、吃苦耐劳者，经体检及考试入学。学生的住宿、书籍、文具由学校提供，每月按学习成绩给予津贴。

学校在办学体制上实行厂校一体，厂长兼任校长，厂校资源共享。在教学组织安排上主张理论学习与操作实习并重，实行工读制，一日做工，一日读书。学校所开设的课程有两大类：一类是基本学科，包括国文、数学、物理、化学、英语等；另一类是技术学科，包括制度、工作法、动力机大意、机械学大意、工程材料等。教材除采用当时教育部审定的课本外，技术学科的教材由本校教师编写。由于战时大量知识分子涌入重庆，学校得以聘用一大批人才，形成雄厚的师资力量，既有功底深厚的理论教师，也有技艺精湛的实习指导教师，包括沈正功（自编制图学第一人）、吴世泽（热处理专家）以及来自北大、浙大、武大、西北工学院的一批饱学之士。

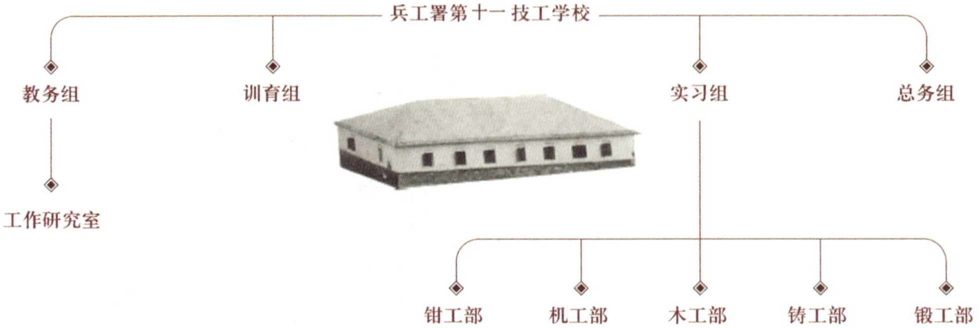

学校建立了以实践技能为主的考核体系。学生学习成绩考核由实习（50%）、学科（30%）、操作（10%）、军体（10%）组成。实习、学科、操作，一项不合格者即淘汰。

根据资料记载，该校从1940年到1948年共招生1 448名。1950年，该校与两所中学合并，改为工业职业学校，后经多次合并转型。

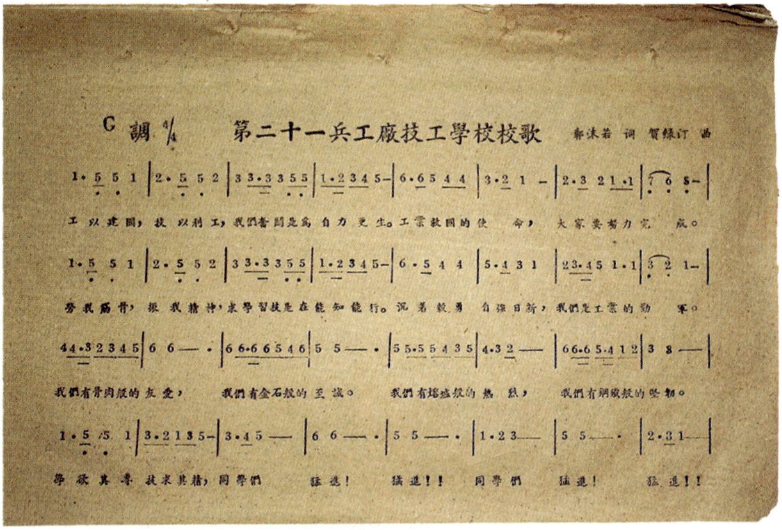

兵工署第二十一兵工厂技工学校校歌

三、抗战时期的各种技工培训

抗战时期，国民政府采取多种形式培养技工和实用技术人才。

（一）鼓励初级实用职业学校发展

1938年7月，国民政府下发《创办县市初级实用职业学校实施办法》，要求后方各省根据实际在县市一级设立初级实用职业学校，目的在于“养成实用技术人员，以解决县一级人民衣食住行、日常生活必需之供给”。这类学校以实习教学为特征，“先注重实习，俟技能娴熟，再予以学理之印证”，实习课程至少占50%。

（二）加强紧缺人才培养

1940年春，国民政府要求后方有基础的学校开设中等机械、电机技术等专业，配备优良师资，限期培养相关人才，学制3年，然后实习1年，学习期间国家免除一切费用。

（三）发展职业补习学校

1941年8月，农林部、经济部、教育部下发文件推行职业补习教育。凡工厂、矿场职工人数在500人以上，农场职工在300人以上者，一年内一律要办理职业补习教育。

（四）开展短期培训

1935年，国民政府公布了《短期职业训练班管理办法》，主要由各职业学校附设短期训练班。1945年再次下发办法，促进短期培训。培训结束，颁发技术学科学业成绩证明书。

据统计，1938—1940年，各职业学校举办60多个短期职业训练班，培训学员2 200余人。另外，军界和其他厂矿企业亦开展短期技工训练。如军事委员会运输统制局就下设训练所，开展一年以内的短期培训，培养了一批驾驶员和汽车维修技工。

在技工教育发展历程中，这一时期最重要的事件是政府举办技工学校并建立了相对独立的培养体系。企业主导，校企一体办学，工作与学习相结合，根据企业实际需求培养人才，直接为生产服务，强调人才培养的针对性和实用性，这些都成为技工学校教育的鲜明特色。

第四节　红色根据地和解放区的技工培养

从 1927 年到 1934 年，中国共产党以江西中央苏区为中心，建立了一批革命根据地。抗战时期，以陕甘宁边区为中心，建立了敌后抗日根据地。在人民解放战争中，解放区不断扩大，最终取得了全国胜利。革命根据地是革命斗争的基础和依托，职业技术培训和技工培养也伴随着根据地的发展壮大而不断发展。红军时期，就开展了多种形式的技能培训。抗战时期，根据地对劳动者技能培养始终比较重视，一批军工企业，边生产边培训，提高工人技能。抗日根据地还举办了桥儿沟工人学校，并在太行工业学校、淮北工业学校等学校中进行技能培养。解放战争时期，人民政府在东北解放区举办一批技工学校，开展了各种形式的技能培训，为解放战争的胜利提供了支持，也为新中国成立后的技工培养打下了基础。

一、中央苏区的工人补习教育和红军技术培训

1931 年，中华苏维埃共和国临时中央政府颁布的《劳动法》规定："设立工厂或商埠学校，以提高青年工人的熟练程度，并给他们以补充教育，经费由厂方供给。"基于上述原则，中央苏区根据工人实际情况，相继开办工人学校、补习学校等。如 1934 年 2 月创办的江西会昌城市工人学校，招收学生三四十人。瑞金也设立了城市工人学校，利用业余时间对工人进行文化补习和技术培训。

这一时期，红军在军队中也根据斗争形势开展了技能培训。1934 年 4 月，利用第一次反"围剿"胜利后缴获的无线电台，红军创办了最早的无线电培训班，聘请技术人员任教，首批学员 13 人。随后，毛泽东与朱德同志签

署命令，选拔学员学习机务与报务。学员要求粗识文字，忠实好学。1931 年，中央军委决定成立红军通讯学校，设司号、电话、旗语、无线电等 8 个大队，学员最多时达千人。教员多来自旧军队中的技术人员，课程包括政治理论课和专业课两类。学校根据学员实际情况制订教学计划，采取有效的教学方法，为红军培养了大量人才。

中华苏维埃共和国临时中央政府提倡男女平等，在中央苏区开办了大量女子职业学校，为妇女提供生活和生产技能方面的培训。湘赣省[①]1934 年颁布《女子职业学校暂行简章》，对女子职业培训作出明确规定："造就女子职业专门人才，发展苏维埃经济，使每个女子都有一种职业，达到女子经济与职业独立。"浏阳县 1928 年创立的半日女子职业学校，学生以半工半读的方式学习，除学习文化外，还学习缝纫、刺绣、编织、印染、造纸等专业技能。永新县 1933 年创办的赤色女子职业学校，专业包括缝衣、织布等，教学器材则是从各乡收集的缝纫机、织布机等，采取半工半读的方式教学，提高了妇女的生产技能。

二、抗日革命根据地的工人技术培训

抗战时期，革命根据地重视工业发展，通过开展劳动竞赛、奖励技术工人，鼓励生产。1938 年 1 月，延安市工会和工人合作社举办了延安工人制造品竞赛展览会。展览会结束后，组委会给获奖单位和个人发了奖，毛泽东同志在奖状上题词："国防经济建设的先锋。"1939 年 5 月，在陕甘宁边区工业展览会上，"无名式马步枪"获甲等产品奖，制造步枪的边区机器厂被评为特等奖单位，其主要设计者、技术工人刘贵福被评为特等劳动英雄。毛泽东同志还亲自为刘贵福题词，称他为"生产战线上的英雄"。这对于提高工人的技术水平产生了极大的激励作用。[②]

① 湘赣省为土地革命时期中国共产党建立的省级行政单位。

② 何立波．毛泽东与陕甘宁边区展览会［N/OL］．中国共产党新闻网党史频道，2015-03-20．http://dangshi.people.com.cn/n/2015/0320/c85037-26723415.html.

边区模范工人——赵占魁

边区工厂的新工人大多来自农村，文化水平不高。据 1944 年 14 家工厂统计，职工中文盲与半文盲占 57%。工厂把扫盲作为开展职工业余教育的重要任务，通过多种形式提高工人的文化水平。新工人进厂，采取以师带徒方式进行培训，提倡尊师爱徒，建立民主平等的新型师徒关系。在师傅的教导下，学徒能够较快地掌握操作技能，独立参加生产劳动。公营工厂按规定每天有 1 ~ 2 小时业余学习时间，并成立工余学校或学习小组。教员由工厂中的知识分子或有相当文化基础的工人担任，推行“以工教工”的小先生制度。在教学中，根据业余教育密切结合生产业务的原则设置课程，如机器厂侧重于数学和物理，化学厂侧重于化学常识等，务求学以致用。

针对边区熟练劳动力较少、技术人员缺乏的情况，中共中央职工委员会派人分赴武汉、西安等地，招聘从日本侵略军占领区逃亡出来的工人和技术人员到边区参加工作，部队、机关、学校创办的工厂也到边区以外招收熟练工人。这些从外地来到边区的职工，大多思想进步，有抗战意识，与边区军民同甘共苦，并肩工作，成为发展边区经济的骨干力量。如工艺实习工厂工程师沈鸿历经艰难险阻，于 1938 年 2 月把 10 部机器、7 名工人和学徒带到延安，先后设计、生产了印刷、造纸、制药、炼油以及其他工厂必需的机器设备，培养了一批懂得科学知识、掌握操作技能的工人。

模范工程师沈鸿（左）与模范工人赵占魁（右）

沈鸿从上海带到延安的铣床

一些企业积极承担技工培训任务，如难民纺织厂为机关、团体训练技术工人 190 余人，支援小厂纺织机械 500 余台，机器零部件近 4 万件。

三、抗日革命根据地兵工企业的技工培养

抗战初期，各根据地先后建立了一批修械所，主要职能是帮助部队修理在战斗中损坏的枪械，但普遍规模小，设备简陋，缺乏专业人才。1938 年 10 月，中央提出每个根据地都要尽量建立小的兵工厂。各根据地相继建立兵工领导机构，军事工业开始逐步发展起来。

1939 年 6 月，八路军后勤部成立了专门负责军工生产的第六科，将原归属各师的军工修械所，加上太行军区的军工厂整合成立了总部修械所，对外称“八路军总部流动工作团”。随后又扩为军工部，统一领导军工生产。抗日根据地大多远离城市，兵工厂大多位于生活条件恶劣的崇山峻岭中，专业人才和熟练工人一直比较匮乏。中央决定从延安中央军委军事工业局所属单位抽调部分干部和工人深入敌后，支援敌后军工生产。八路军军工部也通过举办干训队来培养工厂管理和技术人员。

熟练工人缺乏是军工生产的一大困难。尤其是 1940 年后，由于工厂规模扩大，部分军品要进行批量生产，对标准化和制式化提出了较高要求。当时的工人多习惯于手工作坊的生产方式，有的连锉刀都拉不平，很难适应。各兵工厂一边做工人的思想工作，一边加大培训力度，组织工人学文化，从识字算数开始，逐步学会看图、认尺子以及英制公制换算等。同时，还组织技术人员与老工人进行一对一帮教，终于培养出一批适应专业分工的熟练工人，提高了生产效率。

在兵工企业中，最著名的就是建于 1939 年 9 月的黄崖洞兵工厂。到 1942 年，该厂工人达到 700 多人，机器 40 多台，包括荷兰产精密机床等设备，每年武器弹药产量可装备 16 个团。在整个抗战时期，其产量占根据地全部兵工企业的

35%。工厂采取以师带徒和培训相结合的方式提高工人技能，工人们掌握了现代生产技术，成为太行山第一代产业工人和新中国兵器工业的技术骨干。

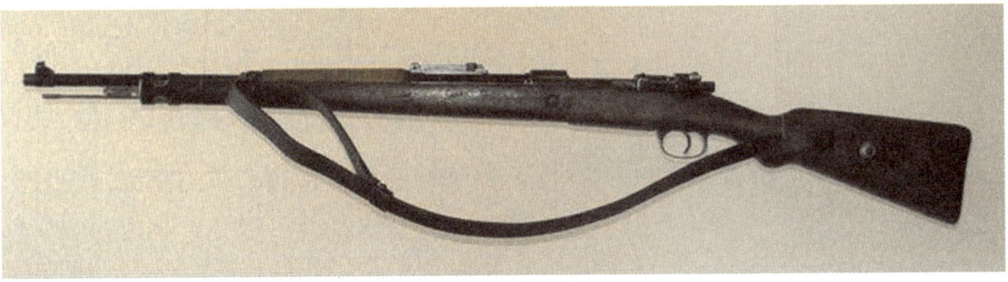

黄崖洞兵工厂研制的八一式马步枪

在提高工人素质的同时，工人待遇也随之提高。最初，工人实行军事化管理，生活待遇也与部队相同，实行供给制。后来军工部专门颁布了《军工部工厂规则》，从作息时间、劳动纪律、待遇、奖惩等方面创新了制度，提高了工人待遇。职工报酬除基本工资外，按技术等级评定津贴，以此调动工人学习技术的积极性。

四、抗日革命根据地的技工学校和工业学校

陕甘宁边区政府在兴办工厂的过程中，采取开办训练班、创办学校、培养和训练技术工人与熟练工人等方式，提高职工队伍素质。

1939 年初，中共中央决定在延安东郊桥儿沟创办一所工人学校，从抗大职工大队中抽调一些有文化、有技术、有经验的工人到工人学校，一边学习，一边劳动，组成建设队，设肥皂、纺毛、印刷、制鞋、红炉等小组。同年 6 月，应建设厅要求，调配部分技术工人到建设厅所属工厂工作。

1941 年 6 月，建设厅创办一所新型职业学校，把不同学科分设在有关公营工厂和适当地点，其中机械科设在农具厂，化学科设在新华化学厂，纺织科设在难民纺织厂，制革科设在兴华制革厂，造纸科设在振华造纸厂，土木工程

科和商业贸易科设在延安市。职业学校分为高级班和初级班，学习时间半年至两年不等，按不同需要因材施教，使教学工作与生产实际相结合。1942 年 7 月，军委工业局工人学校与地方农业学校合并，更名为职业学校，改隶于建设厅领导，将纺织实验馆和工具修理部改为实习工厂。

1940 年 9 月，延安自然科学院创建后，与公营工厂合作，以其师资力量协助工厂加强工人的政治文化学习和技术技能教育，把优秀工人培养成高级技工或技师。

这一时期，革命根据地创办了一批工业学校和干部学校，也承担了技术技能方面的培养任务，如太行工业学校和淮北工业学校。

1940 年，八路军总部提出“要尽快开办工业学校，吸收有知识的青年和工人，为军事工业培养管理干部和技术人才”。根据这一要求，军工部在通讯研究室的基础上成立干部训练队，开始招收并培训管理和技术人员。1941 年 5 月，太行工业学校正式成立。当时，学校有教职工 20 人，学员 129 人。彭德怀同志在给延安的电报中报告：在太行山已经有了一个小规模的军事工业学校。学校确立理论与生产实际相结合、课堂讲授与生产实际相结合的教学方针，通过实习锻炼动手能力，培养劳动观念。

1939—1945 年，新四军第四师军工部先后举办了 8 期训练班（队），并创办了淮北工业学校，共培训各类技术人员 500 多人。其中，有 150 多人成为军工生产的技术骨干或领导干部，其余 360 多人大多成为部队战斗骨干。具体来说，从 1939 年 1 月到 1942 年 11 月，先后举办了 4 期爆破训练班，70 多名学员都是从战斗部队中选调的有一定文化和觉悟较高的优秀战士和干部。训练内容涉及爆破原理、爆破技术、手榴弹构造与装配工艺、点火药制造方法与引火药的配制等。这些学员后来成为兵工厂的技术骨干和生产的主力军。1945 年 9 月，为了培养更多的技术人员，军工部在原有技工训练队的基础上开办了淮北工业学校。学校设机械工程、化学工业、水利工程三科。学员主要是来自淮北中学具有初中

一、二年级文化水平的青年学生，还有从工厂调来的具有小学文化水平的青年工人。学校设置政治、语文、数学、物理、化学、英语等基础课程。由于形势变化和组织建制的变动，学校于 1945 年底停办，大多数学员被分配到华中军工部第二总厂厂部各科室和下属各分厂，少数学员被分配到军区军工科工作。①

五、培黎学校

1940 年，工业合作社运动的创始者、新西兰国际友人路易 · 艾黎创办了工业合作社培训学校——培黎工艺学校。学校名称一是为纪念路易 · 艾黎先生的先师约瑟夫 · 培黎，二是含有为新中国的黎明培养人才的寓意。路易 · 艾黎最先在江西赣县创办了第一所培黎学校，后在广西、湖北、四川等地创办了一批培黎学校，但不久被当局解散。1942 年 6 月，陕西凤县双石铺培黎学校诞生，并面向合作社徒工和逃难的工农子弟开展技术技能培训。教学内容主要围绕合作社的生产部门进行，半天生产实习，半天讲理论。后来，英国记者乔治 · 何克担任校长，添置了机床、汽油发动机等教学设备，学生增加到 60 多人。

培黎学校

1943 年，双石铺培黎学校受到国民党当局的打压。1944 年，在周恩来、张治中等人的帮助下迁至甘肃省山丹县。山丹县靠近陕甘宁边区，又曾与红军

① 根据新四军第四师老战士回忆录编委会编印的《抗战在淮北（第 4 辑）》整理。

有关，艾黎先生说："让我们把学校建在这里，作为对红军的一座活着的纪念碑吧。"在山丹办学7年多，学校规模不断扩大，设立了皮革、造纸、电器、陶瓷、运输等专业，加上原有的纺织、机械等专业，共有27个生产培训组，后来扩建为2万多亩地的工业化农场，兴办了20多个与山丹经济相联系的小型工厂。培黎学校遵循技工培养规律，重视实践教学和学生动手能力的培养，实行半工半读制。学校千方百计改善实训条件，并从国内外聘请20多位工程师、技师，让学生学习最先进的技术。到1949年，山丹培黎学校有来自8个国家的30名专家、工程师和技师，在校学生和工人加起来有近千人，被英国记者称为"山丹的洋骆驼"。

路易·艾黎在教授学生修理内燃机

在解放战争中，当解放军到达山丹时，艾黎先生动员学校全部力量，一夜之间将为防止国民党征用而拆散的11辆汽车组装起来，支援解放军部队。1952年，培黎学校被西北石油管理局接管，更名为兰州培黎石油技工学校，后又更名为兰州石油技工学校、兰州石油学校。2003年，并入兰州师范专科学院。

六、东北解放区的技工教育

抗日战争胜利后，东北解放区随之建立。1946 年 8 月 15 日，东北行政委员会宣告成立，并于 9 月发布《关于改造学校教育与开展冬学运动的批示》，确定将师范教育和职业教育作为重点，“为了使教育与实际密切结合起来，最好由各生产部门办理”，并规定长期的学校教育与短期培训并重，根据具体情况确定。1946 年 5 月，在大连“特殊解放区”民主政府倡导下，大连市创办第一所技工学校——中长铁路大连铁路工厂青年技术学校。

中长铁路大连铁路工厂青年技术学校车工班师生与制造的机车模型合影

1947 年 3 月，大连技工学校成立。随后，船渠（大连造船厂）技工学校、交通公司技工学校、远东电业技工学校相继成立。1948 年，铁道部哈尔滨技工学校等学校成立，解放区技工学校达到 5 所以上，在校生达到 2 700 多人，并开展了多种形式的技能培训。东北解放区技工教育的发展，为人民解放战争和解放区经济建设提供了支持，也为新中国技工学校在办学体制、培养模式等方面提供了参考。

目前记载较为清楚的是中长铁路大连铁路工厂青年技术学校和哈尔滨车

辆厂技工学校。

中长铁路大连铁路工厂青年技术学校成立于1946年5月，1952年更名为大连机车车辆厂技工学校，是在1909年建立的职业见习养成所的校舍原址上，由苏联专家帮助建设的。学校建筑面积3 700多平方米，主要吸收厂内青工和工人子弟进行技能培养，学制2年，主要课程为文化、专业技术和铁路规则，设有机床、虎钳、模型、电气、焊接、打铁、翻砂等10个实习厂，办学采取半工半读方式。

中长铁路大连铁路工厂青年技术学校模范生奖状奖品授予典礼来宾合影

哈尔滨车辆厂技工学校成立于1948年4月，学员基本上是本厂职工子弟，教师由厂内技术人员和有经验的老工人担任，学制2年。第一年学文化课和革命传统教育课，主要是提高学员的文化知识水平和政治思想觉悟。文化课包括语文、数学、物理，革命传统教育课主要是请老干部讲述抗战革命故事和时事教育。第二年学习专业科目，分机车科、车辆科、机械科、电气科和冶金科5个专业。学员根据工作需要分成5个队，分别入各个专科学习。学校坚持半工半读的办校方针，半天学习，半天下厂实习劳动。1950 年 4 月，技工学校第一期学员毕业。毕业生到工厂后，先进行 3 个月的实习，然后再考核定级。这些毕业生很快成为技术骨干，多人被输送到沈阳、长春、齐齐哈尔、牡丹江等铁路系统工厂工作。

在东北解放区，除兴办技工学校外，还采取学徒培养方式培养技工。如大连市对旧的学徒制进行改造，建立新学徒培训制度。工矿企业新工人入厂，一般经过学徒培训，以师带徒，签订培训合同。1948 年 5 月，大连铁路工厂招收了 1 010 名徒工，师徒自然结合，签订培训合同。工厂开展竞赛，对包教包会成绩突出的予以奖励。学徒期满，有 600 多名徒工定为三级工或四级工。同期，大连机器厂、关东造船厂等企业也开展了学徒培养活动。关东造船厂招收 470 多名职工，有 217 名经过学徒培养成为三级工、四级工。关东造船厂还实行学徒考工制度，每月一小考，3 个月一大考，督促学徒学习技术，并与工资增长挂钩，调动了学徒的学习积极性。

与此同时，各类短期培训相继展开。1946 年，大连机械工会举办夜校，组织工人进行技术培训。1947 年初，中长铁路组织十多个技术学习班。1948—1949 年，中长铁路局、大连海港等单位组织技术培训班 80 多个，培训工人 4 500 多名，使他们的技术水平得到提高。

解放区的技工学校虽然数量不多，但对新中国成立后技工学校的建设产生了积极而深远的影响。

第三章
新中国成立后技工教育的发展

第一节　新中国成立初期的技工教育

新中国成立初期，百废待兴，国家面临的主要任务之一是恢复经济和民生，同时全面开展大规模建设。这一时期，技术工人缺乏的问题显得尤为突出。中国人民政治协商会议于1949年9月29日通过了《共同纲领》，明确提出："人民政府应有计划有步骤地改革旧的教育制度、教育内容和教学法。""有计划有步骤地实行普及教育，加强中等教育和高等教育，注重技术教育，……以应革命工作和国家建设工作的广泛需要。"毛泽东同志在1951年6月召开的第一次全国中等技术教育工作会议上指出："培养技术人员是我们国家的根本之图。"周恩来同志在1950年召开的全国高等教育工作会议上提出："为了适应需要，可以创办中等技术学校。"技工培养得到了高度重视和大力发展。技工学校规模不断扩大，培养体系逐步健全，管理也走向规范化，培养了一大批骨干技术工人，奠定了我国技工学校发展的基础。国家重视各种形式的技工培养，如完善学徒制，鼓励技工参与技术革新和劳动竞赛，同时，改革工资制度，树立模范典型，对大规模技工培养起到了积极的推动作用。新中国成立十年间，全国培养了844万名技术工人，为社会主义建设提供了强有力的支撑。

一、技工教育发展的背景及成就

（一）新中国成立之初面临严重的失业问题

新中国成立初期，工商企业发展困难，失业问题严重。

1949—1952 年全国城镇登记失业人数和城镇登记失业率

年份	城镇登记失业人数（万人）	城镇登记失业率（%）
1949	474.2	23.6
1950	437.6	—
1951	400.6	—
1952	376.6	13.2

1950 年 3 月，劳动部召开第一次全国劳动局长会议，毛泽东、朱德同志到会。会议阐述了国家的劳动政策：发展生产、繁荣经济、公私兼顾、劳资两利。5 月 19 日，政务院举行第 33 次政务会议，通过了《关于救济失业工人的指示》。6 月，劳动部下发《救济失业工人暂行办法》。文件规定："救济失业工人，应以以工代赈为主，同时采取生产自救、转业训练、帮助回乡生产及发放救济金等办法。""失业工人救济处应会同市总工会及有关部门有计划地配合救济工作，对失业工人分别予以适当的教育，提高其文化、政治、技术水平，并尽可能根据社会需要，组织各种转业训练。""对于参加以工代赈或生产自救的失业工人，组织业余学习；对于尚未参加以工代赈或生产自救的失业工人，尽可能在自愿原则下组织集体学习或转业训练。"

转业训练包括政治、文化、技术三类内容。政治训练有两种方式，一是集中进行，二是结合文化、技术进行。文化训练是开办文化训练班，针对文化程度过低的青年进行速成教育，使其达到一定文化程度。技术训练即进行专项技术或技能的培训，如对机械、纺织、建筑等行业的技术工人和汽车驾驶、会计、统计、护理、打字、保育、炊事等从业人员进行专业培训，训练期限一般为 3 个月到 1 年。

设立于 1952 年的浙江省交通公司司机训练班

全国各地普遍开展了以工代赈和转业训练后，失业率迅速下降。到1952 年，城镇登记失业率由 1949 年的 23.6% 下降至 13.2%。到 1956 年，失业问题基本得到解决。在转业训练中，各地建立了大量培训机构，为技工教育发展提供了基础。如始建于 1952 年的浙江交通技工学校（杭州技师学院）和始建于 1953 年的济南第二机床厂技工学校（济南二机床高级技工学校）等，均在培训机构的基础上设立。

始建于 1953 年的济南第二机床厂技工学校

1955 年大连机车车辆厂技工学校学生到车间实习

（二）改造旧的职业教育体系

1949 年 12 月 23 日至 31 日，全国第一次教育工作会议在北京举行。会议根据《共同纲领》提出的“人民政府应有计划有步骤地改革旧的教育制度、教育内容和教学法”的要求，确定了逐步改革旧教育的方针、步骤和发展新教育的方向。会议强调，教育必须为国家建设服务，教育应着重为工农服务，普及与提高正确结合，在相当长的时期内以普及为主。自此，全国开始有步骤地、谨慎地对旧有教育制度进行改革。旧的职业教育称谓被取消，取而代之的是技术教育。各级政府陆续接管或接办了旧时的职业学校，对其进行登记、备案、改造工作。在1951年政务院颁布的学制体系中设有中等技术学校（包括中等专业学校）。1952年高等教育部设立之后，中专学校由高等教育部统一管理，培养技术工人的任务主要由技工学校承担。中专与技工学校分别以培养中等专业技术干部和中级技术工人为目标，按计划进行培养。

（三）社会主义建设高潮的掀起

经过国民经济恢复时期，国家从1953年开始实施第一个五年计划，迎来社会主义建设高潮。“一五”计划确定优先发展以能源、原材料、机械工业等基础工业为主的重工业，目标是要将落后的农业国变为先进的工业国，建立起独立完整的工业体系。特别是以苏联和东欧国家援建的156个项目为核心的近千个工业项目，使我国重工业在现代化道路上迈进了一大步。到1957年，工业总产值超过原计划的21%，比1952年增长128.5%。原计划五年工业总产值平均每年增长14.7%，实际达到了18%。1957年的手工业总产值比1952年增长83%，平均每年增长12.8%。1957年的钢产量为535万吨，比1952年增长近3倍；原煤产量为1.31亿吨，比1952年增长98.59%；发电量为193亿千瓦时，比1952年增长164.4%；机床产量达2.8万台，比1949年增长17.7倍。新建铁路33条，恢复铁路3条，新建、修复铁路干线、复线、支线共约1万千米。

在如此大规模的工业生产过程中，离不开技术工人的参与，解决技工短缺问题成为当务之急。以东北地区机械行业为例，技术工人素质与数量不足：（1）在工厂改扩建中，原有技术工人不断提拔担任领导，新学徒不断加入生产部门，造成技术骨干相应减少。（2）技术工人技术等级较低，青年技工缺乏基础的刀具知识、基本的看图知识、应知的计算方法、简单的设备结构知识及必要的操作技能。老技工理论水平较低，对新设备、新技术、新工艺掌握不熟练，应付不了新任务。（3）技术的落后产生了严重的后果，破坏了生产的节奏性，使成本提高，浪费增大，产品质量也存在很大问题。按照“一五”计划，需培养技工 92 万人，技工学校达到 140 所，由此技工教育蓬勃发展。

新中国成立十年间，全国共培养技工 844 万人，为社会主义建设提供了强有力的支持。1959 年国庆节期间，全国新技术工人培训展览会在北京开幕。展览正厅展示着毛泽东同志的题词：“培养技术人才是我们国家根本之图。”国务院副总理李先念同志出席开幕式并题词：“提高技术就能提高生产率，这是六亿人民的愿望。”展览会受到中央领导、社会各界以及国际友人的一致好评。

洪都牌长途公共汽车由南昌第一航空工业技工学校学生
用国产解放牌载重汽车底盘和发动机改制而成

沈阳第二航空工业技工学校制造的“勤工号”飞机

二、加快技工学校发展

（一）发展状况

新中国成立后，技工学校的发展得到党和国家的高度重视。1950 年 12 月，毛泽东同志视察哈尔滨车辆厂时赞扬道：“工厂办技工学校培养技术工人是一个好办法。”1951 年 6 月，周恩来同志视察大连铁路工厂时参观青年技术学校，赞扬了工厂办技工学校的方法。在党和政府的支持下，国民经济恢复时期，部分产业部门如重工业部、燃料工业部、机械工业部、铁道部等，开始按照苏联培养后备技工的模式创办技工学校，如创建于 1951 年的西北第 251 技工学校（西安第一航空工业工人技术学校）、江南造船厂技工学校等。地方劳动部门也开始兴办技工学校，如上海市劳动局技工学校、广州市劳动局初级工人技术学校等。1951 年 6 月，航空工业管理局召开了初级技术教育会议，制定了《初级技术人员教育计划草案》，提出“边建厂、边办学”的方针。同年 8 月，江西省省长邵式平在洪都机械厂建厂委员会上提出：“发展工厂必须培养技术工人，办技术学校，我来兼校长，要马上搞基建。”同年，江西省技术工人养成学校创立，邵式平兼任校长。到 1952 年底，全国共有技工学校 22 所。

1. 明确管理体制

在计划经济体制下，国民经济有计划地按比例发展，资源按计划配置。

技术工人是生产要素，技工培养必须与生产计划、劳动用工计划相衔接，与劳动就业安置相结合。1953 年初，中央财政经济委员会确定将技工教育工作划归劳动部管理。劳动部在劳动力调配司成立技工培训科，具体负责技术工人培训的综合管理和业务指导。1953 年底，劳动部成立技工培训司。与之相适应，中央各产业部门和各地劳动厅（局）相继建立了技工培训处室。“一五”计划中还要求，“企业中要建立专职机构，加强对技工培训的领导和管理”，形成了较完整的技工教育管理体系。

2. 完善管理办法

1954 年 4 月，中央财政经济委员会印发《技工学校暂行办法草案》，对技工学校的设置、管理、培养目标、办学条件等提出了具体要求。同年 6 月，劳动部下发《关于技工学校、技工训练班招生问题的几项规定》，对招生条件、手续、地区、范围进行了具体规定。同年 8 月，中央财政经济委员会批准并转发了劳动部制定的《技工学校经费预算标准（草案）》。至此，技工学校的管理办法基本完善。1954 年之前，技工学校学制分 1 年、1.5 年、2 年三种；1954 年之后，基本规范为 2 年学制。

3. 加大工作推动力度

1955 年，劳动部召开第一次全国技工学校校长工作会议，讨论通过了《关于提高技工学校教学质量的决议》。同年 9 月，国务院转发了这个决定。1956 年 9 月，中共中央对劳动部党组《关于加强省市党委对技工学校领导的建议》的批示中明确指出：“办好技工学校是满足国家工业建设对技术工人需要的一项非常重要的工作。各地技工学校目前的状况必须迅速加以改善，望国务院各负责部门在最近期间组织工作组对各部所属的技工学校的工作进行一次检查，协同当地党委负责部门加以研究，拟出妥善办法，切实解决目前在这些学校中存在的各项问题。”这对推动技工学校建设起到了重要作用。各地高度重视，配备得力干部创建技工学校。如广州机电技工学校由时任广州市委书记处书记、广州市工业局局长曾志（陶铸同志夫人）兼任校长，为学校的创办做出了重要贡献。

4. 学习借鉴苏联经验

为了学习苏联经验，“一五”期间，机械工业部与劳动部等部门翻译了一大批苏联技工学校教材和教辅资料。1955 年 10 月，国务院批准劳动部派团前往苏联考察学习 1 个月。1956 年，苏联援建北京实验工人技术学校，赠送 8 个工种的专业课教学设备，以及一个资料陈列室、一个教学方法研究室的教学仪器。其中，机床 40 台，光学和电力仪器 45 件，切削工具 575 件，各种资料 2 000 多份。同时，苏联专家还传授了技工学校办学的方法和经验，为全国技工学校树立了标杆。劳动部组织学习讨论会，推广这些经验方法。苏联办学经验对我国技工学校的影响较大。

“一五”期间引进的苏联技工学校教材和教辅资料

序号	编著者	书名	年份
1	苏联航空工业部	《三、四级热处理工训练提纲》《三级冷冲工训练提纲》《三级六角车床工训练提纲》《三、四级铣工训练提纲》《三、四级手工及汽锤无型锻造工训练提纲》	1953
2	苏联电气工业部	《三级刨床工训练提纲》《三级电镀工训练提纲》《三级镗床工训练提纲》《四级划线工训练提纲》《三、四级气焊工训练提纲》《三、四级电焊工训练提纲》《三、四级木模工训练提纲》《三、四级圆磨床工训练提纲》《三、四级行车司机训练提纲》《三、四级工具磨工训练提纲》《三、四级装配钳工训练提纲》《三、四级简单设备修理钳工训练提纲》	1953
3	苏联运输机械制造部	《三级型砂工训练提纲》《三级浇铸工训练提纲》《三级熔铁工助手训练提纲》《三级铸件清理工训练提纲》	1953
4	苏联重型机器制造部	《三、四级立车床工训练提纲》《三级锻压车间加热工训练提纲》《三级铆钉工训练提纲》	1953

续表

序号	编著者	书名	年份
5	苏联汽车与拖拉机工业部	《三、四级切齿工训练提纲》《三级拉床工训练提纲》《三级自动车床工训练提纲》	1953
6	苏联机床制造工业部	《劳动安全训练提纲》	1953
7	苏联农业机械制造部	《三级刨床工训练提纲》《三级钻床工训练提纲》《四级热处理工训练提纲》《三、四级插床工训练提纲》	1953
8	苏联机器和仪器制造部	《三级机器造型工训练提纲》《三、四级普通车床工训练提纲》《三、四级手工造型工训练提纲》	1953
9	苏联劳动后备部	《技工学校专业教室装备指南》《生产实习教师的教育工作》《制图学专课教室设备指南》《材料学专课教室设备指南》《安全技术细则》	1956
10	苏联文化部职业教育总局	《关于车工革新者 B. A. 科列索夫的强力切削金属法在教学过程中的适用》《金属工工艺工人技术学校专门工艺学的教学经验》《关于编制在企业中个别和成组培训工人的教学大纲的指示》《生产实习教学法》	1955/1956
11	列宁格勒市教学方法研究室等	《列宁格勒市第 30 工艺工人技术学校改进教学教育工作》	1956
12	［苏］切贝雪娃	《苏联汽车技工驾驶员安全手册》	1954
13	［苏］波里索夫	《青工学校中的化学教学法》	1954
14	［苏］阿·特·米罗诺斯等	《如何运用工厂的加工订货来组织学生的生产实习》	1956
15	［苏］米·尼·萨布卢科夫	《一个班上的教学和教育工作》	1957

续表

序号	编著者	书名	年份
16	第一机械工业部工业教育司	《苏联是怎样训练技工的》	1954
17	劳动部技工培训司	《苏联技工学校教学工作文件汇编》《苏联技工学校学生工会组织和社会主义竞赛资料选辑》《苏联工人技术学校政治思想教育工作文件汇编（第一集）》《列宁格勒市工艺工人技术学校与工厂工人技术学校开展学生技术创造的经验》《关于在劳动后备学校中运用弗·耳·郭瓦廖夫工程师方法论文汇编》	1955/1957
18	铁道部机车车辆修理工厂管理局	《苏联专家亚洛申科同志建议汇编全集》	1955

资料来源：根据中国国家图书馆馆藏资源整理。

1955 年，苏联援建北京实验工人技术学校

苏联专家到实习工厂指导学员实习

1951—1958 年全国技工学校主要统计数字

年份	学校数量（所）	招生人数（人）	毕业生人数（人）	在校生人数（人）
1951	12	4 500	1 700	6 400
1952	22	11 500	2 900	15 000
1953	35	15 000	6 500	23 500

续表

年份	学校数量（所）	招生人数（人）	毕业生人数（人）	在校生人数（人）
1954	65	34 419	12 000	43 919
1955	78	34 095	29 919	48 095
1956	212	91 272	29 500	113 867
1957	144	14 616	69 000	66 583
1958	417	141 000	38 000	168 803

（二）技工学校基本规范的确立

20 世纪 50 年代，国家颁布了《技工学校暂行办法草案》（内容详见本章附录一）、《关于提高技工学校教学质量的决议》、《工人技术学校标准章程（草案）》等重要文件，规定了技工学校的培养目标，规范了技工学校的办学模式，技工教育办学质量得到保障。

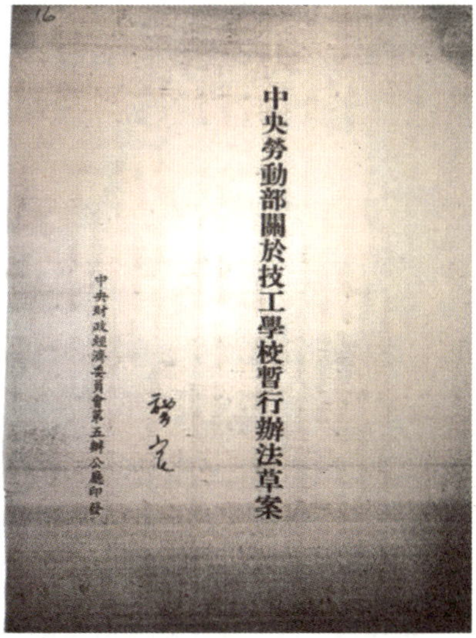

中央勞動部關於技工學校暫行辦法草案

中央財政經濟委員會第五辦公廳印發

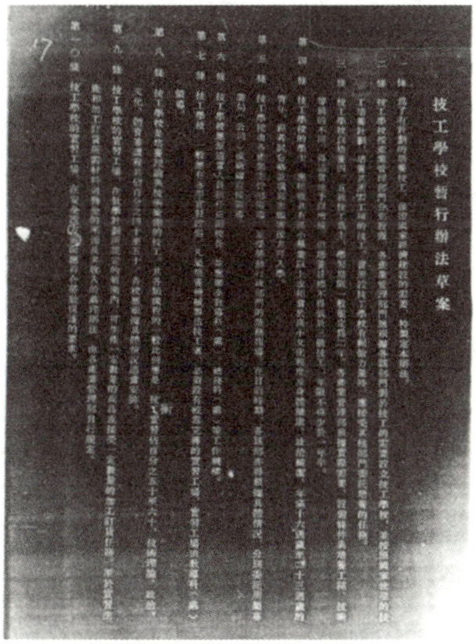

技工學校暫行辦法草案

《技工学校暂行办法草案》

《技工学校暂行办法草案》规定，技工学校为保证国家经济建设需要而设立，由各产业主管部门领导，并受劳动行政部门的业务指导。各产业部门应根据产业需要设立技工学校，按照国家批准的技工培养计划，培养其所需要工种的技工。当所设技工学校有剩余力量时，应接受其他部门委托培养技工。文件规定了技工学校的培养标准和学制，即“以培养四、五级技工为主。学习期限一般规定为二年。各产业管理部门根据实际需要、设备条件与培养工种、技术等级的不同，得适当地予以增减。但培养目标不得低于三级技工；年限不得少于一年半”。文件还规定了培养起点和入学条件：“技工学校的学生，应招收具有高小毕业以上或相当于高小文化程度及身体健康、政治纯洁、年满十六周岁至二十三周岁的青年，经考试合格并填写志愿书后方可入学。”对技工教育的实习教学提出要求：“技工学校，一般应有专用实习设备，凡属培养机械制造技工者，必须设有较为完善的实习工场。”“技工学校培养理论与技术兼备的技工。其各类课程的一般比例应是：技术实习占百分之五十至六十，技术理论、政治、文化、体育等课程共占百分之四十至五十。”“技工学校的实习工场，在教学计划规定的范围内，可生产一定数量的成品或接受一定数量的加工订货任务。”

1956 年 2 月，劳动部发布《工人技术学校标准章程（草案）》，进一步明确规定“工人技术学校的任务是，培养能掌握一定专业的现代技术操作技能和基础技术理论知识的、身体健康的、全心全意为社会主义服务的中级技术工人”，招生对象为“具有高小文化程度、身体健康、年满十六周岁至二十三周岁的青年”“学习期限为二年”“学生毕业时，必须服从统一分配，在指定企业服务三年后，方可升学或转业”。

这一时期，中央财政经济委员会于 1954 年批准了劳动部制定的《技工学校经费预算标准（草案）》，1955 年劳动部发布了《工人技术学校学生守则》，以及学生助学金发放、毕业生评定技术等级等规定，使技工教育办学逐步走向规范化。

（三）技工学校办学特点

1. 适应国家经济建设需求

技工教育得以迅速发展，源于“一五”期间经济建设对技工的需求。“一五”计划指出，发展文化教育和科学研究事业，提高科学技术水平，积极地培养为国家建设特别是工业建设所必需的人才，并对技工培养的规模提出了要求。1956 年，周恩来同志在《关于发展国民经济的第二个五年计划的建议的报告》中指出："社会和学校培育工业技术人才是首要任务，要为满足国家建设提供人才支撑。"配合"一五"计划 156 个重点建设项目，丰满水电站技工学校、沈阳第一机床厂技工学校、黎明发动机制造公司技工学校、西安开关整流器厂技工学校、铜川煤矿技工学校、太原冶金建筑技工学校等一批技工学校兴建。技工教育的培养目标是企业一线急需的技术工人，这与国家经济建设对技工的需求相一致，得到了国家的高度重视。在国民经济十分困难的情况下，国家在办学条件上予以保障，使之成为技术教育的骨干力量。迅速发展的技工教育培养了大量合格技工，对经济建设起到了积极的促进作用。

2. 依托产业部门办学

《技工学校暂行办法草案》规定：技工学校按产业管理部门分别设置，各产业管理部门应根据各该部门对技工的需要设立技工学校，并按照国家批准的技工培养计划，培养其所需工种的技工。技工学校由各产业主管部门领导，并受劳动行政部门的业务指导。在目前时期，各该部亦得根据具体情况，分别委托所属专业局（公司）或厂矿直接领导。1958 年，中共中央、国务院在关于教育工作的指示中明确指出，要注意办技术学校，工厂和农业合作社办学校，当地政府应向其提供原料，并派技术工人去传授生产技术，最终培训大批工厂和农业合作社自己需要的人才。

这一阶段，技工学校以行业企业办学居多。1957 年，全国 144 所技工学校中，行业企业办校 125 所。山东省最早一批技工学校，如济南第二机床厂技工学校（1953 年建校）、铁道部四方机车车辆厂技工学校（1954 年建校）、淄博矿务局技工学校（1954 年建校）、济南汽车制造总厂技工学校（1956 年建校）、济南铁路局司机学校（1956 年建校）均为行业企业办学。依托行业企业办学秉承了技工学校校企一体办学的传统，同时，学校招生与企业用人计划相统一。由劳动部门统一管理，也是适应计划经济需求，将人才培养与企业用人紧密结合，按需培养。《技工学校暂行办法草案》还规定，“不属厂、矿直接领导的技工学校，应由其直属上级指定学校所在地区的一个具备适当条件的厂、矿企业与之固定联系，以便在教学和设备等方面，取得该厂、矿企业的指导与帮助”，从而保证了各类技工学校都能够校企合作，协同育人。在校企共建师资队伍方面，“技术理论教师，应由相当于中等技术学校毕业以上程度的技术人员担任；技术实习教师，应选拔具有高小以上文化程度及有一般技术理论常识的优秀技工担任”。

3. 重视生产实习

《技工学校暂行办法草案》《工人技术学校标准章程（草案）》《关于提高技工学校教学质量的决议》等文件，对于技工教育的人才培养方法都提出了明确要求，要求采取工学结合的方法，重视生产实习教学，加强实习场所建设，把对学生动手能力、实践能力的培养放在重要位置上。劳动部 1955 年召开的第一次全国技工学校校长工作会议明确指出，“生产实习教学是技工学校教学工作的重要组成部分，是培养学生掌握生产技能的基础”，必须坚持“以生产实习教学为主的方针”“实习工场的设备应适合课堂教学的要求和现代的技术水平。每一工种的实习设备应尽可能保证一个班的学生能同时进行实习”“目前实习设备不足或过于陈旧的学校，建议主管部门逐步予以充实，并将旧的设备加以改装。学生的实习可以采用每日两班轮流的办法，以合理地运用实习设备”。1956 年劳动部颁发的《工人技术学校标准章程（草案）》中明确指出，教学内容要以生产实习为主，生产实习应占总教学时数的 60% ~ 70%。

4. 实行产训结合

劳动部要求技工学校培养技术工人要通过生产劳动来实现，强调把实习教学与生产相结合，通过生产来实现实习要求。学校既是学校又是工厂，既出人才又出产品，学生既是学生又是工人。1958 年 1 月，毛泽东同志在《工作方法六十条（草案）》中提出：“一切中等技术学校和技工学校，凡是可能的，一律试办工厂或者农场，进行生产，做到自给或半自给。学生实行半工半读。”1958 年 3 月，劳动部在天津召开了全国技工学校工作会议，总结推广了西安航空工业第一技工学校的经验，提出“生产实习教学要结合生产产品进行，做到既出产品又出人才”，摸索出“教学组织与生产组织统一、教学计划与生产计划统一，以及通过生产实习既完成教学任务，又完成生产任务”等一套完整的经验。

技工学校教学现场

1959 年，全国技工学校实现产值 1.2 亿元，将近 50% 的技工学校通过生产实习实现了自给自足。不少学校的产品在国内处于领先水平，如西安航空工业第一技工学校生产制造的航螺平衡机、山东省劳动局技工学校生产制造的硬质合金车刀磨床、北京市劳动局技工学校生产制造的卧式铣床、济南第二机床厂技工学校生产的移动式摇臂钻床、哈尔滨量具刃具厂技工学校生产的精密车床等产品都属于高端产品，真正做到了生产一流产品，培养一流技工。

C618-2 车床——技工学校学生生产实习产品

洛阳第一拖拉机制造厂技工学校制造的
仿苏 1K36 型六角车床

湖南省劳动局技工学校制造的 C618 普通车床

5. 高度重视劳动精神的培养

《关于提高技工学校教学质量的决议》中指出："对学生的政治思想教育工作，应该是在集体生活和生产劳动中经常不断地进行。由于当前学生中比较普遍存在轻视劳动的观点，加强劳动教育和自觉纪律教育就更为重要。因此，学校除了要在课堂教学中经常进行思想教育外，还应有计划地组织学生的班、组和工种间的生产实习劳动竞赛。在竞赛中，必须发扬集体主义精神，以培养学生的集体荣誉感。"自新中国成立以来，技工学校长期坚持劳动教育，并逐步形成了特色文化。

新中国成立初期技工教育探索形成的办学特点，符合当时的国情，也在一定程度上体现了职业技术教育的规律和特征，为随后技术工人学制培养提供了借鉴和范本。新中国成立十年间，技工学校共培养 20 余万名毕业生，分配在全国的冶金、煤炭、电力、石油、建筑、交通、地质、纺织等厂矿企业。根据对 14 816 名毕业生的调查，1958 年曾提合理化建议、承担技术革新等项目共达 138 556 件，有 1 994 人被提升为小组长、工段长、车间主任、技术员等，有 3 916 人被评为先进生产者或劳动模范。

三、完善学徒制，改革工资制度，扩大技工培养规模

（一）集中委托企业代培学徒

"一五"期间，为加快技工培养，国家要求企业采取委托代训等方式开展技工培训。1954 年 6 月，劳动部下发《关于技工学校、技工训练班招生问题的几项规定》，鼓励各地举办技工训练班。10 月，劳动部向各产业部门下达五年训练计划，推动各种形式的培训，特别要求通过企业代培扩大学徒培养规模。

劳动部门下达计划，与企业共同管理，分工负责，工人出徒后多数由代培企业留用，一部分由国家分配到其他企业或外地重点建设单位。据山东省资料记载，劳动部门于 1951 年至 1954 年上半年委托培训 11 500 多人，1956 年又委托

企业培训2万多名学徒工。据大连市志记载，1955年，旅大市人民政府劳动局向本市24家企业下达后备技工培训任务，总人数达8 521人，其中本企业自培自用4 175人，支援外省企业代培4 346人。如大连造船公司为长春一汽培养了18个工种234名学徒工，有力地支持了大项目建设。1956年和1957年，旅大市又分别安排培训技工9 900人和11 000人。陕西省各级劳动部门曾为第一机械工业部、第二机械工业部、地质部等5个系统所属13个单位的65家厂矿企业委托培训技术工人。在委托代培合同中，载明训练期限和培训目标，学徒生活待遇多数由委托单位供给，培训费用由委托与代培单位双方协商解决。代培单位按培训工种的技术标准制订培训计划，参考技工学校教材或相关技术资料进行培训。

（二）完善企业学徒制办法

新中国成立初期，各企事业单位学徒按照不同行业、工种自行规定或由主管部门规定学徒期限、待遇和转正定级。1957年，国务院下发《关于国营、公私合营、合作社营、个体经营的企业和事业单位的学徒的学习期限和生活补贴的暂行规定》（内容详见本章附录二），规定学徒期限一般为3年，最低不少于2年，并规定了学习期间的待遇。这不仅保证了学徒的实践，也规范了学习内容；不仅学习了操作技能，也养成了工人阶级艰苦奋斗的品质。1959年4月，劳动部制定《关于国营、公私合营、合作社营、个体经营的企业和事业单位的学徒的学习期限和生活补贴的暂行规定实施细则中若干问题的意见》，提出了学徒制度的实施范围，学习期限的计算，休学和解除合同，生活补贴、奖励、津贴和劳保福利待遇等意见，学徒补贴一般为12 ~ 18元，特殊工种可达到28元，进一步完善了学徒制度。

在实践过程中，企业创造了多种形式的学徒培训方法，如采取“成组培养”，将若干徒工合成一组，设立专职师傅，按计划完成生产作业。有的采取“分区培养”，提供实训设备，设立培训工区、车间，半工半读，集中与分散相结合。如“一五”期间，陕西省技术工人严重不足，从外省市调配工人不能满足需要，不少单位开始组织小组培训或举办训练班，抽调技术熟练工人和工程技术人员讲授生产操作要领和技术理论知识，利用现有的场地、设备练习操作，成批培训学徒。西北建筑工程管理总局所属的 8 个生产管理部门先后举办了 21 个训练班或训练小组，训练时间一般为半年，最长的 1 年，最短的 1 个月。

在技工学校教育资源有限的情况下，学徒制成为青年技工培养的重要形式。新中国成立十年间，800 多万名新技工大多通过学徒制方式进行培养。

（三）改革工资制度

1953 年，国家进行第一次工资改革，原有供给制人员调整为实行工资制。1956 年，国家再次实行工资制度改革，在绝大多数职工收入增加的基础上，调整分配关系，重工业工人增加较多，改变了“轻重不分”的现象。在企业中全面推行八级工资制。八级工资制从一级到八级，在技术水平、劳动对象、劳动强度等方面都有明确的要求，体现了熟练劳动者与非熟练劳动者、技术水平高的工人与技术水平低的工人之间的工资差别。例如，冶金工人八级工资的标准为一级工资的 32 倍。工资制度明确规定了各级职工应知应会的技术考核标准和办法。对于工人来说，一级到八级的进步空间比较充裕。工人们能够有明确的努力方向，也有具体的奋斗目标。《国务院关于工资改革的决定》中指出：“为了使工人的工资等级更加合理，各产业部门必须根据实际情况制定和修订工人的技术等级标准，严格地按照技术等级标准进行考工定级，使升级成为一项正常的制度。”将工资收入与工人技术水平挂钩，对于激励工人提高生产技能起到了积极作用。

四、树立优秀技工典型，为技工成长创造良好环境

1954 年，我国颁布了第一部宪法，确定了我国是“工人阶级领导的、以工农联盟为基础的人民民主专政的社会主义国家”，从法律上确定了工人阶级的领导地位。工人、农民充满当家作主的自豪感和优越感。国家还在以下三个方面，重视发挥技术工人的作用，提高技术工人的社会地位。

（一）表彰技术工人劳模

1950 年和 1956 年，全国先后两次开展劳动模范表彰活动，各省、市、区以及各行业系统、企事业单位也都开展了不同层次的劳模评选活动，从而使劳模表彰进一步制度化、规范化，影响力得到了进一步扩大。1950 年 9 月，中央人民政府召开了第一次“全国工农兵劳动模范代表大会”，毛泽东、朱德、刘少奇等领导同志出席了此次会议，并由此建立了劳模表彰制度。此次会议表彰 464 人，其中 208 人来自工业生产一线，主要是优秀技工代表。1956 年，表彰大会名称改为“全国先进生产者代表会议”，代表们集中在工业战线，并由此开启了“先进生产者运动”的序幕。

1959 年 10 月 26 日至 11 月 8 日，全国工业、交通运输、基本建设、财贸方面社会主义建设先进集体和先进生产者代表大会在人民大会堂召开，来自全国各地的 6 500 多名代表出席会议。刘少奇、周恩来、朱德等领导同志出席大会。王进喜、时传祥等近百位劳动模范和代表发言。劳模们还到有关部门和厂矿企业现场传授技术，交流经验，产生轰动效应。

全国劳动模范——王崇伦

（二）鼓励技术工人参与技术革新

1954 年 4 月，发明“万能工具胎”的鞍钢技术能手王崇伦与 7 名全国工业劳动模范一起，向全国总工会提交开展技术革新的建议书，进一步掀起了技术革新的高潮。全国总工会等部门根据鞍钢等地的经验，号召开展全国性的以技术革新为主要内容的劳动竞赛，通过群众性的生产动员，在工艺流程、操作方法、原材料消耗等方面下功夫，主要围绕提高劳动生产率、增加产量、节约材料、改进质量等方面开展竞赛。一方面，技术革新是完成工业生产任务的保障，目的是完成和争取超额完成国家计划；另一方面，技术革新运动也是国家工业化进程中的重要探索，探索一条有中国特色的工业和科技发展道路。在技术革新中，技术工人发挥了重要作用并得到锻炼成长。

按照国家对技术革新的要求，各地普遍行动起来。1954 年 6 月 8 日，中共上海市委下发《关于在工厂企业中加强技术领导、开展技术革新运动的决定》。6 月底，上海市总工会发出通知，号召各级工会要在党委的统一领导下，采取领导、工人、工程技术人员“三结合”的方式，针对完成国家计划和生产关键环节广泛深入地开展技术革新、技术革命运动，同时提出了指导性意见和具体要求，推动了上海技术革新运动的兴起。

在技术革新中，全国工人提出了数以万计的合理化建议，创造了一大批革新成果，涌现出一大批先进技工典型。沈阳七二四厂（东北机械制造公司）工人尉凤英，1953 年进入企业学徒，后到技工学校进修。她带领十几人的技术革新小组，从 1953 年到 1958 年的几年间实现 170 多项技术革新，创造了多个“第一”，为国家和企业创造了巨大的效益。

鞍钢工人孟泰，先后为瓦斯储藏器装上了防尘罩，为检修高炉的架工师傅设计并制作了卷扬机。孟泰几十年与高炉循环水打交道，积累了丰富的工作经验，创造了“眼睛要看到，耳朵要听到，手要摸到，水要掂到”的维护操作法。他只要把手伸向循环水水流，便可准确判断出水的温度、压力及管路流通状况。凡是高炉循环水出故障，他都能手到病除。1959 年，鞍钢在孟泰、王崇伦的倡议和带动下，形成了一支以各级先进模范人物为骨干的 1 500 多人的技术革新队伍，先后解决了十几项技术难题。其中，鞍钢成功自制大型轧辊，填补了我国冶金史上的空白，被誉为“鞍钢谱写的一曲自力更生的凯歌”。

鞍钢工人孟泰

（三）推广技工创造的先进工作法

一线技工在创造先进工作法方面也有突出贡献。1951 年，在青岛纺织业开展的以增产节约为主要内容的“红五月”生产劳动竞赛活动中，青岛第六棉纺织厂细纱车间的值车工郝建秀以优异成绩初露锋芒，创造出一套“高产、优质、低耗”的工作法。她每天出的白花最多为 6 两，最少为 2 两，连续 7 个月平均皮辊花率仅为 0.25%。当时全国平均水平是 1.5%，郝建秀出的皮辊花率仅为全国平均水平的 1/6。郝建秀工作法的四条主要经验是：有正确的劳动态度，工作认真负责；虚心学习，肯动脑筋，提高技术；工作有计划，善于分配劳动时间，能分轻重缓急进行操作；不浪费劳动时间与劳动力，做到一切以减少断头为中心，以少出皮辊花为目的。

1951 年 6 月，青岛市成立了郝建秀工作法推广组，向各工厂进行推广。同年 8 月，纺织工业部和中国纺织工会在青岛联合召开细纱职工代表会议。在这次会议上，“郝建秀工作法”被正式命名。会后，纺织工业部和中国纺织工会在青岛举办了全国各地 220 多名细纱工、技术员和工会干部参加的学习班，将“郝建秀工作法”向全国推广。在“郝建秀工作法”的影响下，全国纺织行业陆续产生了“五一织布工作法”“五三保全工作法”等30多种工作法，大大提高了纺织行业的生产效率。

纺织工人郝建秀

各地及时树立技术工人先进典型，表彰劳动模范，宣传推广他们的事迹，在社会上产生了广泛影响，对激励技工成长产生了积极作用。企业工人以他们为榜样，学技术、钻业务蔚然成风，形成了激励技术工人成长和促进技工教育发展的良好氛围。

总之，新中国成立初期，伴随着社会主义建设高潮的掀起，我国技工培养也呈现出蓬勃局面，进入技工培养的一个辉煌时期，对工业化进程起到了极为重要的作用。虽然在管理体制、培养模式等方面具有一定的计划经济色彩，但采取学校培养和企业培养相结合、注重提高技工待遇、大力营造技工成长环境等举措，与经济建设紧密结合的培养定位，校企一体、工学交替、产训结合的培养方式等，都体现了技能人才培养规律和职业技术教育的本质特征，形成了具有社会主义特色的技术工人培养途径，也为随后技能人才培养提供了可贵的经验。

第二节　技工教育在曲折中发展

1959 年到 1961 年，我国国民经济发生严重困难，在此期间，技工教育也受到很大的影响。

一、技工学校的整顿提高

1958—1960 年，技工学校数量曾有大幅度增长。在“大跃进”形势下，国家推广河南省县、社办技工教育的经验，全国掀起大办技工学校的高潮。1957 年，全国有技工学校 144 所；到 1959 年底，技工学校增加到 744 所；1960 年底，技工学校增加到 2 179 所，在校生由 1959 年的 28 万人增加到 51.7 万人。技工教育的“大跃进”，使很多学校只能因陋就简，带来办学条件不足和质量下降等问题。有的学校既无校舍，也无实习设备。

随着国民经济的调整，1961 年，劳动部根据中央要求，提出技工教育“整顿、巩固、充实、提高”的工作方针，对技工学校进行全面整顿。在 1961 年 9 月召开的全国技工学校工作会议上，对调整和压缩工作进行研究部署，调整压缩工作一直持续到 1962 年。按照“压缩工业、文教、城市人口”的要求，压缩调整力度不断加大。到 1962 年底，全国技工院校仅保留 155 所，在校生 5.9 万人。原定在上海、天津、河南、沈阳筹建的技工师范学院项目也随之下马。1963 年，随着国民经济好转，技工教育有所恢复，学校增加到 220 所，在校生 7.8 万人。1964 年，中央要求推行的“两种劳动制度、两种教育制度”，将技工学校逐步改为半工半读，并新建一批半工半读技工学校。1965 年，技工学校恢复到 400 多所。

半工半读的办学模式为生产和教学时间基本上各占一半，课程设置密切结合生产，为生产服务。同时，“两种劳动制度”要求在工厂内对青年工人的实习也采取半工半读方式，提高青年工人的知识和技术水平。

这一时期，技工教育在学校管理和人才培养方式等方面继续规范和完善，艰难前行。1961 年，劳动部印发《关于统一技工学校名称问题的复函》，明确“为了便于工作和分别学校性质起见，凡以培养技术工人为主的学校均称为技工学校”。自此，技工学校的名称实现统一。1961 年 5 月，劳动部下发《关于颁发技工学校通则等三个文件的通知》[（61）中劳配字第 175 号]，这三个文件分别为《技工学校通则》（内容详见本章附录三）、《关于技工学校学生的学习、劳动、休息时间的暂行规定》、《技工学校人员编制标准（草案）》，进一步规范了技工学校管理。

《技工学校通则》规定了技工学校的性质、任务、培养目标、招生对象、学制、规模、设施、管理体制、开办停办和毕业生分配等问题，是继《技工学校暂行办法草案》《工人技术学校标准章程（草案）》之后，又一个重要的规范性文件。这个文件进一步明确了技工学校的培养目标定位是“具有社会主义觉悟、中级技术水平和中等文化程度的技术工人”。突出实践技能的培养和技工学校的生产性实习，“技工学校应该有固定的校舍、教学设备和必需的实习工场与生产设备”“技工学校应该有独立的生产计划和财务计划，依靠生产实习做到经费自给”。强调专业建设，“每所技工学校所设置的工种（专业），应该性质相近，并且以不超过十种为宜”。

《关于技工学校学生的学习、劳动、休息时间的暂行规定》主要规范学习劳动时间，明确每日总计不超过 8 小时，保证学生身体健康。《技工学校人员编制标准（草案）》明确了不同规模学校的生师比。这三个文件对技工学校规范办学起到了积极的促进作用。

1963年，国民经济回暖，劳动部委托部分企业和学校培训3万名学徒技工，学习期满后，根据生产建设需要，由劳动部统一分配。随后，连续两年继续采取委托培训的方法，集中培养了一批技工。同时，国家修订了工人技术等级标准，引导工人通过学习技术技能提高工资收入。

1964年4月，国务院下发通知，决定将技工学校综合管理工作划归教育部，由地方劳动部门综合管理的技工学校工作移交地方教育部门，劳动部门予以协助。但劳动部门举办的技工学校，仍由劳动部门直接领导。

二、“文化大革命”时期的技工教育

“文化大革命”前期，工人学徒、晋级等制度遭到破坏。技工学校绝大多数停办，有的被征用、占用，有的依托校办企业勉强生存。如山东省劳动局技工学校转为济南机床六厂，德州技工学校转为德州第三机床厂，上海市劳动局第二技工学校并入上海汽车底盘厂。至1970年前后，全国技工学校仅剩39所。企业学徒培训等制度也未能坚持，技术工人培训陷入停滞状态。

“文化大革命”中后期，由于生产建设需要技术工人，企业学徒制度开始恢复，技工学校也恢复了招生。1970年，少数技工学校开始招生，成为除中小学之外最早恢复招生的学校。1973年7月，《国务院批转国家计委和国务院科教组关于中等专业学校、技工学校办学中几个问题的意见》(国发〔1973〕81号)明确，“技术学校培养有社会主义觉悟、有文化的技术工人”，要求根据需要和可能适当发展。文件提出，全国技工学校要对自身规划和布局工作及时调整，并积极开展招生工作；要根据现实需要和实际条件，对技工学校进行适当的发展。技工学校招生规模进一步扩大，一些行业企业开始创办技工学校，形成一个小高潮。招生实行学生自愿报名，群众及教师推荐，领导和学校批准、复审的原则。招生对象不仅仅是初中毕业生，还包括有实践经验的工人和农民，当时称为工农兵学员，毕业后一般回原地区单位工作，也可分配到企事业单位，还可以选择上山下乡。一些大城市技工学校发展迅速，主要为行业企业办学，多为一厂一校、一校一班。“文化大革命”后期，天津市技工学校达到 40 多所，上海市技工学校达到 60 多所，山东省恢复和新建技工学校 30 所，广州市复办和新办技工学校 27 所。1976 年，全国有技工学校 1 267 所、在校生 22.1 万人，学校规模普遍较小，办学条件参差不齐。

“文化大革命”中后期，技工学校得到延续和传承，说明技工学校培养合格技术工人的办学定位及培养方式，适应生产建设的需求，具有顽强的生命力。

附录一

技工学校暂行办法草案

第一条 为了有计划地培养技工，保证国家经济建设的需要，特制定本办法。

第二条 技工学校按产业管理部门分别设置，各产业管理部门应根据各该部门对于技工的需要设立技工学校，并按照国家批准的技工培养计划，培养其所需工种的技工。当所设技工学校有剩余力量时，应接受其他部门委托培养的任务。

第三条 技工学校以培养四、五级技工为主。学习期限一般规定为二年。各产业管理部根据实际需要、设备条件与培养工种、技术等级的不同，得适当地予以增减。但培养目标不得低于三级技工，年限不得少于一年半。

第四条 技工学校的学生，应招收具有高小毕业以上或相当于高小文化程度及身体健康、政治纯洁、年满十六周岁至二十三周岁的青年，经考试合格并填写志愿书后方可入学。

第五条 技工学校由各产业主管部领导，并受劳动行政部门的业务指导。在目前时期，各该部亦得根据具体情况，分别委托所属专业局（公司）或厂矿直接领导。

第六条 技工学校应派适当人员担任正副校长，并应健全教导科（处）、总务科（处）等工作机构。

第七条 技工学校，一般应有专用实习设备，凡属培养机械制造技工者，必须设有较为完善的实习工场，实习工场由教导科（处）领导。

第八条 技工学校培养理论与技术兼备的技工。其各类课程的一般比例应是：技术实习占百分之五十至六十，技术理论、政治、文化、体育等课程共占百分之四十至五十。各校应根据具体情况适当安排。

第九条 技工学校的实习工场，在教学计划所规定的范围内，可生产一定数量的成品或接受一定数量的加工订货任务。至于实习生产和加工订货所需材料周转金的来源及其收入的处理办法，由各产业管理部自行规定。

第十条 技工学校的实习工场，在安全设备方面应符合劳动保护的要求。

第十一条 不属厂、矿直接领导的技工学校，应由其直属上级指定学校所在地区的一个具备适当条件的厂、矿企业与之固定联系，以便在教学和设备等方面，取得该厂、矿企业的指导与帮助。

第十二条 技工学校应根据实际情况制订编制定员表，定员表应经主管产业部的批准。教职员工与学生配备的比例，一般为一比五至一比八（培养新的师资，不在此限）；其中教员与其他人员的比例，由各产业主管部自行编订。

第十三条 技工学校的教师，应尽量以专任为主。技术理论教师，应由相当于中等技术学校毕业以上程度的技术人员担任；技术实习教师，应选拔具有高小以上文化程度及有一般技术理论常识的优秀技工担任。政治课须配备能够胜任的教师担任之。

第十四条 技工学校应采取各种方法不断地提高师资的技术与理论水平，改进教学质量，使之能符合生产建设发展的要求（经主管产业部门的批准，学校得从每期毕业生中选拔成绩优良者，继续培养成为新的师资）。

第十五条 技工学校的教师，如系调任者，若工作相同、能力相近，而工资待遇有差异者，应尽可能地加以适当调整，做到基本上同工同酬；如系兼任者，应予以适当的报酬；如系专聘者，其工资由学校按其具体情况拟定，报请直属产业管理部批准。

第十六条 对工作成绩卓著的教师，应给以名誉的或物质的奖励。具体办法可由各主管部拟定试行。

第十七条 中央各产业管理部门所属的技工学校，其招生简章与招生地区，由各产业主管部决定，征得中央人民政府劳动部同意后，由招生地区劳动部门协助招考。地方国营产业部门所属的技工学校，其招生简章与招生地区，由其直属产业管理部门决定，征得所在地劳动行政部门同意后实行。但事先均须与招生地区教育部门取得联系。

第十八条 技工学校学生生活待遇，采取人民助学金制。其待遇按中等技术学校规定标准支付。具体办法由各产业主管部根据不同情况自行拟定。

第十九条 技工学校应建立经常考试制度。学生毕业时，应组织考试委员会，由其主管部门（公司）、用人厂矿及当地劳动部门等单位派遣人员会同学校负责人组成之。毕业考试成绩的情况，应扼要报告产业主管部、局并分报中央人民政府劳动部及所在地劳动行政部门。

第二十条 技工学校学生毕业考试合格后，由其主管产业部门发给毕业证书。

第二十一条 技工学校的毕业生，由其产业管理部门分配工作。如系其他部门委托培训者，则由委托部门分配工作。对于考试不及格的学生，按其实际程度分配工作或继续学习，由各产业主管部自行规定。若考试合格的毕业生有多余时，劳动部门应协助分配工作。

第二十二条 技工学校的毕业生，必须服从其主管产业部门的统一分配。各产业部门可适当规定毕业生的必须服务年限。

第二十三条 技工学校的开办、变更与停办，由其产业主管部征得中央劳动部同意后审查批准，并报学校所在地劳动行政部门备查。

第二十四条 技工学校应将招生、教学、实习等初步计划，报告其产业主管部，各产业主管部应根据各技工学校的初步计划制订统一的培训计划及教学计划，并报中央人民政府劳动部备查。

第二十五条　技工学校的所有财产，为产业管理部门的教育事业财产，不得移作其他用途。

第二十六条　各产业主管部得根据本办法制定实施细则。

第二十七条　本办法经中央财政经济委员会批准后试行。

（1954 年 4 月 25 日）

附录二

国务院关于国营、公私合营、合作社营、个体经营的企业和事业单位的学徒的学习期限和生活补贴的暂行规定

议字〔1957〕第 8 号

（一九五七年十一月十六日第一届全国人民代表大会常务委员会第八十五次会议原则批准　一九五八年二月六日国务院全体会议第七十次会议修改通过）

解放以来，为了适应我国经济建设的需要，各企业和事业单位曾经采用短期的师傅带徒弟和技工训练班的办法，训练了大批的技术工人。这从解决当时技术工人严重不足的困难来看，是必要的。但是由于学习期限太短，学徒转为正式工人以后，大都技术水平较低，缺乏独立的作业能力。同时，学习期间的生活待遇过高，学习期满后又升级太快，这不仅不能鼓励青年徒工刻苦钻研技术，而且影响到新老工人的团结和师徒之间的合作，甚至使许多手工业者、服务性行业以及个体的体力或脑力劳动者不愿意招收和培养学徒。这种情况，

对于国家建设事业和青年就业都是不利的。为了鼓励手工业者、服务性行业和个体的体力或脑力劳动者积极地招收和培养学徒，使广大青年有更多的就业机会，为了使学徒能够有充分的时间学会多种技术和业务，学习必要的政治和文化知识，锻炼好强健的体格，全面地提高我国后备工人、职员的质量，我们必须改变目前培养学徒的办法。我们应该从我国人口多、经济落后的实际情况出发，根据统筹兼顾、勤俭建国的方针，适当地吸取我国过去学徒制度中的长处，合理地规定学徒的学习期限和生活待遇。

为此，现在对于国营、公私合营、合作社营、个体经营的企业和事业单位的学徒（包括练习生）的学习期限和生活补贴，规定如下：

一、学徒的年龄，一般应该在十六周岁以上，某些特殊行业可以少于十六周岁。学徒的学习期限应该为三年。技术比较简单的工种的学习期限可以适当缩短，但是不得少于二年。技术特殊复杂的工种的学习期限可以适当延长。各行业学徒学习的具体期限和学习技术、业务的具体要求，中央国营和公私合营的企业、事业单位由中央各主管部门按照实际情况分别规定，经劳动部审查平衡后发布执行；地方国营和公私合营的企业、事业单位参照中央国营和公私合营的企业、事业的规定执行。

未定息的公私合营企业、手工业合作社和个体的体力或脑力劳动者所培养的学徒，其学习期限一般也应该为三年。

二、学徒在学习期限内，由所在单位按月发给生活补贴。生活补贴的标准，按照当地或者本行业一般低级职工的伙食费另加少数零用钱计算规定。零用钱可以根据城乡的不同消费水平，规定为第一年每月二元至三元，第二年每月三元至五元，第三年每月五元至八元。这种生活补贴的具体标准，由各省、自治区、直辖市人民委员会根据上述原则制定，在本省、自治区、直辖市范围内统一执行；铁道、航运系统各由其中央主管部门制定，在本部门范围内执行，都报送劳动部备案。

未定息的公私合营企业、手工业合作社和个体的体力或脑力劳动者所培养的学徒的生活补贴，一般可以采用上述规定中的较低标准。

三、各单位适用于工人、职员的工资制度（包括计件工资制），都不适用于学徒；奖励制度和津贴办法，除了某些一次性奖励和属于劳动保护性质的待遇可以适当享受以外，其余都不适用于学徒。学徒可以按照有关的规定享受劳动保险待遇。

四、学徒经过一个时期的学习，掌握了一定的技术或者业务能力以后，为了加强他们的实际锻炼或者由于生产和工作的需要，行政方面可以分配他们从事某些正式工作。但是，在学习期限未满以前，一律不得提前转为正式工人、职员。在学习期满以后，经过考试合格，才能够转为正式工人、职员。学徒转为正式工人、职员后第一年的工资，按照所在单位生产工人和职员的最低工资标准执行；工作满一年以后，再根据生产或者工作的需要，本人的技术、业务水平和平日的工作成绩，正式评定他们的技术等级和工资等级。

未定息的公私合营企业、手工业合作社和个体的体力或脑力劳动者所培养的学徒，学习期满以后，一般应该留用一年或者二年，给予稍高于学徒生活补贴的工资待遇。期满以后，留用或者离职，双方自便。

五、学徒学习期满以后，如果对于应该学会的技术或者业务未能达到预定的要求，应该酌量延长他们的学习期限。在延长学习期间的生活补贴，按照原规定期限的最后一年的标准发给。

六、在学徒学习期限内，师徒之间应该发扬尊师爱徒和互助合作的精神。师傅应该认真地教导学徒学习技术、业务，学徒应该尊重师傅的教导，并且遵守各种工作制度。同时，企业、事业单位和师傅可以根据不同情况和具体需要，分配学徒担负一部分技术、业务以外的杂务工作或者其他体力劳动，学徒不得拒绝。

七、企业、事业单位同学徒或者师傅同学徒之间，都应该订立合同。合同上写明学习的期限、学习的内容、学习期间的生活待遇以及双方的义务和权利。如果任何一方故意破坏合同规定的时候，另一方有权辞退或者停学。

八、各单位在本规定发布以前招收的学徒的学习期限仍然按照国务院原来的有关规定执行，生活补贴标准（即有些单位所称的“学徒工资标准”），也仍然按照原来的标准执行。

九、凡是非技术性的简单的体力劳动工作，可以不实行学徒制度。

十、本规定发布以后，各省、自治区、直辖市人民委员会可以制定实施细则或者补充规定。

十一、本规定自发布之日起施行。

附录三

技工学校通则

第一条 技工学校是培养具有社会主义觉悟、中级技术水平和中等文化程度的技术工人的学校。

第二条 技工学校贯彻执行教育为无产阶级的政治服务、教育与生产劳动结合的方针，实行半工半读。

第三条 技工学校招收的学生，应该是具有初中毕业或高小毕业文化程度、年满十四周岁至十八周岁、身体健康的青少年。

第四条 技工学校的学制，根据工种的技术复杂程度和学生的文化程度，一般定为二年和三年两种。招收初中毕业学生的不少于二年；招收高小毕业学生的不少于三年。

第五条 技工学校的规模一般为容纳学生二百人至一千五百人。每所技工学校所设置的工种（专业），应该性质相近，并且以不超过十种为宜。

第六条　技工学校按照规定的教学计划和教学大纲进行政治、文化、技术理论教学和生产实习。

第七条　技工学校应该设有专职的行政管理人员、教学人员和其他必需的教学、生产辅助人员，各类人员按照劳动部规定的编制标准配备。

第八条　技工学校应该有固定的校舍、教学设备和必需的实习工场与生产设备。

第九条　技工学校应该有独立的生产计划和财务计划，依靠生产实习做到经费自给。

第十条　技工学校实行党委领导下的校长负责制。根据民主集中制的原则，在校长主持下，定期召开校务会议，讨论决定有关学校的教学、生产、思想政治教育和其他各项工作。

第十一条　技工学校由各主管部门直接领导，由劳动部门综合管理，并且接受教育部门的教学指导和按照国家规定的招生计划统一安排招生。

第十二条　技工学校的开办停办、改变性质和毕业生分配等事宜，按照劳动部的规定执行。

（1961 年 5 月 15 日）

第四章
改革开放初期的技工教育

“文化大革命”结束后，中央先后召开教育工作会议、职工教育工作会议、就业工作会议，出台了一系列关于职业培训和技工培养的政策措施。技工学校恢复考试入学，全国各地复办、创办了一大批技工学校，并通过整顿提高，进一步扩大办学规模，提高教学质量。技术工人培训工作受到中央高度重视，全国性大规模职工“双补”活动取得成效，职工技术考核等各项基础工作得到加强。通过上述措施，技术工人队伍整体素质得到较大改善和提高，适应了新时期“四个现代化”建设的需要。

第一节　技工学校恢复考试招生入学

一、与高校同步恢复考试招生入学

1977 年 9 月，中央召开教育工作座谈会，确定恢复高校统一招生考试。1977 年底，中断 10 年的高考正式恢复。同年，中专和技工学校也恢复考试招生入学，由国家计委下达招生计划，与高校招生考试同步进行。招生对象是有城镇户口，具有初中或高中毕业文化水平的未婚青年。由于高考由各省自行组织考试，技工学校招生考试亦由各省组织。有的省中专和技工学校招生考试与高考同一试卷（如江苏省、河南省），有的省中专和技工学校招生另行组织（如山东省）。考试结束后，个人填报志愿，分批次择优录取。1978 年，技工学校划归劳动部门管理。从 1980 年开始，技工学校招生工作由各省教育、劳动部门联合组织，逐步过渡到由各省劳动部门成立招生办公室单独组织。直到 20 世纪 90 年代中期，技工学校招生工作都是由国家计委和劳动部门下达招生计划，组织全国统一招生考试。招生制度的改革，克服了“文化大革命”中推荐入学的弊端，面向全社会公平选拔，改善了生源结构，提高了生源质量，为培养高素质技术工人奠定了基础。

恢复招生的山西太原钢铁公司技工学校

二、拓展技工学校发展空间

1978 年 4 月，中央召开全国教育工作会议，邓小平同志强调“整个教育事业必须同国民经济发展的要求相适应”，同时提出“应该考虑各级各类学校发展的比例，特别是扩大农业中学、各种中等专业学校、技工学校的比例”。1980 年 10 月，国务院转批教育部、国家劳动总局《关于中等教育结构改革的报告》，提出积极发展和办好技工学校。1981 年，《中共中央　国务院关于广开门路，搞活经济，解决城镇就业问题的若干决定》提出“要调动各方面办学的积极性，继续办好技工学校”，发挥其在职业培训和促进就业方面的积极作用。在国家层面上，进一步明确了技工学校发展的必要性和紧迫性，为技工学校改革发展拓展了空间。

应该考虑各级各类学校发展的比例，特别是扩大农业中学、各种中等专业学校、技工学校的比例。

——1978年4月22日，邓小平在全国教育工作会议上的讲话

三、理顺技工学校管理体制

1978 年 2 月 11 日，经国务院批准，教育部和国家劳动总局联合发文，重新确定技工学校管理体制。《教育部　国家劳动总局关于全国技工学校综合管理工作由教育部划归国家劳动总局的通知》[（78）教计字 096 号　劳计字 005 号] 指出，“办好技工学校是培养工人掌握现代化设备，提高工人技术水平，补充熟练工人的重要方式，对加速发展国民经济，实现四个现代化，具有重要意义”。文件明确，全国技工学校的综合管理工作，由教育部划归国家劳动总局，教育部予以协助。文件同时明确地方劳动部门负责地方技工学校综合管理工作，各级劳动部门的职责是编制发展规划、招生计划，拟定有关方针政策、规章制度，组织有关部门编写、审定教学计划、教学大纲和教材，以及培训提高师资水平等。

四、清理收回学校资产，复办技工学校

针对“文化大革命”中技工学校资源被挤占问题，1978 年全国教育工作会议和随后下发的国务院文件，要求“任何单位占用学校的土地、房屋、家具、设备、车辆等，原则上都应无条件退还给学校”。在各级政府和劳动部门督办下，一大批技工学校的办学条件得以恢复和改善。如广东省劳动局发出通知，要求在“文化大革命”中改为工厂的技工学校尽快复办，占用的校舍设备尽快归还学校。各地不得随意撤并技工学校，改变技工学校性质，已改为中专和电大的也要尽快改回来。到 1979 年，全省复办技工学校 75 所，在校生

达 9 700 人。

这一时期，技工教育得到快速发展，规模迅速扩大，全国技工学校由 1977 年的 1 333 所增加到 1985 年的 3 548 所，在校生由 24.31 万人增加到 74.17 万人。这些技工学校多数是企业行业办学，如山东省的技工学校从 1978 年的 50 所增加到 1985 年的 136 所，政府办学仅有 23 所。

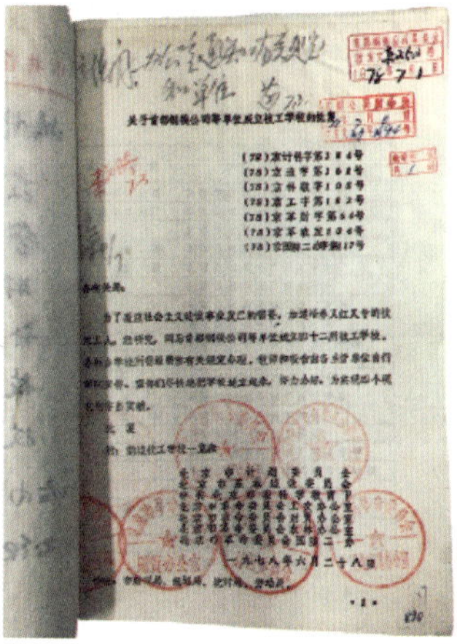
一九七八年六月二十八日

1978 年首都钢铁公司
技工学校复校批文

1978 年恢复办学后的首都钢铁公司技工学校

第二节　技工学校的整顿发展

一、出台《技工学校工作条例》等规范性文件

1979 年 2 月，国家劳动总局颁发《技工学校工作条例（试行）》（以下简称《条例》）。这是继《技工学校暂行办法草案》（1954 年）、《工人技术学校标准章程（草案）》（1956 年）和《技工学校通则》（1961 年）之后，又一个

关于技工学校的综合性文件（1962年曾起草《技工学校工作条例》，未见正式下发）。《条例》由总则、教学工作、思想政治工作、生产管理和财务管理、教师、学生、行政工作组成，共七章。《条例》明确：技工学校是培养技术工人的学校，是国家教育事业的重要组成部分，基本任务是培养能够掌握现代生产技能的四级技术工人（指实行八级技术等级标准的工种）。技工学校的教学应理论联系实际，以生产实习教学为主。招生对象为初、高中文化程度的未婚青年，一般为15～22周岁。招生计划纳入国民经济计划，生产任务列入国家生产计划，主要依靠学生在实习中完成。1980年，国家劳动总局又下发了《技工学校学生守则（试行）》《学生管理暂行规定》，为加强技工学校管理打下了基础。

1979年鸡西煤矿技工学校首届开学典礼

二、整顿和发展技工学校

1979年9月，国家经济委员会、国家劳动总局下发《关于进一步搞好技工培训工作的通知》（以下简称《通知》），要求“必须有计划地举办新的技工学校”“特别是生产迫切需要又十分短缺的工种专业，都应积极举办技工学校进行培训"。《通知》提出，可将一些适合办技工学校的厂房设备用于技工学校建设，对"文化大革命"中改为工厂的学校要予以恢复。厂办技工学校得到快速发展，20 世纪 80 年代初数量占全国技工学校的大多数。

《通知》提出，适应国民经济整顿提高的要求，针对技工学校发展中的问题进行整顿，实行"五定"，即定规模、定工种专业、定培养目标、定学制、定人员编制。各地根据《通知》要求，制定工作方案，明确整顿方法和验收标准，推进整顿工作。整顿工作一直持续到 1984 年前后，对提高技工学校办学水平起到了积极作用。

20 世纪 80 年代技工学校学生公寓

经过整顿，技工学校有了新的发展。1979—1983 年，技工学校毕业生达到 130 万人，超过了过去 30 年的总和，技工学校的办学水平也有了较大提高。

1979 年西电技校（西安技师学院前身）举办春季田径运动会

三、强化生产实习教学

1982 年 3 月，国家经济委员会、国家劳动总局印发《关于加强技工学校生产实习教学工作的几点意见》[（82）劳总培字 6 号]，针对部分学校生产实习条件差，不能适应教学需要等问题提出改进措施，强调“生产实习教学是技工学校的一门主课”，各部门都要尽快制订本系统有关工种专业的生产实习教学计划和教学大纲，实习课时与文化技术理论课各占一半为宜，最低不得少于 40%。两三年内，凡是没有实习工场的学校，都要建立校内实习工场。同时积极安排工厂和车间承担实习任务，要切实做好生产实习的组织工作。实习产品的选择、生产计划的制订要以保证实习教学计划的实施为前提。同时要做好生产实习的考核，考核结果作为今后分配工作、确定技术等级的重要依据。

四、加强师资队伍建设

技工学校在恢复发展过程中面临着师资紧缺等突出矛盾。为解决师资问题，国家一方面从各行业抽调师资充实技工学校，另一方面积极筹建技工师范学院。

早在1959年，劳动部就曾计划筹建技工师范学院，随后国务院批准在天津、上海、沈阳、开封成立4所技工教育师范学校，后更名为技工教育师范学院，属于专科层次。1961年3月，劳动部《关于统一技工学校名称问题复河南省劳动厅的函》中提出：为了便于工作和便于区分学校的性质起见，凡以培养技术工人为主的学校，均称为“技工学校”，凡以培养技工学校师资为主的学校，均称为“技工教育师范学校”。1960年，河南省机械制造技工学校更名为河南省工业技术师范学校，1961年更名为河南省技工教育师范学校（现河南职业技术学院）。1960年，旅大市劳动局在大连机车车辆厂的协助下开办一所技工师范学校。1961年，这些成立起来的技工师范学校（院）在《中共中央关于精减职工工作若干问题的通知》背景下全都进行了调整。

1979年1月10日，国家计委、教育部向国务院提交《关于增设四所技工师范学院的请示报告》，请示在天津、山东、河南、吉林成立4所技工师范学院，由国家劳动总局和所在省、市双重管理，以国家劳动总局为主进行建设。经国务院批准，2月26日，国家劳动总局、教育部联合印发了《关于增设四所技工师范学院的通知》[（79）劳总培字7号　教计字51号]。

由于国民经济正处于调整期，建设资金并不充足。1982年10月，劳动人事部向国务院领导上报《关于调整我部扩建的四所技工师范学院的请示》，确定集中力量办好天津技工师范学院，移交吉林技工师范学院给吉林省，停办河南、山东两所技工师范学院。

山东技工师范学院校门

天津技工师范学院以天津市劳动局技工学校和天津市第五机床厂为基础兴办，于 1983 年开始招生，同年更名为天津职业技术师范学院，2000 年转由天津市管理，2004 年更名为天津工程师范学院，2010 年更名为天津职业技术师范大学。几十年来，学校为我国职业技术教育培养了大量高素质的双师型教师，特别是常年面向技工学校单独招生，既有针对性地为技工学校培养了师资，也为技工学校学生升学创造了条件。

1983 年，吉林技工师范学院划归吉林省管理，更名为吉林职业师范学院，2002 年更名为吉林工程技术师范学院。

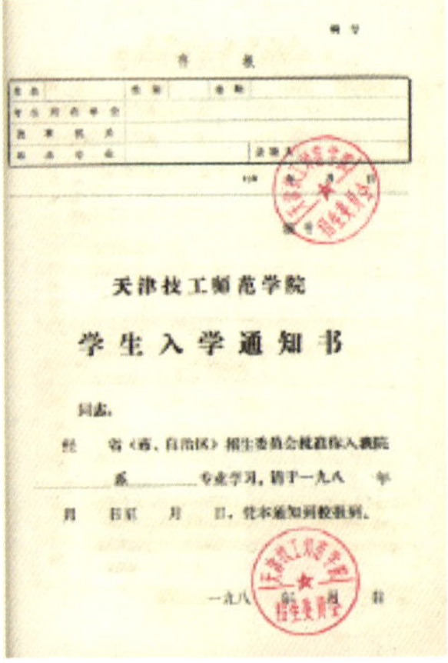
天津技工师范学院

学生入学通知书

同志：

经　　省（市、自治区）招生委员会批准你入我院

　　系＿＿＿＿专业学习，请于一九八　年

月　日至　月　日，凭本通知到校报到。

一九八　年　月　日

天津技工师范学院
学生入学通知书

天津技工师范学院首届开学典礼

第三节　开展职工“双补”工作

“文化大革命”造成职工队伍政治素质低、文化水平和技术技能水平低的状况。80% 的职工没有达到初中文化水平，缺乏现代科技基础知识，技能水平也普遍较低。据有关城市调查，企业工人中 60% 的技能水平在三级工以下，并且实际能力达不到这个水平。1981 年 2 月，中共中央、国务院印发《关于加强职工教育工作的决定》（以下简称《决定》），要求在第六个五年计划期间，将职工普遍培训一次，有效提高职工队伍的政治思想、科学文化、业务技术和经营管理水平。这项工作的重点是对领导干部的培训和对“文化大革命”以来入厂的青壮年进行政治思想教育和文化技术补习。在技术水平方面，五年内力争青壮年工人的实际操作技术水平普遍提高一到

两级，使中、高级技术工人比重有较大增长。《决定》要求广泛动员企事业单位开展培训，多形式办学，可由一个企业单独举办或几个企业联合举办职工学校，也可举办短训班，组织岗位练兵和操作表演，组织脱产、半脱产学习。生产正常的企业，要保证每周 4 小时业余学习时间。《决定》首次提出，“企业职工教育的经常费用，大体可按工资总额的百分之一点五掌握使用，在企业成本中列支。扩大自主权的企业，可在利润留成中适当安排职工教育经费。各级政府教育部门的教育经费，要有一定比例用于职工教育”。

《决定》要求建立“全国职工教育管理委员会，作为国务院指导全国职工教育工作的机关”“劳动总局负责综合研究和指导工人技术培训和徒工培训工作，组织制定工人技术等级标准、技术考核办法和有关的劳动工资政策”。①

1981 年 3 月，国务院召开全国职工教育工作会议，学习贯彻《决定》精神。为贯彻《决定》，1981 年 4 月，国家劳动总局提出了几项重要措施，包括：重点抓好未经过正规技术培训的青壮年工人的培训，使其从低级技术水平提高到中级技术水平；抓紧抓好徒工培训工作；逐步建立健全工人技术考核制度。国家劳动总局提出，要发挥技工学校在职工培训中的作用，“进一步加强对技工学校、职业学校和各种职业训练班的综合管理工作，统一规划，统筹安排。厂矿企业办的技工学校，应该充分挖掘潜力，承担培训在职职工的任务”。

1982 年 1 月 2 日，中共中央、国务院印发《关于国营工业企业进行全面整顿的决定》，要求把职工培训作为三年企业整顿的重要内容，“要有计划地、分期分批地对职工进行轮训，不断提高职工的思想政治和技术业务水平。这要成为一个长期坚持不懈的制度，今后凡是新入厂的或改变工种、工作的职工，都必须经过训练和考核合格，才能上岗工作。全员培训要同人事考核、晋升、提拔和工资调整等相结合，建立和健全一套全面的人事管理制度”，并将职工

---

① 1988 年，全国职工教育管理委员会关于工人培训的职能划归劳动部。

20 世纪 80 年代技工学校学生实习场所

培训作为整顿的重要验收指标。如陕西省，50% 左右的单位结合企业整顿建立培训中心或类似机构，配备专业干部，抽调教师，解决必要的教学设施和场地问题，为开展技术培训创造了条件。大多数企业按国家规定拨出专门经费，采取多种形式开展技术轮训。据统计，陕西省有 325 832 人技术补课合格，占应补对象的 47.14%。

全国职工教育管理委员会、国家劳动总局等五部委印发了《关于切实搞好青壮年职工文化、技术补课工作的联合通知》(职教〔1982〕4 号)，要求凡 1968 年至 1980 年初、高中毕业而实际文化水平达不到初中毕业程度的职工和未经专业技术培训的三级工以下的职工均应补课。其中，专业技术补课要达到三级工的应知应会水平，对技术工种和关键岗位的青壮年职工要优先安排补课。“双补”不合格的，在职工升级时不能晋升，限期补课仍不合格的要调离岗位。

1982 年底，全国职工教育管理委员会、劳动人事部等五部委又印发了《关于青壮年职工文化技术补课工作若干问题的补充意见》(职教〔1982〕21 号)，劳动人事部、全国职工教育管理委员会下发《关于进一步搞好青壮年工人技术补课工作的意见》(劳人培〔1982〕20号)，进一步界定了补课的对象，明确技工学校毕业生专业对口的，不列入补课对象。同时，对补课方法、师资、校舍等提出了要求。

各地按照中央要求，在普遍排查摸底的基础上开展了大规模的“双补”工作。到1983年，企业办学达到70%左右，三分之一的职工参加了学习，青壮年职工“双补”工作全面铺开，40%左右的职工补课合格。1984年，国务院办公厅发文要求持续推进职工教育工作。

至20世纪80年代中期，“双补”工作取得阶段性成果，全国2 000万名青壮年工人进行了初级技术补课。根据山东省1985年底的统计数字，80%以上的技术工种和关键岗位的青壮年职工均已完成“双补”任务，平均提高了一个技术等级。至1985年底，陕西省70万名青壮年工人中，已进行文化技术补课的达60多万人，全省工人平均技术等级由“双补”前的2.4级提高到3.5级。

“双补”工作的开展，对于提升职工队伍素质起到了十分关键的作用。其中很多政策措施，如职工教育经费的提取、企业培训机构的建设等，都具有长远意义。

第四节　恢复工人考核和学徒制度

早在20世纪50年代，我国就曾结合工资制度改革开展工人技术考核。20世纪80年代初，国家恢复工人考核制度，修订完善了考核标准和相关程序，推动了工人考核工作的全面发展。同时，恢复和完善了学徒制度，促进了技术工人培养。

一、修订工人技术等级标准

计划经济体制下，工人技术等级标准是工人工资制度的组成部分，也是考核工人技术水平和对工人进行技术培训的依据。我国自 1956 年起实行工人八级工资制，按各种生产劳动的复杂程度和劳动者的技术熟练程度等标准把工人分成八级，根据级别确定工资薪酬。1963 年和 1979 年，工人技术等级标准进行了两次修订。1979 年 8 月，《国家劳动总局关于试行新修订的工人技术等级标准的通知》[（79）劳总培字 36 号]，要求各地认真按照新标准开展工人技术培训，进行技术考核，技术考核的成绩作为职工工资晋级的主要依据之一。执行新标准的工种比较齐全，技术水平也有所提高，到 1980 年共颁布实施了 8 000 多个工种的工人技术等级标准。将技术水平与工资水平挂钩，对促进工人学技术发挥了积极作用。

1981 年 4 月，《国家劳动总局关于认真贯彻〈中共中央　国务院关于加强职工教育工作的决定〉的通知》[（81）劳总培字 14 号] 中提出："逐步建立健全工人技术考核的制度。今后，对于进厂的新工人，都必须按规定的目标要求，经过正规培训、考核合格后才能上技术岗位；凡是工人调资、晋级、提拔以及转改新的技术工种，都要经过正规培训、考核合格才能进行。对各种技术工人，都要严格按照《工人技术等级标准》进行考核，考核合格后才能承认其正式的技术等级，并发给证书。"文件要求：各地区可以根据实际情况组织一些企业单位在一些关键性的技术岗位，先行试点，摸索经验，然后再逐步推广到其他的技术岗位；进行试点的企业单位，可以在企业行政的统一领导下，建立有劳资等有关部门参加的工人技术考核委员会，负责组织开展学徒、工人的技术考核工作，并逐步建立工人技术档案制度。有条件的省、市、区，也可以由劳动部门牵头，建立地区性的工人技术考核委员会，着手抓这项工作。

二、颁布工人技术考核暂行条例

为引导和规范工人技术培训和技能水平的评价，推动工人考核试点工作，在各行业主管部门制定的《工人技术等级标准》基础上，1983 年 4 月 25 日，劳动人事部颁布了《工人技术考核暂行条例（试行）》（劳人培〔1983〕46 号，以下简称《条例》）。这是我国第一个工人技术考核条例，共五章二十条，包括总则、考核的种类、考核的方法、组织领导和附则。《条例》明确了考核范围为国营企事业单位的技术工人；考核内容包括技术理论和实际操作，安全生产必须作为考核内容；学徒期、试用期、熟练期未定级的工人都应在期满后进行定级考核；经考核合格发给技术等级证书，工人持证上岗；已定级的可参加高一级考核，成绩作为晋升依据；转岗需要考核。为加强领导，各级劳动人事部门会同有关部门组成工人技术考核委员会或领导小组，统一组织考核工作。《条例》的出台，为技术工人技能评价提供了依据，大大推动了职工技能培训工作的开展，也为后来的考核评价制度奠定了基础。

三、进一步恢复完善学徒制度

新中国成立以来，学徒制度一直是技工培养的重要途径和方法。“文化大革命”期间，学徒培训工作遭受严重破坏。20 世纪 80 年代初，随着经济建设的快速发展，大批青年进入企业，学徒培养亟须恢复、扩大和完善。1981 年，国家劳动总局印发《关于加强和改进学徒培训工作的意见》[（81）劳总培字 28 号]。文件明确学徒期限应为三年，技术比较简单的工种学习期限可以缩短，但不能少于两年。学徒年限内要有不少于三分之一的时间用于学习技术理论知识，并按照不同工种的要求开设必要的技术理论课程及相应的文化课程。企事业单位要选择政治觉悟高，有一定技术水平和教学能力的工人担任师傅，签订师徒合同，规定权利义务以及培训目标、学习期限、生活待遇等，实行“包教包学包会”。有条件的企业可建立学徒培训车间（工段）或班组，对学徒进行基本功练习的时间和场所要有必要的保证。学徒培训要进行平时、学年和期满考核，考核合格方予以转正。各级劳动部门要对企事业单位的培训合同及执行情况进行监督检查。

国家劳动总局和机械、建筑、交通、铁路、水利、电力、电子、出版、冶金、轻工等20多个行业部门先后下发学徒工学徒期限和熟练工熟练期限的通知，规范学徒期限，并要求进行技术培训和应知应会考核。对学徒工的政治思想表现、文化技术理论和实际操作技能要建立原始记录，实行平时考查、年度考核和期满转正考核相结合的考核制度。学徒制度的规范，为在生产岗位上采取工作本位、理论实践相结合的方式培养技术工人，积累了经验，探索了路径。

第五章

改革开放新阶段的技工教育

20 世纪 80 年代中期，改革开放进入新的阶段。到 1990 年，我国国内生产总值达 1.89 万亿元，工业总产值达 6 858 万亿元。伴随着经济体制改革的深化，国家先后出台了就业制度改革、教育体制改革、劳动制度改革等一系列措施。《中共中央关于教育体制改革的决定》《国务院关于大力发展职业技术教育的决定》等重大决策，对调整教育结构，发展职业技术教育，提高劳动者素质发挥了重要的推动作用。1992 年，党的十四大召开，确定经济体制改革的目标是建立社会主义市场经济体制，全面推进市场经济改革。这对我国技工教育产生了深刻影响。为适应全面深化改革的要求，技工教育规模进一步扩大，培养层次进一步提高。“先培训、后就业”制度基本确立，高级技工学校从无到有，技师评聘制度全面实行，工人考核制度出台实施，这些制度和措施大大提高了我国技术工人培养水平。

第一节　“先培训、后就业”制度

1981 年，《中共中央　国务院关于广开门路，搞活经济，解决城镇就业问题的若干决定》提出“要普遍开展对城镇待业青年就业前的培训，逐步做到使一切需要进行培训的人员，先经过培训以后再就业”。

1985 年 5 月，《中共中央关于教育体制改革的决定》明确要求：“要在全党和全社会进行教育，树立行行光荣、行行出状元的观念，树立劳动就业必须有一定的政治、文化和技能准备的观念，并且在改革教育体制的同时改革有关的劳动人事制度，实行‘先培训、后就业’的原则。今后各单位招工，必须首

20 世纪 80 年代技工学校钳工实训教学场景

先从各种职业技术学校毕业生中择优录取。一切从业人员，首先是专业性技术性较强行业的从业人员，都要像汽车司机经过考试合格取得驾驶证才许开车那样，必须取得考核合格证书才能走上工作岗位。有关部门应该制定法规，逐步实行这种制度。”

中央文件同时要求调整中等教育结构，大力发展职业技术教育，“青少年一般应从中学阶段开始分流：初中毕业生一部分升入普通高中，一部分接受高中阶段的职业技术教育；高中毕业生一部分升入普通大学，一部分接受高等职业技术教育”“要充分发掘现有中等专业学校和技工学校的潜力，扩大招生，并且有计划地将一批普通高中改为职业高中，或者增设职业班，加上新办的这类学校，力争在 5 年左右，使大多数地区的各类高中阶段的职业技术学校招生数相当于普通高中的招生数，扭转目前中等教育结构不合理的状况”。

1991 年 10 月，《国务院关于大力发展职业技术教育的决定》（国发〔1991〕

55 号），再次强调“使大多数新增劳动力基本上能够受到适应从业岗位需要的最基本的职业技术训练，在一些专业性、技术性要求较高的劳动岗位，就业者能够较普遍地受到系统的、严格的职业技术教育”。

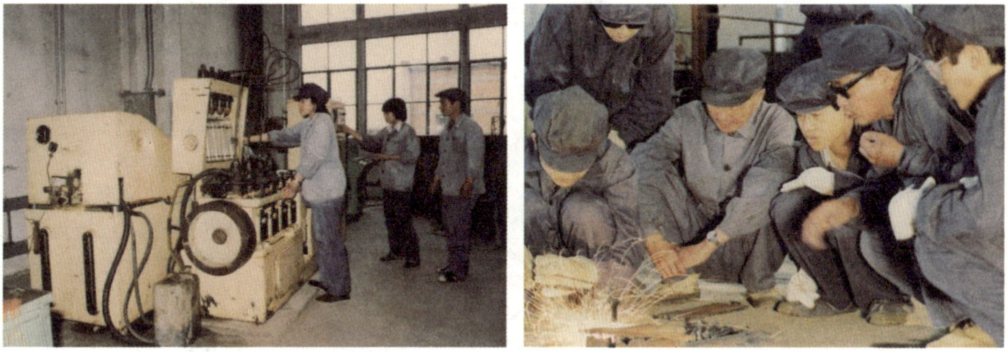

唐山车辆厂技工学校开展焊接和内燃机操作实习

“先培训、后就业”制度的确立，大大推动了职业技术教育和培训事业的发展。从 20 世纪 80 年代初开始的中等教育结构的调整，自此迈出了实质性的步伐。到 1991 年，中职学校招生数首次超过普通高中。到 20 世纪 90 年代中期，中职在校生占高中阶段学生数的 56.8%。技工学校作为中等职业教育的重要组成部分，规模得到进一步扩大。1985 年 8 月，劳动人事部印发《关于技工学校改革的几点意见》(劳人培〔1985〕29 号)，明确指出“技工学校是一种中等职业技术学校”“各地区、各部门要制定规划，有计划地发展新的技工学校。特别要鼓励有关部门、单位集资建校”，并提出扩大学校自主权。随后，又采取适当开农村口（1986 年）、对办学单位子女给予照顾等政策，调动各级各部门发展技工教育的积极性，推动技工学校建设形成高潮。到 1992 年，全国技工学校由 1985 年的 3 548 所、在校生 74.17 万人，发展到 4 392 所、在校生 155.6 万人。其中，企业办技工学校和县办技工学校得到快速发展。如山东省基本实现了每个县都有一所技工学校，并使其成为县区技工培养和职业培训的骨干力量。

第二节 规范技工学校管理

一、颁布《技工学校工作条例》[①]

为适应经济体制改革和教育体制改革的新形势，1986 年 11 月，劳动人事部、国家教育委员会印发了《技工学校工作条例》（见本章附录一），共九章四十四条。《技工学校工作条例》确定了技工教育的性质任务，体现了技工教育的办学特色，具有以下特点：一是关于技工学校的性质任务，明确“技工学校是培养技术工人的中等职业技术学校，是国家职业技术教育事业的重要组成部分，属于高中阶段的职业技术教育”，将技工教育纳入国家职业技术教育体系。二是拓展了技工学校的培训功能，明确“在完成培养中级技术工人任务的前提下，应当根据需要和可能，积极承担多种培训任务，包括在职工人（含班组长）的提高培训、转业培训，待业青年的就业培训，学徒的技术培训等”，使技工学校由单一学制教育向综合性培训机构发展。三是适应就业制度改革要求，改革毕业生分配办法，方向是由“统包统配”改为按“三结合”（劳动部门介绍就业、自愿组织起来就业和自谋职业相结合）方针就业。四是在学校设置上，明确多种形式办学，产业部门、劳动人事部门、厂矿企业均可举办技工学校，并鼓励集体所有制单位办学。技工学校的开办、调整、撤销，均应由劳动人事部门审查，报省级政府批准和劳动人事部备案。技工学校明确不准改为中专或其

---

① 2010 年 11 月 12 日，人力资源社会保障部令第 7 号《关于废止和修改部分人力资源和社会保障规章的决定》将条例名称修改为《技工学校工作规定》。

他性质的学校。五是明确规定文化、技术理论与生产实习教学相结合，特别强调实习教学是培养学生掌握操作技能的主要手段，学生的生产实习应尽可能结合生产进行；实习工厂应统筹安排实习教学任务和生产经营活动，既要保证完成教学计划，又要通过生产经营，增加学校收益；尽可能减少纯消耗性实习。

上海船厂技工学校学生在船厂实习

二、开展技工学校教师职称评聘工作

1986 年 3 月，根据中央职称改革领导小组《关于职称改革工作部署的通知》（职改字〔1986〕2 号），劳动人事部提出了《关于技工学校教师职务聘任工作安排意见的报告》。4 月，中央职称改革领导小组原则上同意劳动人事部的意见，并转发了《技工学校教师职务试行条例》（见本章附录二）及《关于〈技工学校教师职务试行条例〉的实施意见》。技工学校教师职称评聘工作正式启动。《技工学校教师职务试行条例》明确“技工学校文化、技术理论课教师职务名称定为：高级讲师、讲师、助理讲师、教员”“生产实习课教师职务名称定为：高级实习指导教师、一级实习指导教师、二级实习指导教师、三级实习指导教师”，并明确了各岗位工作职责、任职基本条件、评审及聘任的方法。1986 年底，各省技工学校教师职称评聘试点工作全面展开。

三、改革毕业生就业制度

技工学校毕业生实行劳动合同制和“双证书”就业。1986 年 7 月，国务院发布了关于劳动制度改革的四个暂行规定。其中《国营企业实行劳动合同制暂行规定》明确，招收常年性工作岗位工人实行劳动合同制，建立社会保险制度，并于当年 10 月 1 日起施行。这是我国劳动制度的重大改革。根据劳动制度改革的要求，1988 年 1 月，劳动人事部印发《关于技工学校毕业生当工人后实行劳动合同制的通知》(劳人培〔1988〕1 号)，提出从 1988 年起，技工学校招收新生要明确毕业后实行劳动合同制。技工学校毕业生延续多年的“固定工”制宣告结束。

1989 年 5 月，劳动部印发《关于技工学校深化改革的意见》(劳培字〔1989〕20 号)，提出技工学校毕业生实行“双证书”就业制度。“在取得学校颁发的毕业证书的同时，按部颁技术等级标准的要求进行严格的技术等级考试。经过‘应知’‘应会’的严格考试，确定其技术等级，并由劳动行政部门颁发技术等级合格证书，作为毕业分配和确定工资待遇的主要依据。”经过多年实践，“双证书”就业成为技工学校办学的鲜明特色。

四、设立职业技术培训教研机构

1988 年 10 月，劳动部印发《关于加强职业技术培训研究室的意见》，明确各地劳动部门设立的教研室，是从事职业培训教学与理论研究的全民所有制事业单位，是劳动部门综合管理职业技术培训工作的组成部分。教研室的主要任务：一是调查研究本地区商品经济发展对劳动者素质的要求，分析职业技术培训的特点、规律和趋势，开展理论研究，提出发展规划、方针政策和教学改革建议；二是总结推广先进的教学经验和方法，指导推动教研活动；三是收集研究国外的资料，引进教学经验，开展信息交流；四是审查、制订教学计划和教学大纲，组织教材、教参的编写等。随后，各地纷纷开展教研机构建设和教研活动，各级教研室对技工学校的教学工作发挥了重要的指导作用。

五、开展技工学校评估和重点技工学校认定工作

1991 年 4 月，劳动部印发《关于开展技工学校评估工作的通知》（劳培字〔1991〕4 号），确定用一年左右的时间，对独立建制招生四年以上的技工学校进行合格性和选优评估。在合格评估基础上，评选出省（部）级和国家级重点技工学校。同时，劳动部颁布了《省（部）重点技工学校标准》，共 6 章 32 条，包括办学指导思想与组织领导、办学条件、教学、教师、思想政治教育及学生工作、行政工作等内容。省（部）重点技工学校的基本条件是，规模 400 人以上，有满足工种专业的基本操作实习的实习工厂，有结构合理的教师队伍等。这是新中国成立以来对技工学校的第一次全面评估，也是首次设立省（部）级重点技工学校建设标准，对提升技工学校办学水平发挥了积极作用。经过选优评估，同年 9 月，劳动部公布了首批省（部）级重点技工学校，大庆石油管理局技工学校等 26 所学校入围。劳动部随即在大庆召开经验交流会，推动评估认定工作。1992 年，劳动部印发了《国家级重点技工学校标准》（劳培字〔1992〕16 号）。

这一阶段，《技工学校机构设置和人员编制标准暂行规定》（劳人培〔1986〕9 号）、《技工学校学生学籍管理规定》（劳培字〔1990〕6 号）、《技工学校学生日常行为规范》（劳培字〔1990〕7 号）、《技工学校招生规定》（劳培字〔1990〕13 号）等一批规范性文件，引导技工学校管理进一步走向规范。

第三节　探索建立高级技工学校

随着改革开放的深入，工人队伍中的高级工严重不足，影响到企业产品质量和经济效益的提高。高级工在生产实践中自然养成的方法已不能适应经济发展的需要，必须探索一条通过学校更多、更快、更好地培养高级工的路子。

从 20 世纪 80 年代中期开始，地方和行业部门开始进行学校培养高级工的探索。1985 年 7 月 17 日，山东省劳动局批复山东劳动局技工学校举办机械装备与修理专业高级技工班，招收技工学校应届毕业生，学制 2 年，当年招生 40 人。高级技工班的培养目标是：牢固掌握专业和基础理论知识，具有较高生产操作技能，并掌握相关工种的基本操作技能，懂得一定生产管理知识的高级生产操作人员。1987 年 7 月，首批技工学校高级技工班学生毕业，受到用人单位的欢迎。

山东省劳动局技工学校八五级高级技工班毕业生合影

1985 年 10 月，陕西省劳动人事厅、机械厅和西安市劳动局、冶金机电工业局经过多次酝酿筹备，在西安市机械技工学校和咸阳机器制造学校举办全省第一批高级技工培训试点班，设车、钳两个工种，招收文化程度相当于高中水平、操作技能在四级工至五级工水平的青年，学制 2 年，脱产培训高级技术工人。这批学员于 1987 年 9 月毕业，回厂后安排在关键设备岗位、控制关键零件（工序）加工岗位，或担负关键部件的装配和整机调试，为工厂解决了不少生产关键问题，有的被聘任为技师或担任班组长或车间主任等职务。

广西机械工业高级钳工培训试点班结业纪念留影

1986 年 6 月 10 日，航空工业部在 012 基地技工学校举办机械加工高级班，学制 2 年，面向在职工人招生。1987 年，劳动人事部以 012 基地技工学校的高级工教学计划为蓝本，颁布了首个高级工教学大纲。1987 年 7 月 21 日，航空工业部印发《关于成立西北、西南航空工业联合高级技工学校的通知》，批准由 113 厂、115 厂、172 厂、430 厂和 012 基地技工学校高级技工班联合成立西北航空工业联合高级技工学校，校部设在 012 基地技工学校。012 基地技工学校校长任校务委员会主任委员。

到 1990 年，共有 4 个行业部门举办了高级技工学校或高级培训中心。1989 年 12 月 20 日，劳动部批复山东省劳动局，同意在山东济南和烟台试办山东省高级技工学校和烟台市高级技工学校。1990 年 4 月，山东省人民政府批复山东省劳动局，同意试办山东省高级技工学校和烟台市高级技工学校。这标志着由劳动部和省级人民政府正式批准的第一批高级技工学校诞生。

山东省高级技工学校挂牌

山东省人民政府在批复中，就高级技工学校的性质任务、培养目标、学校规格等进行了明确，为高级技工学校办学提供了蓝本。两所高级技工学校的主要任务是为企业培养高级技术工人，不属于高等学历教育，主要招收具有中等职业技术学校毕业学历或同等学力，达到中级技工水平的在职工人，也可适量

烟台市高级技工学校揭牌仪式

招收技工学校应届毕业生。学生在校学习期间，属在职工人的，原单位照发工资，计算工龄；属技工学校毕业生的，按规定享受人民助学金。学生毕业后原则上回原单位工作，也可分配一部分从事技工学校和企业职工培训机构的生产实习教师工作，工人身份不变。山东省高级技工学校的领导班子按副厅级单位配备，仍属省劳动局领导。鉴于山东省劳动局技工学校有校企合作的办学条件和高级工试点经验，明确山东省高级技工学校是以山东省劳动局技工学校为基础改建，烟台市高级技工学校以烟台市劳动局技工学校为基础改建。两校所需经费按原渠道解决，拟定招生规模均为 600 人。

为指导高级技工学校办学试点，1990 年 10 月，劳动部培训司在陕西汉中 012 基地召开全国高级技工学校工作座谈会，会议就高级技工学校的性质、任务、培养目标、学制、办学基本条件、招生对象、培训费用、毕业生待遇等问题进行了研讨。

1991 年 6 月 25 日，山东省劳动局召开了山东省高级技工学校成立大会。劳动部和山东省六大班子的领导同志，省有关行业的领导同志，北京、天津、上海、江苏、河北等省、市劳动厅（局）长和全国 23 所技工院校的领导同志、专家学者参加了大会。

山东省高级技工学校成立大会

1992 年 1 月，山东省人事局、劳动局印发了《关于高级技工学校毕业生工资待遇问题的通知》，明确毕业生实行一年见习期，企业见习期工资为新标准的四级，定级后为五级（普通技工学校毕业生见习期为二级，定级后为三级），机关事业单位分别为五级和六级，在职职工工资已经为五级、六级的，毕业后可以增加一级，对于取得七级以上技术等级证书的，参加技师评聘时可免除技术等级考核。

1992 年 7 月，劳动部组织 12 名专家组成的评审小组，分别对山东省高级技工学校和烟台市高级技工学校的办学情况，特别是毕业生的质量进行了为期一周的评审。经过专家评审，两所高级技工学校 70% 的毕业生在理论和实际操作方面都达到了高级工水平。

1992 年 10 月，劳动部发出《关于扩大高级技工学校试点工作的通知》（劳培字〔1992〕19 号）。文件指出，高级技工学校试点工作是成功的，举办高级技工学校培养高级技术工人是可行的。文件决定扩大高级技工学校办学试点工作，要求经济比较发达和办学条件比较好的地区，可根据需要选择一所省级重点技工学校，石油、煤炭、电力、铁道、航空等部门选择 1 ～ 2 所部级重点技工学校试办高级技工学校。

随后，高级技工学校稳步发展。1993 年 4 月，劳动部复函能源部，同意将丰满、重庆两所电力技工学校改建为高级技工学校。1994 年，劳动部同意中国航空工业总公司 012 基地技工学校、南方动力机械公司技工学校和西南航空工业技工学校为航空工业高级技工学校，批复建立常州高级技工学校、山东省威海市高级技工学校、广西机电高级技工学校。到 1996 年，全国高级技工学校发展到 11 所。

常州高级技工学校成立典礼

1997 年 12 月，劳动部、国家计委联合印发《关于申办高级技工学校有关事项的通知》（劳部发〔1997〕350 号），明确了申办高级技工学校的条件、程序、审批、招生及毕业生待遇等事项。高级技工学校由劳动部和国家计委审批。高级技工学校毕业生“在其从事相应技术岗位工作时，应按已达到的技术等级执行相应的工资标准；进入技工学校等事业单位的，其工资标准可参照高等专科学校毕业生的待遇执行”。劳动部还颁布了《高级技工学校设置标准（试行）》（劳部发〔1997〕351 号），确定了在校生 1 200 人以上，其中高级工培养规模不少于 400 人，常设专业一般不少于 4 个，占地面积不少于 80 亩等基本办学指标，高级技工学校建设日臻成熟和规范。①

试办高级技工学校的成功经验有以下三点：一是相关专业符合区域经济发展的需求；二是政府和行业高度重视，解决了学校和学生的相关待遇；三是采用校企一体、产训结合的人才培养模式。最早试点的高级技工学校，都建有生产企业。如山东省高级技工学校附设的济南机床六厂，是国家装备制造业的知名企业，设备先进，其产品曾获国家科学大会奖，承担过“八五”攻关项目。烟台市高级技工学校的实习工厂——烟台铣床附件厂，也是有影响的外向型企业，具有良好的经济效益。这些学校通过“产训结合”的方式，使学生技能水平在实践中得到提高。劳动部专家组认为：山东省的两所高级技工学校办学条件基本具备，教师队伍特别是生产实习教师队伍比较强，生产实习设备特别是机械加工设备比较齐全，并且具备有一定技术复杂程度的生产实习产品，既保证了学生的基本功训练，又克服了纯消耗性实习的缺点。学校经过两年的精心组织，使学生基本上达到了高技工的水平。

高级技工学校的建立和发展，实现了高级工的学校培养，使高级工培养

① 2012 年 1 月，人力资源社会保障部颁布新的《高级技工学校设置标准（试行）》（人社部发〔2012〕8 号），将高级技工学校主要办学指标提高到占地面积不少于 6.6 万平方米（约 100 亩），学制教育在校生规模不低于 2 000 人，高级工不低于 50%。

的规模迅速扩大，解决了高级工培养缓慢的问题，适应了经济发展需要，为校企合作探索了路子，把技工学校培养层次提升到新的水平。

第四节 建立工人技师聘任制度

我国工人技师制度由来已久，民国时期（1926年）曾颁布《技师法》，经考试合格颁发证书。新中国成立后，各行业也对优秀技术工人授予技师称号。这些技师大多是在生产实践中刻苦钻研，贡献突出，在群众中有一定影响的高级技术工人。有的地方在企业工资制度中对工人技师也有所体现。如1952年9月，西北财委发布《西北区1952年调整工矿、交通企业各部门职工工资试行办法》和《各产业工人职员工资标准草案》中，在工程师和“分厂长”之间，明确企业技师的工资等级。

1986年，国务院总理李鹏同志在国家经委《关于高级技工培养问题的报告》上批示：“技师制度应尽快着手建立，数量不一定多，但可以起引导作用，即引导广大工人的学习方向，主要的不是考大专拿文凭，而是提高本职岗位的实际工作能力，这是一项极为重要的政策，必须引起各方重视。”劳动人事部着手研究建立技师评聘制度，并经国务院批准，于1987年6月发布《关于实行技师聘任制的暂行规定》（劳人培〔1987〕16号，以下简称《暂行规定》），这标志着“技师聘任制”正式确立。

《暂行规定》明确“技师是在高级技术工人中设置的技术职务”，具体有以下含义：第一，根据工作岗位设置，有限额比例，不是技术称号，不是普遍晋升；第二，技师的任职条件包括“技工学校或其他中等职业技术学校毕业，或经过自学、职业培训，达到同等水平”“具有本工种等级标准中高级工的专业技术理论水平和实际操作技能”“具有丰富的生产实践经验，能够解决本工种关键性的操作技术和生产中的工艺难题”等；第三，技师自受聘之月起，享受职务津贴和福利待遇；第四，技师与单位签订聘任协议，规定双方权利义务，并有任职期限，一般为 3 ~ 5 年。《暂行规定》还规定了实行技师聘任制的工种范围、比例限额等的确定办法，以及技师考核、评审等问题。

1987 年 7 月，劳动人事部印发了《贯彻〈关于实行技师聘任制的暂行规定〉的几点意见》（劳人培〔1987〕19 号），强调“实行技师聘任制的工种（岗位）范围，要在技术比较复杂的工种（岗位）中实行。例如，机械行业，首先要在技术等级线达到七八级的技术工种中实行”，明确技师比例限额为 1% ~ 2%，技师职务津贴标准为每人每月 20 元，技师的考核评审工作由各级劳动人事部门会同有关部门组成的工人技术考核委员会或领导小组负责，合格证由劳动人事部统一制发，各行业、各地区的试点方案必须经劳动人事部核定后才能实施。随后，劳动部门会同商业、交通、医药、建材、旅游等部门联合下发开展技师聘任试点的文件，技师评聘工作在全国展开。

1988 年，国务院机构改革后，《劳动部　人事部关于技师聘任制工作问题的复函》（劳培字〔1988〕1 号）明确技师聘任制工作由各级劳动部门综合管理并组织实施。1989 年 1 月，《劳动部贯彻〈关于实行技师聘任制的暂行规定〉的补充意见》（劳培字〔1989〕3 号）提出了技师评聘工作中技师的技术职务、不宜设置助理技师、技师的比例限额和发挥技师作用等 9 条补充意见。

1988 年 2 月，《国务院办公厅转发国家科委等部门关于从工人、农民及其他劳动者中选拔和培养各种技术人才意见的通知》（国办发〔1988〕10 号）提出：“社会主义现代化建设需要大量各类科技人才，不仅需要受过高等和中等专业教育的科技人才，而且需要从工人、农民和其他劳动者中，选拔和培养大批具有实践经验和较高技能的包括能工巧匠在内的各种技术人才。”文件明确：“制定技师等技术职务考核标准和农民技术职称考核标准，建立经常的晋升制度。考核成绩优异者，可以越级晋升；做出突出贡献的技师，可以晋升为高级技师。聘任为技师、高级技师及其他技术职务的，应给予相应的待遇。”这个文件进一步推动了技师评聘工作的开展。

1989 年，劳动部会同 5 个行业，在 39 家企业试点高级技师评聘，当年评出 211 名高级技师。1989 年 12 月，国务院召开全国首批高级技师颁发证书大会，国务院总理李鹏、全国总工会主席倪志福出席会议并作重要讲话。李鹏同志讲话指出：“要提倡我们的工人不仅有高度的政治觉悟，热爱自己的专业，而且要有精湛的技术”“这一制度的建立和完善有助于引导广大工人同志们向着提高本专业技术的方向前进”。倪志福同志说，这项制度的建立“体现了在共产党领导下的社会主义制度充分尊重劳动者，特别是产业工人劳动的创造性，充分发挥他们智慧和才干的方针”。

1990 年 9 月，在部分行业试点的基础上，劳动部印发《关于高级技师评聘的实施意见》（劳培字〔1990〕14 号）和《关于高级技师评聘工作继续试点的意见》（劳培字〔1990〕15 号）。第一个文件规定了评聘高级技师的比例限额、任职条件、职务津贴、退休年龄等内容，明确高级技师的任职条件是任技师职务 3 年以上并做出突出贡献，具有高超的技能，其职务津贴为每人每月 40 ~ 60 元，受聘期间退休职务津贴列入工资基数计算退休费。第二个文件将高级技师评聘试点范围从 1989 年的 5 个行业（机电、航空航天、轻工、旅游、人民银行）扩大到 13 个行业，增加能源、铁道、建设、化工、石化、冶金、有色金属、农业水产 8 个行业，各行业各选择 3 ~ 5 个企业进行试点。在《关于高级技师评聘的实施意见》中，首次出现“高技能的人才”的提法。

为加强技师队伍管理，1991 年 10 月 10 日，劳动部印发《关于加强技师管理工作的通知》（劳培字〔1991〕14 号），进一步明确了技师考评与聘任的政策，技师的工作职责、使用安排、工资与福利待遇等问题，并对技师的培训、业绩考核提出了要求。

技师聘任制度的建立，是我国技术工人队伍建设的一件大事，为工人成长建立了通道，对于提高技术工人的社会地位，激励青年技工岗位成才，具有十分重要的意义。在制度设计中，坚持了职务与使用、待遇相结合，评聘与培训相结合，这些制度大大推动了中高级工人技术培训。据 1988 年统计，实行技师聘任制之后，参加高级技术培训的人数由 1986 年的 13.5 万人增加到 41.5 万人。

第五节　完善工人培训考核制度

一、颁布《工人考核条例》

1990 年，经国务院批准，劳动部颁布了《工人考核条例》（劳动部令第 1 号，以下简称《条例》，见本章附录三）。这是在改革开放新形势下，在《工人技术考核暂行条例（试行）》试行 7 年多的基础上制定的。

《条例》在考核范围上，除企事业单位外，还包含了国家机关的工人，并明确“集体所有制和私营企业、事业单位的工人考核工作参照本条例执行”；考核种类增加了技师、高级技师任职资格考评；考核内容除技术业务水平外，还包含了思想政治表现和生产工作成绩，三项成绩均合格，方为考核合格；考核合格者，由劳动部门颁发“技术等级证书”和“技师合格证书”，企业发“岗位合格证书”。

《条例》一是明确“国家实行工人考核制度”，从而把工人考核作为国家制度安排。二是明确“对工人考核应当与使用相结合，并按照国家有关规定确定其工资待遇”。三是设有罚则，规定企事业单位和国家机关违反《条例》招录新工人的，当地劳动部门不予办理招收录用手续。考核中弄虚作假滥发证书的，宣布证书无效，并视情节轻重给予处罚，构成犯罪的，追究刑事责任。在计划经济向市场经济过渡期间，《条例》的颁布实施，初步建立起培训、考核、使用、待遇相结合的制度，对于推动工人技术培训起到了十分重要的作用。

《条例》为职业技术院校“双证书”制度提供了依据。1991 年 10 月，国务院发布《关于大力发展职业技术教育的决定》（国发〔1991〕55 号），明确要求“凡进行技术等级考核的工种，逐步实行‘双证书’（即毕业证书和技术等级证书或岗位合格证书）制度”。1992 年 3 月，《劳动部贯彻〈国务院关于大力发展职业技术教育的决定〉的通知》（劳培字〔1992〕5 号）明确规定，“逐步实行毕业（结业）证书与技术等级或岗位合格证书双证制度。企事业单位在招工时，要根据国家劳动工资计划，首先从取得‘双证’的专业对口人员中录取。”

二、普遍推行考工晋级

1989 年，劳动部印发《关于开展工人岗位培训工作的意见》（劳培字〔1989〕14 号），指导职工岗位技能培训工作，推动部门和地方开展考工晋级。文件指出：“对于专业性、技术性较强的岗位，要结合劳动制度改革，通过试点逐步实行岗位合格证书制。工人获得合格证书后，由企业据以定岗、定职和按有关规定确定待遇，做到培训考核发证与使用待遇相结合。”将提高待遇与技术培训考核相结合，大大调动了职工学习技术的积极性，企业和行业纷纷要求加入考工晋级试点，形成了技术培训的热潮。

1991 年，劳动部印发《关于进一步搞好全民所有制企业内部工资分配的意见》(劳薪字〔1991〕19 号)，提出要“逐步实行以岗位技能工资制为主要形式的企业内部基本工资制度”“逐步建立职工考核增资制度。按照全面考核、合理使用和各尽所能、按劳分配的原则，对职工进行日常生产工作实绩的考核和技术业务理论及实际工作能力的考核，将考核结果作为增加职工基本工资的重要依据之一”。各地区、各部门将贯彻《工人考核条例》与劳动工资制度改革紧密结合，对试行岗位技能工资制的单位，工人经技术等级考核合格，晋升技能工资。1992 年 2 月，劳动部在《关于加强工人培训工作的决定》(劳培字〔1992〕3 号) 中，再次强调“试行岗位技能工资制的单位必须先搞好培训并严格考核；未试行岗位技能工资制的单位，晋升工资时也要进行考核，考核不合格者不能晋升工资”。

20 世纪 90 年代初，在建立培训、考核、使用和待遇相结合的制度方面，虽带有一定计划经济体制的痕迹，并随着企业工资分配审批管理的放开效力有所弱化，但在特定时期对职工技术技能水平的提高发挥了十分重要的作用，也为今后相关制度的建立提供了借鉴。

三、进一步加强企业职工培训工作

20 世纪 90 年代，企业职工培训工作围绕企业改革与发展这一主题进一步推进，显现出一些新的特点。一是紧紧围绕市场需求和企业生产经营需要开展培训。职工队伍素质与企业生产经营形成相互促进的关系。二是职业培训工作日益成为劳动制度改革的一个重要组成部分。许多企业在劳动工资制度的改革中，逐步建立了培训、考核与使用相结合、与待遇相联系的激励机制，打破了“铁饭碗”和“铁工资”。职工竞争上岗，以个人贡献决定劳动报酬，从而激发了职工学习技术技能，提高技术技能水平的积极性。三是培训的针对性得到加强。在激烈的市场竞争中，许多企业围绕市场营销、国际贸易、计算机技术以及生产操作难点开展培训，不断提高企业的整体竞争力。四是职工培训规范化、制度化建设得到加强。1996 年，劳动部、国家经贸委共同印发《企业职工培训规定》（劳部发〔1996〕370 号），对企业开展职工培训的目标、原则以及企业和职工的责任进行了明确规定，进一步加强了对企业职工培训工作的指导。到 20 世纪 90 年代末，我国各类企业职工培训机构 2 万多个，每年培训在职职工 2 500 万人次。各类技工学校积极承担职工培训任务，在企业职工教育和培训工作中发挥了重要作用。

中国职工教育和职业培训协会

中国职工教育和职业培训协会（以下简称中国职协）成立于 1990 年，是由全国各类企业、事业及行政单位从事职工教育、职业培训、职业技能鉴定工作的部门或个人自愿结合组成的全国性专业法人社团。

中国职协的宗旨是为促进我国职工教育、职业培训和职业技能鉴定事业发展，为全面提高劳动者素质，培养有理想、有道德、有文化、有纪律的劳动者服务。其主要任务是：配合政府职能部门工作，当好行政助手；开展理论研究，服务行政决策和改革实践；搭建沟通对接平台，促进交流合作；开展示范性培训，引领职业培训发展；加强与国际联系，推进国际交流合作。

1990 年，第一届中国职协由在经济界、职工教育界富有经验和影响的陈锦华、经叔平、张劲夫、孙起孟、袁宝华担任名誉会长。1990—2000 年，第一、二届理事会会长由原劳动部副部长何光同志担任；2000—2011 年，第三、四届理事会会长由原劳动保障部副部长林用三同志担任；2011 年后，第五、六届理事会会长由人力资源社会保障部原副部长孙宝树同志担任。

附录一

技工学校工作条例

（1986 年 11 月 11 日　劳人培〔1986〕22 号）

第一章　总　　则

第一条　为了贯彻执行《中共中央关于教育体制改革的决定》中的有关规定，适应国民经济和社会发展的需要，进一步办好和发展技工学校，特制定本规定。

第二条　技工学校是培养技术工人的中等职业技术学校，是国家职业技术教育事业的重要组成部分，属于高中阶段的职业技术教育。它必须执行党和国家的教育方针，面向现代化，面向世界，面向未来，不断提高教学质量，把学生培养成为合格的中级技术工人，做到多出人才、出好人才，为国民经济和社会发展服务。

第三条　技工学校在完成培养中级技术工人任务的前提下，应当根据需要和可能，积极承担多种培训任务，包括在职工人（含班组长）的提高培训、转业培训，待业青年的就业培训，学徒的技术培训等。

第四条　技工学校培养中级技术工人的具体要求是：

思想政治方面：培养学生爱祖国、爱人民、爱劳动、爱科学、爱社会主义，讲文明、懂礼貌、守纪律，有良好的职业道德，有为国家富强和人民富裕而艰苦奋斗的献身精神。

操作技术方面：培养学生熟练地掌握本工种（专业）的基本操作技能，完成本工种（专业）中级技术水平的作业，养成遵守操作规范和安全生产、文明生产的习惯。

文化技术知识方面：培养学生扎实地掌握本工种（专业）中级技术所需的文化和技术理论基础知识，具有一定的分析和解决问题的能力。

身体方面：重视体育锻炼，使学生具有健康的身体。

第五条　技工学校的学制，应根据培养目标、招生对象的不同，分别确定。培养中级技术工人，主要招收初中毕业生，学制为三年［个别工种（专业）确有需要的，可以招收高中毕业生，经省、自治区、直辖市劳动人事部门批准，学制为一至二年］。

第六条　技工学校的招生计划，分别由国务院各主管部门和各省、自治区、直辖市劳动人事厅、局（劳动局）会同计（经）委、教育部门提出，经劳动人事部汇总平衡，报国家计划委员会列入国民经济和社会发展计划，同时抄报国家教育委员会。

技工学校招生，坚持德智体全面考核、择优录取的原则。

第七条　技工学校毕业生的分配办法，必须进一步改革。改革的方向是把国家统包统配改为按“三结合”方针就业。当前，要实行在国家计划指导下，由学校推荐、用人单位择优录用的制度，既应面向全民所有制单位，也应面向集体所有制单位。

第八条　技工学校由劳动人事部在国家教育委员会指导下进行综合管理。在省、自治区、直辖市的技工学校由省、自治区、直辖市劳动人事厅、局（劳动局）综合管理。省、自治区、直辖市教育委员会负责统筹协调。

第二章　学 校 设 置

第九条　发展技工学校应统筹规划，合理布局，根据经济建设和社会发展的需要，采取多种形式办学。主要是：

各级产业部门办；

各级劳动人事部门办；

厂矿企、事业单位办；

有关部门、单位联合办；

鼓励集体所有制单位办。

第十条 技工学校的办学规模和工种（专业）设置，从经济和社会发展需要出发，由办学主管部门核定。规模不宜过小，在校学生一般不应少于200人。工种（专业）设置，应以操作技术复杂、技术业务知识要求高的为主；为增强学生就业后的适应能力，不宜划分过细。

第十一条 技工学校应该具备的办学条件是：

按照选拔干部的原则和劳动人事部颁发的《技工学校机构设置和人员编制标准暂行规定》，设置机构、配备教职工和实习工厂（场、店）工作人员；

有稳定可靠的经费来源；

有同办学规模、工种（专业）设置相适应的校舍、实习实验场所、设备、体育活动场地。有切实可行的教学计划、教学大纲、教材和图书资料。

第十二条 技工学校的开办、调整、撤销，由国务院各部门办的，在商得有关省、自治区、直辖市劳动人事、教育部门同意后，由国务院有关主管部门批准；属于地方办的，由省、自治区、直辖市劳动人事部门会商教育部门，由劳动人事部门审查，报省、自治区、直辖市人民政府批准；以上均应报劳动人事部备案。

已经批准开办的技工学校不准改为中等专业学校或其他性质的学校。

第十三条 技工学校必须把社会效益作为衡量工作的根本标准。应当加强校际之间的横向联系，开展专业化协作。

在培训方面，各校应取长补短，进行工种（专业）的合理分工和协作，保持主要工种（专业）的相对稳定。有关教学、实习和实验、文体活动等要相互配合。

在生产经营方面，各校应在平等协商、自愿互利的原则下，开展灵活多样的相互支援与协作。可以在校际之间自行联系挂钩，也可以按地区、行业组织起来定期协商交流，还可以成立校际之间的松散联合组织，开展生产协作。劳动人事部门要加强指导。

第三章 文化、技术理论与生产实习教学

第十四条 技工学校的教学，必须着重操作技能的训练，并紧密围绕培养目标，安排必要的文化与技术理论基础课程。

第十五条 技工学校的教学，必须根据国务院各有关主管部门制定和颁发的教学计划、教学大纲进行。学校应按照教学计划、教学大纲的要求，编制学期的、月份的生产（业务）实习教学计划和文化、专业技术理论课的学期教学进度计划。教师应编制学期授课计划和课时授课计划。

对于上述教学计划、教学大纲，学校可以根据地区和企业的不同特点，做必要的调整。课时的调整幅度一般可占总课时的百分之十五左右。

第十六条 技工学校的生产（业务）实习教学，是培养学生掌握操作技能的主要手段。学生的生产（业务）实习，应尽可能结合生产（业务工作）进行。可以在校办工厂实习，也可以下厂（车间、工地、店堂）实习。生产（业务）实习教学的内容，应包括基本功训练和综合课题训练。

基本功训练和综合课题训练，一般应在校办实习工厂（场、店），采用课堂教学形式进行。学校应根据所设工种（专业）建立实习工厂（场、店），配备实习设备。对于不便于建立实习工厂的工种（专业），应加强实验、模拟教学。组织学生下厂实习的，学校应事先同企业商定出生产（业务）实习教学工作计划，力求做到定课题、定学时、定岗位、定师傅、定期考核和定期轮换实习岗位。

第十七条 技工学校专业技术理论课的教学，应同本工种（专业）操作技能训练密切结合。其他课程的教学，也应坚持理论联系实际，并注意各课之

间的配合与协调。

技工学校应建立专课教室、实验室、图书馆（室），并根据教学需要，不断充实仪器、教具、图书、教学资料和有关技术资料，并积极创造条件，逐步实施电化教学。

第十八条 技工学校应建立、健全学生学业成绩考核制度，认真进行平时考查，学期、学年和毕业考试。

第十九条 技工学校应按照工种（专业）和课程的不同，建立教学研究组。教学研究组应制订执行教学计划、教学大纲的措施，研究教学内容和教学方法，积极采用先进教学手段，总结交流教学经验和开展业务学习。

第二十条 技工学校领导人员应把主要精力放在教学工作上，通过听课、参加教学研究、检查学生作业和实习工作、召开师生座谈会等，深入了解教学情况，提出改进措施。

第四章　思想政治教育

第二十一条 技工学校的学生、教职工和实习工厂（场、店）工作人员的思想政治工作，必须大力加强。应当认真开展社会主义精神文明建设的教育，加强对学生进行马列主义基本知识教育、共产主义教育、职业道德教育、时事政策教育、法制教育。应当结合形势、任务，针对思想实际，寓思想教育于教学活动之中。培养学生成为有理想、有道德、有文化、有纪律的技术工人。教师要身教重于言教。应当表彰不愧于为人师表的教职人员，克服不良倾向。

第二十二条 对思想性质的问题，必须采取民主讨论的方法、说理的方法、批评和自我批评的方法去解决，必须采取教育和疏导的方法去解决。

第二十三条 在技工学校党组织的领导下，充分发挥共青团、学生会和工会的作用，开展适合青年特点和教职工需要的有益身心健康的活动。

第二十四条 技工学校应建立、健全学生的品德考核制度，做好学生操行评定工作。这种评定一个学期进行一次，由班主任考察学生的表现，听取各方面的意见，写出评语。评语要实事求是，鼓励上进。

第五章 学　　生

第二十五条 技工学校学生必须按时入学办理入学注册手续，遵守学籍管理制度。

第二十六条 技工学校学生应当发扬勤工俭学的精神，努力学习，不断上进；应当尊敬师长，遵纪守法，遵守《技工学校学生守则》和学校的规章制度。

对于在道德品质、学习、生产劳动等方面表现优秀的学生，应该分别情况，给予表扬、记功和奖励，可以颁发奖状和发给一定的奖品。对于违法乱纪又屡教不改的学生，应该分别情节轻重，给予警告、严重警告、记过、留校察看、责令退学直至开除学籍的处分。

处分学生，应该经过校务会议讨论，由校长批准执行。责令学生退学和开除学生学籍，应报主管部门和当地劳动人事部门备案。

第二十七条 技工学校按国家计划招收的学生，实行助学金和奖学金相结合的办法。

第二十八条 技工学校应引导和帮助学生建立、健全学生会组织，培养学生自己管理自己的能力。学生会和共青团及其班级组织，应协助学校领导和教师做好学生的思想工作；推动学生好好学习，遵纪守法；组织学生开展课余学习、文体活动、公益劳动；管好学生宿舍；做好社会工作。

第二十九条 学生学习期满、经过课程结束考试、操行考核和毕业考试，成绩合格者，准予毕业，发给毕业证书。毕业考试成绩有两门课程不及格或操行成绩不及格的，不能毕业，发给结业证书。

第六章 教　　师

第三十条 技工学校的教师，按照《技工学校教师职务试行条例》的规定，逐步实行聘任制。

第三十一条　技工学校教师应当认识时代和人民的要求，努力提高自己的思想道德素质和业务素质，做到为人师表；关心和爱护学生，认真钻研教学业务，改进教学方法，提高教学质量，完成教育、教学任务。

第三十二条　技工学校教师的任课时数，根据所任课程、年级的不同分别确定。担任生产（业务）实习课的，根据技工学校人员编制标准的有关规定，按负责一个实习教学班确定；担任文化、技术理论课和其他各门课程的，一般按每周十二至十六课时安排。

第三十三条　技工学校必须认真执行党的知识分子政策，调动教师的教学积极性，充分发挥教师在教学中的主导作用。学校领导者要从政治上关心教师，帮助教师解决工作和生活中的困难和问题，保证教师有充分的时间用于教学工作。

学校应切实加强对教师的培训和业务进修工作。生产实习课指导教师要努力达到能教本工种（专业）的工艺理论课；技术理论课教师应掌握一定的实际操作技能。应支持和鼓励教师积极参加教学研究和学术讨论活动。

第三十四条　技工学校应按学期或学年做好教师的考核工作。对于在工作中做出显著成绩的教师，要给予表扬和奖励；对于有特殊成绩和突出贡献的教师，可以提前晋职。对于失职和违犯纪律的教师，应给予批评教育以至降职、解聘。

第七章　实习工厂（场、店）管理

第三十五条　技工学校的实习工厂（场、店）应统筹安排实习教学任务和生产经营活动，既要保证完成教学计划，又要通过生产经营，增加学校收益。

第三十六条　技工学校实习工厂（场、店）必须根据生产实习教学的要求制定实施计划，安排好学生的基本操作技能训练，尽可能减少纯消耗性的实习，应当防止发生脱离实习教学，单纯追求产值利润的偏向。

必须积极掌握技术信息资料、及时改进实习教学和生产经营管理。

学校主管部门和办学单位，应帮助学校实习工厂（场、店）开拓生产业务门路，疏通供销渠道，解决实习教学和生产经营所需要的原材料、物资、设备等问题。实习工厂（场、店）要建立、健全原材料、物资、设备等各项管理制度，严格实行岗位责任制。应注意采用和推广新技术、新工艺和先进操作法，鼓励师生员工开展技术革新和发明创造。对改革、创新确有成效的，应给予表扬和奖励。实习工厂（场、店）要实行单独核算，严格执行财经纪律。

学校承担生产任务和经营业务，必须严格履行所签订的经济合同，按照国家规定的标准生产和检验产品，保证产品质量和经营服务质量。

第三十七条 技工学校实习工厂（场、店）必须切实改善劳动条件，完善防护设备，严格执行安全操作规程，做好劳动保护工作。

第八章 行政工作

第三十八条 技工学校可以试行校长负责制。校长是学校的行政领导人，全面负责学校的教学、生产等各项工作。

学校应该建立、健全校务会议制度。校务会议由校长主持，副校长、各部门负责人和其他有关人员参加，讨论学校计划、总结和其他重要问题。

学校应该建立、健全教职工大会或教职工代表会议制度。教职工大会或教职工代表会议是教职工行使民主权利，参加学校管理的重要形式。

第三十九条 技工学校的后勤工作要明确树立为教学和生产经营服务、为师生员工服务的思想，关心群众生活，办好公共食堂、搞好集体福利，做好卫生保健、绿化美化环境工作，管理好学生宿舍和学校的各种物资、设备。

第四十条 技工学校的食堂要实行民主管理，健全管理制度，定期公布账目，杜绝贪污浪费，努力改善伙食，注意饮食营养卫生。

第四十一条 技工学校应建立独立的财务机构，经费由主办单位按照规定的程序、经费开支渠道和标准拨给，由学校支配使用。学校要配备财会人员，健全财务制度，遵守财经纪律。一切开支必须精打细算，厉行节约。

应建立技工学校基金制度，具体办法按照劳动人事部、财政部《关于在技工学校建立学校基金制度的联合通知》办理。

第四十二条 技工学校的领导干部，要模范地执行党的方针政策，遵守党纪国法，努力学习政治理论和学校管理知识，认真总结经验，研究技工教育的规律，不断改进领导作风和领导方法，把学校切实办好。

第九章 附 则

第四十三条 各省、自治区、直辖市劳动人事厅、局（劳动局）和国务院各有关部门，可以参照本规定制定实施细则。

第四十四条 本规定自一九八七年一月一日起实行，一九七九年二月二十日原国家劳动总局颁发的《技工学校工作条例（试行）》同时废止。

附录二

技工学校教师职务试行条例

（1986年4月2日 职改字〔1986〕48号）

第一章 总 则

第一条 为了充分发挥技工学校教师的积极性和创造精神，促进职业技术培训事业的发展，建立和健全教师工作责任制，特制定本条例。

第二条 技工学校教师职务是根据技工学校的特点和改革的需要而设置的，有明确的任职条件、工作职责、聘任（或任命）限额和任期。

第三条 技工学校各级教师职务应有合理的结构比例。各级教师职务的限额应与批准的编制定员和工资增长指标相适应。

第四条 职务名称

（一）技工学校文化、技术理论课教师职务名称定为：高级讲师、讲师、助理讲师、教员。

（二）技工学校生产实习课教师职务名称定为：高级实习指导教师、一级实习指导教师、二级实习指导教师、三级实习指导教师。

第二章 工作职责

第五条 文化、技术理论课教师的工作职责

（一）教员：在高级讲师、讲师的指导下，按照教学计划、大纲的要求，编写一门课程中部分章节的教案和讲义，并承担一定的讲授任务和批改作业、辅导课、实验课、组织课堂讨论等教学工作。

（二）助理讲师：按照教学计划、大纲的要求独立编写一门课程的教案和讲义，完成一门课程的教学工作和实验室的教学指导工作；担任学生的政治思想工作或教学实习、社会调查等方面的管理工作。

（三）讲师：担任一门或一门以上课程的教学工作和指导实验室的工作，并撰写本专业具有一定水平的教学研究论文，参加编写教材和培训教师的工作。担任学生的政治思想工作或教学实习、社会调查等方面的管理工作。承担用一种外国语翻译本专业一般资料的任务。

（四）高级讲师：熟练地担任两门或两门以上课程的教学工作和组织实验室及生产实习教学工作，负责指导本专业的教学研究、撰写学术或技术论文，主持编写质量较高的教材和教师的培训提高工作；担任学生的政治思想工作或教学实习、社会调查等方面的组织管理工作；较熟练地承担用一种外国语翻译本专业书籍、资料的任务。

第六条 生产实习课指导教师的工作职责

（一）三级实习指导教师：在高级实习指导教师、一级实习指导教师的具体指导下，编写本工种（专业）生产实习课的部分教案和讲义，并承担生产实习课部分课程的实际操作技能（包括工具、设备的正确使用和维护保养）的示范、辅导工作。

（二）二级实习指导教师：按照生产实习教学计划、大纲的要求，编写本工种（专业）生产实习课的教案、讲义，完成生产实习课教学工作；承担学生职业道德，文明生产，安全生产的教育工作和生产实习课教学的组织管理工作。

（三）一级实习指导教师：熟练地担任生产实习课的教学工作和对工具、设备的正确使用及保养维修；讲授本工种（专业）的工艺学理论课，参加编写教材和承担一定的生产实习教学研究、技术革新任务以及指导三级实习指导教师技术理论知识和教学业务能力的提高；承担学生职业道德，文明生产，安全生产的教育工作和生产实习课教学的组织管理工作。

（四）高级实习指导教师：熟练地担任生产实习、工艺学理论课的教学工作，组织指导本工种（专业）生产实习教学研究和技术革新，撰写有一定质量的论文和教学经验总结；主持编写较高质量的教材，指导和提高三级、二级、一级实习指导教师的业务技能．承担学生职业道德，文明生产，安全生产的教育工作和生产实习课教学的组织管理工作。承担用一种外国语翻译本专业一般资料的任务。

第三章　任职基本条件

第七条　技工学校的教师必须拥护中国共产党的领导，热爱社会主义祖国，认真学习马列主义和毛泽东思想，遵守宪法和法律，全心全意为人民服务，努力做好教学教育工作。

第八条　文化、技术理论课教师的任职条件

（一）教员：

1. 见习一年期满的大学专科毕业生，中等专业技术学校毕业生，受过不

少于100学时教育学、心理学和教学法的基础知识的培训；

2. 在高级讲师、讲师的具体指导下，按照教学计划和教学大纲的要求，能承担一定的教学工作。

（二）助理讲师：

1. 见习一年期满的大学本科毕业生或担任教员职务二年以上的大学专科毕业生或担任教员职务四年以上的中等专业技术学校毕业生，并受过不少于100学时教育学、心理学和教学法的基础知识的培训；

2. 能独立担任一门课程的教学工作，教学效果较好。

（三）讲师：

1. 大学专科毕业以上，担任助理讲师职务四年以上，能担任培训教员的工作；

2. 能胜任一门或一门以上课程的讲授和全部教学工作，质量较高，教学效果好；

3. 掌握一门外国语，能阅读本专业的外文书籍和资料。

（四）高级讲师：

1. 具有大学本科毕业以上学历，担任讲师职务五年以上，能联系实际进行比较深入的研究工作（包括主编质量高的教材等），或者在生产技术方面有较大的贡献，能指导提高讲师的业务水平；

2. 能熟练地担任二门或二门以上课程的讲授和全部教学工作，教学工作经验丰富，教学质量高，能起到学科带头人的作用；

3. 熟练地掌握一门外国语。

第九条　生产实习课指导教师的任职条件

（一）三级实习指导教师：

1. 见习一年期满的大专毕业生或中专、技工学校优秀毕业生，经过不少于100学时的教育学、心理学和生产实习教学法的培训，能承担本工种（专业）部分生产实习教学工作；

2. 了解本工种（专业）的各种工具、设备的结构原理以及文明生产、安全操作规程，对本工种（专业）的实际操作技能达到中级技工的水平。

（二）二级实习指导教师：

1. 大学专科毕业生，担任三级实习指导教师一年以上并受过不少于100学时教育学、心理学和生产实习教学法的培训，或具有四年以上实际教学工作经验的三级实习指导教师，能独立担任生产实习课的教学工作，教学效果较好；

2. 掌握本工种（专业）各种工具、设备的结构原理以及文明生产、安全操作规程，对本工种（专业）的实际操作技能达到中级技工的水平。

（三）一级实习指导教师：

1. 大学专科毕业，担任二级实习指导教师四年以上，能胜任本工种（专业）生产实习课和工艺学理论课的教学工作；

2. 对本工种（专业）的实际操作技能达到高级技工的水平；在技术革新和生产实习教学中有较大贡献。

（四）高级实习指导教师：

1. 大学专科毕业，担任一级实习指导教师五年以上，并已取得大学本科毕业学历，熟练地担任本工种（专业）生产实习课及工艺学理论课的教学工作，教学经验丰富，教学质量高，能主持编写质量高的生产实习课教材，有独特、高超的技艺，在生产和技术革新方面或在实习教学中成绩卓著；

2. 掌握一门外国语。

第四章　评审及聘任（或任命）

第十条　各省、自治区、直辖市或部委成立省、自治区、直辖市或部委的技工学校教师职务评审委员会，负责评审高级职务的任职资格或授权确实具备评审条件的下属部门或单位组织评审委员会，报省市和部委批准后，负责高级职务任职资格的评审。各地（市）和各技工学校成立相应教师职务评审组织（委员会或小组），负责评审中、初级职务的任职资格。

第十一条　各级评审委员会的成员，必须由作风正派，办事公道的担任较高级别教师职务的人员组成，其中，中、青年应占一定比例。各级评审委员会的组成及评委会成员的聘任，由同级主管领导批准。评审讲师和一级实习指导教师职务的评委会，需报上一级主管部门备案。

第十二条　聘任（或任命）权限。技工学校的高级讲师、高级实习指导教师的职务，经地（市）评审组织评审通过后，报省、自治区、直辖市或部委评审委员会审定。讲师、一级实习指导教师的职务，经技工学校评审组织评审通过后，报地（市）评审组织审定。助理讲师、二级实习指导教师和教员、三级实习指导教师的职务，由学校评审组织审定。各级教师职务经相应的评审组织审定后，由校长聘任（或按干部管理权限由相应行政领导任命）。

第十三条　实行聘任制的技工学校，校长应与被聘任的教师签订聘约，规定双方权利、义务、聘任期限和辞聘、解聘等事宜。实行任命制的学校，行政领导应向被任命的教师颁发任命书。教师职务的聘任（或任命）期限，最长不超过五年，可以连聘或连任；对有特殊成绩和突出贡献者可提前晋职。

第五章　附　　则

第十四条　各省、自治区、直辖市和各部委应根据本条例，结合本地的具体情况制定实施细则，并报劳动人事部备案。

第十五条　本条例适用于事业单位的技工学校；企业单位的技工学校可根据企业职称改革工作部署，参照执行。

第十六条　本条例的解释权在劳动人事部。

第十七条　本条例自公布之日起实行。

附录三

工人考核条例

（1990 年 7 月 12 日　中华人民共和国劳动部令第 1 号）

第一章　总　　则

第一条　为了考察工人的思想政治表现和生产工作成绩，鉴定实际技术业务水平，调动工人生产劳动和学习政治、技术业务的积极性，全面提高工人队伍素质、适应我国社会主义现代化建设的需要，制定本条例。

第二条　本条例适用于全民所有制企业、事业单位和国家机关。

第三条　国家实行工人考核制度。对工人的考核应当与使用相结合，并按照国家有关规定确定其工资待遇。

第四条　工人考核工作应从实际出发，统筹安排，严格标准，保证质量。

第二章　考 核 种 类

第五条　工人考核分为录用考核、转正定级考核、上岗转岗考核、本等级考核、升级考核，以及技师、高级技师（以下统称技师）任职资格的考评。

第六条　企业、事业单位和国家机关从社会招收录用新工人，包括录用技工学校、职业学校、职业高中的毕业生，以及就业训练中心和其他各种就业训练班结业的学生，须经工人考核组织的录用考核，方能择优录用。

第七条　学徒（培训生）学习期满和工人见习、试用期满时，须经转正定级考核。经考核合格发给相应的《技术等级证书》或者《岗位合格证书》或者《特种作业人员操作证》之后，方能上生产工作岗位独立操作，并根据其思想政治表现、生产工作成绩和实际技能按照国家有关规定确定工资等级。考核不合格者准予延期补考。补考仍不合格者应当解除劳动合同或者调换其他工作。学徒、见习、试用期各方面表现优秀的，可以提前进行转正定级考核。

第八条 工人改变工种，调换新的岗位，或者操作新的先进设备时，应经过技术业务培训和上岗转岗考核合格后方能上岗。在精密稀有设备上工作和从事特种作业的工人，离开生产工作岗位一年以上，重新回到原岗位，应有一定的熟悉期，期满经技术业务考核合格后方能上岗，并按考核成绩，重新确定技术等级。

第九条 企业、事业单位和国家机关根据生产经营活动或者工作需要，对本单位的工人定期进行本等级的技术业务考核。考核不合格者允许补考。补考仍不合格者，应降低其技术等级或者调换工作岗位，重新确定技术等级和工资待遇。

第十条 工人经本等级考核合格的，可以申请参加升级考核。升级考核一般二至三年进行一次。有特殊贡献者经班组推荐和工人考核组织批准，可以提前参加升级考核或者越级考核。考核合格者发给相应的《技术等级证书》，作为使用和调整工资的依据。

第十一条 优秀的高级技术工人，可以按照国家有关规定申请参加技师任职资格的考评。有突出贡献的技师，可以按照国家有关规定参加高级技师任职资格的考评。考评合格，分别发给相应的《技师合格证书》，作为应聘职务的凭证。

第三章 考核内容

第十二条 工人考核的内容包括思想政治表现、生产工作成绩和技术业务水平。

第十三条 工人思想政治表现的考核，主要包括遵守宪法、法律和国家政策以及本单位的规章制度，树立良好的职业道德、劳动态度等方面。

第十四条 工人生产工作成绩的考核，主要包括完成生产任务的数量和质量，解决生产工作中技术业务问题的成果，传授技术、经验的成绩以及安全生产的情况等方面。

第十五条　工人技术业务水平的考核，主要是按照现行《工人技术等级标准》或者《岗位规范》进行技术业务理论和实际操作技能的考核。

工人技师任职资格的考评，应当按照国家有关规定进行。

第四章　考 核 方 法

第十六条　工人思想政治表现的考核，在加强班组日常管理的基础上，定期进行。

工人生产工作成绩的考核，在加强班组日常管理的基础上，可以采用定量为主、定性为辅的方法，明确评分标准，定期进行。

第十七条　工人技术业务理论考核以笔试为主，操作技能考核可以结合生产或者作业项目分期分批进行，也可以选择典型工件或作业项目专门组织进行。技术业务水平考核评定采用百分制，六十分为合格。

第十八条　工人思想政治表现、生产工作成绩和技术业务水平三项考核成绩均合格的，即为考核合格。

第五章　考核组织和管理

第十九条　全国工人考核工作由劳动部综合管理，并负责制定有关规定，指导协调工人考核工作。

第二十条　各省、自治区、直辖市及计划单列市劳动行政部门和国务院有关部门的劳动工资机构，制定实施办法，分别负责综合管理本地区、本部门的工人考核工作。

第二十一条　各省、自治区、直辖市及计划单列市劳动行政部门会同本地区有关行业主管部门，国务院有关部门的劳动工资机构会同本部门的有关业务机构，分别成立工人考核委员会，负责组织本地区、本部门的工人考核工作。

第二十二条　企业、事业单位或者企业主管部门应当根据实际情况组成不同专业（工种）的考核组织，负责具体考核工作。各专业工种的考核组织成员中，应当有三分之二以上的专业技术人员、技师、高级技术工人。

第二十三条　《技师合格证书》，地方所属单位由省、自治区、直辖市及计划单列市劳动行政部门核发；国务院各部门所属单位由其主管部门的劳动工资机构核发。

《技术等级证书》的核发办法，地方所属单位由省、自治区、直辖市及计划单列市劳动行政部门规定；国务院各部门所属单位由其主管部门的劳动工资机构规定。

企业内部的《岗位合格证书》的核发办法，由企业自行规定，但企业主管部门有统一规定的，应当按照统一规定办理。

第二十四条　《技师合格证书》由劳动部统一印制。

《技术等级证书》由劳动部统一规定式样。

《岗位合格证书》的式样，企业主管部门有规定的，按规定办；企业主管部门无规定的，由企业自行规定。

《特种作业人员操作证》的式样、印制和核发办法，按照国家有关规定办理。

第六章　罚　　则

第二十五条　企业、事业单位和国家机关违反本条例第六条规定招收录用新工人的，当地劳动部门不予办理招收录用手续。

第二十六条　各级工人考核组织成员，企业、事业单位和国家机关的工作人员在工人考核、评审过程中弄虚作假、徇私舞弊的，应当视情节轻重，由其所在单位或者上级主管部门根据人事管理权限对直接责任人员给予行政处分。

第二十七条　违反《技师合格证书》《技术等级证书》《特种作业人员操作证》的核发办法和规定，滥发上述证书的，除应当宣布其所发证书无效外，还应视情节轻重，由其上级主管部门或者监察机关对有关责任人员给予行政处分；对其中通过滥发证书获取非法收入的，应当没收其非法所得，并可处以非法所得五倍以下的罚款；构成犯罪的，应当依法追究其刑事责任。

第七章　附　　则

第二十八条　集体所有制和私营企业、事业单位的工人考核工作参照本条例执行。

第二十九条　工人考核工作所需经费由财政部会同劳动部另行规定。

第三十条　本条例由劳动部负责解释。

第三十一条　劳动部可以根据本条例制定实施细则。

第三十二条　本条例自发布之日起施行。原劳动人事部一九八三年发布的《工人技术考核暂行条例》（试行）同时废止。

第六章
进入市场经济的技工教育

1992 年，党的十四大明确提出建立社会主义市场经济体制。1993 年 11 月，《中共中央关于建立社会主义市场经济体制若干问题的决定》提出要“改革劳动制度，逐步形成劳动力市场”“要把开发利用和合理配置人力资源作为发展劳动力市场的出发点”“运用经济手段调节就业结构，形成用人单位和劳动者双向选择、合理流动的就业机制”。随着市场经济体制的逐步建立，技工教育逐步走向市场化、社会化和法制化。技工学校确立了面向市场、服务就业的改革方向，职业资格证书制度逐步推行，社会化培训鉴定工作全面开展。1995 年 9 月，党的十四届五中全会提出实施科教兴国战略，要大力发展科技教育，普遍提高劳动者素质，培养各级各类人才。此后，技术工人培养得到广泛重视，国家建立技能竞赛和表彰制度。这一时期，《中华人民共和国劳动法》（以下简称《劳动法》，1994 年）、《中华人民共和国职业教育法》（以下简称《职业教育法》，1996 年）、《中华人民共和国民办教育促进法》（2002 年）先后颁布，为技工教育和职业培训发展提供了法律保障。

第一节　确立技工学校服务就业的办学导向

1983 年，为配合就业制度改革，劳动人事部提出技工学校学生就业按照“三结合”就业方针，统筹安排，择优分配。1986 年，《技工学校工作条例》又提出由学校推荐，用人单位择优录用的制度。1992 年后，为适应所有制结构调整，鼓励学生多渠道就业，根据建立社会主义市场经济体制和劳动制度改革的要求，技工学校加快向市场化转变。

1993 年 9 月，劳动部印发《关于深化技工学校教育改革的决定》（劳部发〔1993〕255 号），确定学校自主招生、毕业生自主择业。文件涉及四个方面的重大改革。一是技工学校招生计划由指令性改为指导性，逐步实行在劳动行政部门监督下，由学校自行组织报名、考试、评卷、录取新生的办法，招生时间可按企业需要和市场需求确定。二是允许开放农村招生口，招收农村青年毕业后被企业录用的，允许将其户口迁往企业所在地城镇落户。三是根据需要，合理确定专业设置及学制。四是落实学校自主权，增强学校活力。学校根据劳动力市场需求，自行确定专业设置、培养目标、学制、招生人数、教学计划和大纲等，在编制内确定内部机构设置、中层干部聘任、职工录取与辞退等。技工学校为非义务教育，允许收取学费，具体由所在地政府审定。该文件标志着技工学校实行多年的指令性招生和统一分配的体制以及限于招收城镇青年的体制被打破，从此进入市场化办学轨道。1994 年 7 月，国务院印发《关于〈中国教育改革和发展纲要〉的实施意见》（国发〔1994〕39 号），进一步要求推进高等院校、中专和技工学校实行“学生缴费上学，大多数毕业生自主择业的制度”。1998 年前后，技工学校毕业生基本实现了进入劳动力市场自主择业。

20 世纪 90 年代中后期，我国人口失业率上升，1997 年底实际失业人口达到 1 100 万 ~ 1 300 万人，就业问题开始凸现。到 1997 年底，全国下岗职工达到 1 151 万人，纺织、机械、煤炭、冶金、森工、铁路、军工等部门产业工人下岗、转岗规模在百万人以上。企业富余人员、下岗职工、失业职工转业培训以及农村劳动力转移培训的任务日益繁重。劳动部适时提出将技工学校建设成为“兼有职业需求预测、职业技能培训、职业技能鉴定、职业咨询指导的综合性的职业培训基地，形成培训为就业服务、培训与就业相结合的工作机制”，要求学校树立服务就业的办学理念。1996 年 6 月，劳动部印发《关于进行综合性职业培训基地建设有关事项的通知》（劳部发〔1996〕195 号），提出技工学校和就业训练中心可以建立综合性职业培训基地，以多种形式开展培训，决定选择一批管理能力强、培训规模大、办学质量高的政府部门主办的重点技工学校和就业训练中心，率先进行综合性职业培训基地建设的试点工作。试点单位保留原技工学校和就业训练中心的牌子，并增挂综合职业培训基地的标牌，不改变原管理体制。综合职业培训基地采取初、中、高级技能培训相结合的方式，既可全日制，也可采取部分时间制，还可将学历教育与非学历教育相结合，通过联合办学、电化教学、函授等多种形式扩大培训规模。1996 年 8 月，劳动部批准湖北省仙桃市技工学校为综合职业培训基地。同年 10 月，劳动部批准吉林省四平市就业训练中心等 38 家单位为综合职业培训基地。

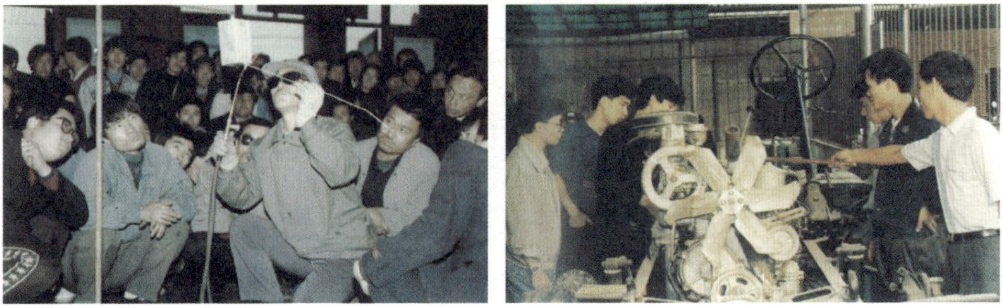

技工学校和就业训练中心开展职业培训

由于技术工人需求减少，加上高等教育扩招等因素影响，1997 年后，技工学校数量和学制招生数量开始下滑。2000 年，全国技工学校为 3 470 所，比 1997 年（4 395 所）减少近千所，在校生人数 140 万人，比 1997 年减少 53 万人。

2000 年 2 月，劳动保障部在全国培训就业工作会议上提出了“调整布局、提高层次、突出特色、服务就业”的 16 字方针。5 月 12 日，劳动保障部发出《关于加快技工学校改革工作的通知》（劳社部发〔2000〕10 号），进一步明确了 16 字方针，提出力争通过 3 年左右的努力，基本形成职业培训机构新格局，逐步建立起与国家职业资格相对应的职业资格培训体系，并使之成为劳动者终身学习体系的重要组成部分。文件对技工学校改革招生办法、调整学制、更新教学内容、改革教学方法、调整专业设置等提出了明确要求。

1998 年，劳动保障部组织实施了“三年千万”再就业培训计划，共有 1 300 多万名下岗职工参加了培训。技工院校按照劳动部门的要求，积极参与培训计划。2001 年，技工学校社会培训总量达到 158 万人，为解决下岗失业问题做出了积极的贡献，同时也大大提高了技工学校适应市场的能力。

第二节　提高技工学校办学质量和办学层次

一、开展重点技工学校评估

1992 年，劳动部印发的《国家级重点技工学校标准》（劳培字〔1992〕16 号）规定，国家级重点技工学校的基本标准为办学规模 600 人以上，占地 20 亩以上，教学实习设施齐全，有稳定的经费来源，实习工厂有较好的经济效益，实行双证书制度，达到中级技工水平的毕业生达到 70% 以上，就业率达到 98%。1993 年 8 月，劳动部公布了首批国家级重点技工学校 18 所。1994 年 8 月，劳动部公布第二批国家重点技工学校 112 所。1995 年，劳动部、国家计委联合印发《关于申办高级技工学校若干问题的通知》（劳部发〔1995〕289 号），将国家级重点技工学校作为申办高级技工学校的必要条件。随后，劳动部又于 1996 年、1997 年公布了 3 批国家级重点技工学校。

1997 年 8 月，劳动部印发《国家重点技工学校标准（修订）》（劳部发〔1997〕238 号），将国家重点技工学校基本设置标准提高到在校生 1 000 人以上（其中学制学生不少于 800 人），占地面积不少于 26 000 平方米（约 40 亩），常设专业不少于 4 个，中技工技术等级毕业生占 90% 以上，实行“双证书”

制度，毕业率达 95% 以上等。文件提出，评估工作每 4 年进行一次，对已批准的要进行复评；对连续保持国家重点技工学校称号的，其毕业生考试合格后可以直接获得中级工技术等级证书；要保持国家重点技工学校校长队伍稳定，校长的聘任调整要征求省级劳动行政部门和行业主管部门的意见，并报劳动部备案。到 2001 年，全国共有国家重点技工学校 331 所、高级技工学校 195 所。2002 年，劳动保障部培训就业司印发了《国家重点技工学校质量管理标准（试行）》，引入 ISO9000 质量管理体系，并组织开展复评工作，对提高国家重点技工学校的整体水平起到了积极作用。

二、制定专业目录

为规范技工学校专业设置，劳动部委托行业部门和企业制定专业目录。1995 年 7 月，劳动部办公厅发文公布了由中国造币总公司等 10 个部门参与编制的首批专业目录 169 个专业（劳办发〔1995〕161 号）。随后，于 1995 年 11 月、1996 年 12 月公布了第二批、第三批专业目录，3 次共公布了 538 个专业目录。劳动部要求，技工学校要以此为专业设置的依据，规范技工学校教学管理。

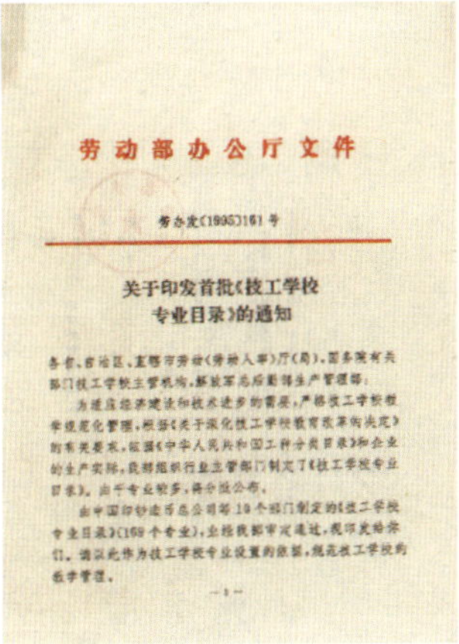
劳动部办公厅文件

劳办发〔1995〕161 号

关于印发首批《技工学校专业目录》的通知

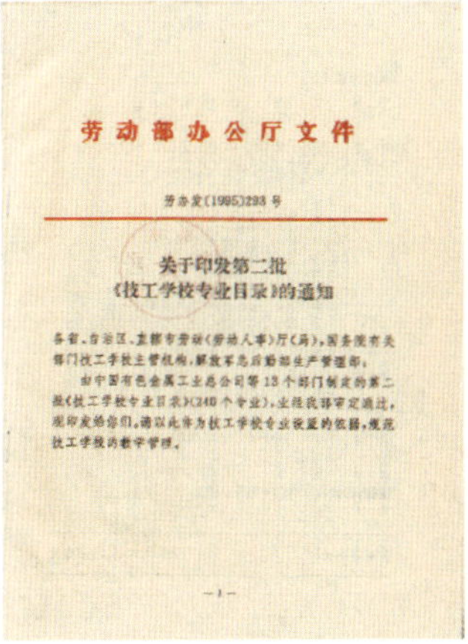
劳动部办公厅文件

劳办发〔1995〕293 号

关于印发第二批《技工学校专业目录》的通知

各省、自治区、直辖市劳动（劳动人事）厅（局），国务院有关部门技工学校主管机构，解放军总后勤部生产管理部：

由中国有色金属工业总公司等 13 个部门制定的第二批《技工学校专业目录》（240 个专业），业经我部审定通过，现印发给你们。请以此作为技工学校专业设置的依据，规范技工学校的教学管理。

—1—

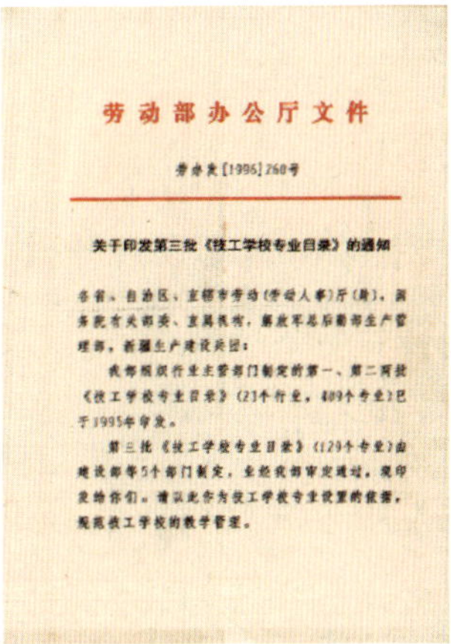
劳动部办公厅文件

劳办发〔1996〕260号

关于印发第三批《技工学校专业目录》的通知

各省、自治区、直辖市劳动（劳动人事）厅（局），国务院有关部委、直属机构，解放军总后勤部生产管理部，新疆生产建设兵团：

我部组织行业主管部门制定的第一、第二两批《技工学校专业目录》（23个行业，409个专业）已于1995年印发。

第三批《技工学校专业目录》（129个专业）由建设部等5个部门制定，业经我部审定通过，现印发给你们。请以此作为技工学校专业设置的依据，规范技工学校的教学管理。

劳动部办公厅印发《技工学校专业目录》

三、建立督导制度

1997 年 8 月，劳动部颁布《技工学校教育督导评估暂行规定》（劳动部令第 9 号）。督导评估是指劳动行政部门的督导评估机构对下级劳动行政部门、技工学校和学校主管部门贯彻国家教育方针政策，执行法律法规情况进行监督、检查和指导，对技工学校是否达到办学标准给予认定。国家级督导委员会由劳动部会同有关行业部门组成，负责对国家重点技工学校、高级技工学校和国务院部委直属学校督导评估。国家级督导员由劳动部聘任并颁发证书。省级督导评估机构职责由省级劳动行政部门制定，省级督导员由省级劳动行政部门聘任和颁发证书，并报劳动部备案。1999 年 4 月，劳动部召开国家级督导员工作会议，为首批 20 名国家级督导员颁发了聘书，并于当年 5 月对国家重点技工学校进行了督导评估。

四、探索提升办学层次

1996 年，《劳动部关于进行综合性职业培训基地建设有关事项的通知》（劳部发〔1996〕195 号）提出：“综合基地年培训能力达 5 000 人次以上、专业种类多、能承担高技能人才培养的，可发展为技术学院，按学校审批程序办理更名事宜。”

1999 年，劳动和社会保障部同意将山东省高级技工学校更名为山东技术学院。2000 年 6 月 8 日，山东省人民政府发文更名，更名后学校教学体制、培养目标、机构编制、隶属关系、经费形式等均不变。2002 年，山东省人民政府批准山东第二高级技工学校等 7 所高级技工学校为技术学院，2005 年又批准山东烟台商业高级技工学校等 4 所学校为技术学院。[①] 2000 年 7 月，江苏省常州市人民政府批准常州市高级技工学校增挂“常州市技师学院”牌子，

① 2008 年后，这些技术学院逐步更名为技师学院。

成为我国第一所技师学院。技术学院和技师学院挂牌，使技工教育增加了“学院”层次，丰富了办学内涵。

2003年全国人才工作会议之后，劳动保障部印发了《三年五十万新技师培养计划》（劳社部发〔2003〕38号），首次明确技师学院要充分发挥高技能人才培训基地的作用，开展后备青年技师的培养工作。2004年8月，山东省人民政府批准建立山东技师学院，成为第一所由省级人民政府批办的技师学院。2006年8月，劳动保障部印发《关于推动高级技工学校、技师学院加快培养高技能人才有关问题的意见》（劳社部发〔2006〕31号），明确了技师学院的地位、设置标准和申办程序等。文件中明确技师学院是“高等职业教育的组成部分”，学制培养预备技师，在校生规模应达3 000人以上，培养技师层次的常设专业一般不少于4个。技师学院须报请省级人民政府同意，并报劳动保障部备案。

五、开展国际交流合作

为提高技工学校师资和管理人员能力和水平，1992年，中日两国政府达成协议，由日本提供资金在天津成立职业技术教师培训中心，后正式定名为中国职业培训指导教师进修中心，在师资培训方面发挥了重要作用。1994年，该中心划入天津职业技术师范学院。

从1993年开始，劳动部组织开展校长出国培训交流活动，先后组织了赴美国、英国、德国、澳大利亚、加拿大、韩国、法国等多批培训，对骨干学校校长进行轮训。通过培训，校长们开阔了视野，学习了国际先进经验，提高了自身素质和管理水平。为加强“产训结合”的研究与推广，1993年，劳动部与国际劳工组织合作，在山东省烟台市召开了职业培训与生产相结合国际研讨会。1994年9月，劳动部与国际劳工组织亚太分局在山东省济南市召开了亚太地区产训结合研讨会，有16个国家的代表参加。此次会议上，中国代表介绍了“产训结合”经验，与会人员就“产训结合”的可行性及经济效益、社会效益等进行了研讨。这些活动，有力地推动了“产训结合”和国际合作的深入开展。

第三节　职业技能竞赛和技术工人表彰活动

一、开展职业技能竞赛

早在 1986 年，国家经委在向中央报送的《关于高级技工培养问题的报告》中就提出了举办全国性技能竞赛，并参与国际竞赛。1990 年，劳动部会同中华全国总工会和共青团中央举办了首届全国青工大赛。1991 年，三部门又下发了《关于开展工人技术比赛的意见》(劳培字〔1991〕11 号)，确定了工人技术比赛分为三级，即国家级、省级、企业级。国家一类竞赛标准，由劳动部商有关行业部门确定，前十名授予“全国技术能手”称号并发奖金。自此，技能竞赛的分级分类管理体制得以确立。

1993 年 1 月，劳动部会同全国总工会、团中央、国家教委等部门联合发出通知，按照国际职业技能训练组织（后来的世界技能组织）国际技能竞赛规则和标准，组织举办首届中国青年奥林匹克技能竞赛，竞赛项目包括车工、钳工、西餐烹饪等 10 个工种。竞赛历时 11 个月，30 个省、自治区、直辖市的上百万青年工人参加了岗位练兵，5 000 多名职工参加了省级选拔赛，300 名选手进入决赛。决赛各工种分布在北京、天津、上海等地进行，最终产生 100 名技术能手。江泽民、李鹏、乔石同志分别为该竞赛题词。同年 11 月 26 日，在人民大会堂举行了表彰大会。李鹏同志在中南海紫光阁接见了全体获奖选手，并在讲话中指出“技术精湛的劳动者也是人才”。这次竞赛活动在全国产生了深远的影响。

二、开展技术工人表彰活动

1995 年 5 月，江泽民同志在第二次全国科技大会上的讲话中指出：重视从工人、农民和其他劳动者中选拔、培养科技人才及各类专业技术能手。为进一步提高技术工人社会地位，劳动部于 1995 年 6 月印发了《关于建立“中华技能大奖”和“全国技术能手”评选表彰制度的通知》（劳部发〔1995〕269 号），决定建立“中华技能大奖”和“全国技术能手”评选表彰制度。

1995 年 10 月，首批中华技能大奖和全国技术能手产生。1995 年 11 月，劳动部发文表彰了 10 名中华技能大奖获得者、104 位推荐评选的全国技术能手和 25 位通过技能竞赛产生的技术能手。11 月 10 日，中华技能大奖和全国技术能手表彰大会在人民大会堂举行。会前，李瑞环同志接见了与会代表。技术工人的国家表彰制度自此确立。

2000 年 8 月，劳动保障部颁布了《中华技能大奖和全国技术能手评选表彰管理办法》（劳动保障部令第 7 号），明确规定中华技能大奖和全国技术能手评选表彰是国家对全国优秀技术技能人才的奖励制度。劳动保障部设全国技能人才评选表彰办公室，负责评选表彰活动的组织管理工作。评选的职业（工种）范围为国家职业标准中设有高级（国家职业资格三级）以上等级的职业（工种）。参加国家级和国际职业技能竞赛活动，获得相应名次者，可按有关规定直接授予全国技术能手称号。评选表彰活动每两年开展一次，每次评选表彰的人数由劳动保障部确定，实行国家和省（行业）两级评审制。

技术工人表彰制度对提高技术工人的社会地位起到了积极作用。各地区、各行业也都陆续建立了技术能手的评选表彰制度。2002 年，山东省在全国率先建立了“有突出贡献技师”的评选表彰制度，首次对优秀技术工人给予政府津贴。

1995 年，中央提出实施科教兴国战略，有些地方着手研究将技术工人纳入人才队伍。1996 年，广东省劳动厅牵头制定了《广东省“九五”到 2010 年技能人才规划》，在全国首次提出将技术工人中取得中级以上国家职业资格证书和企业技术岗位上的中级工以上的劳动者作为技能人才，要求把技能人才开发摆上各级政府的重要议事日程，并提出要重点培养高级技能人才。

第四节　开展职业技能鉴定

一、“双证书”制度的提出

《国务院关于大力发展职业技术教育的决定》（国发〔1991〕55 号）提出：“凡进行技术等级考核的工种，逐步实行‘双证书’（即毕业证书和技术等级或岗位合格证书）制度。”1993 年，《中共中央关于建立社会主义市场经济体制若干问题的决定》提出实行学历文凭和职业资格两种证书制。1990 年实施的《工人考核条例》，逐步形成了工人初、中、高级技术等级和技师、高级技师职务考核晋升体系，以及各级考核组织的建立，为职业技能评价制度改革和职业资格证书制度的推行奠定了基础。

按照建立社会主义市场经济的要求，政府简政放权，转变职能，企业拥有更多的自主权。劳动行政部门的职责由对企业劳动力的微观管理，转变为科学地进行劳动力的社会化管理和全面提高劳动者的素质。1992 年底，劳动部颁布了第一部《中华人民共和国工种分类目录》。在新闻发布会上，首次提出对开展职业技能鉴定社会化管理的构想，“劳动行政部门要加强劳动力的社会化管理，在现有工种分类基础上，逐步建立完善我国职业分类和职业技能标准体系。逐步完善国家职业技能鉴定（考核）制度，实现职业技能鉴定考核的社会化管理，为劳动者鉴定业务技能水平提供平等竞争的社会化服务”。

二、开展职业技能鉴定社会化管理工作

1993 年 7 月，劳动部颁布《职业技能鉴定规定》（劳部发〔1993〕134 号），这是关于职业技能鉴定工作的第一个规范性文件，标志着职业技能社会化鉴定工作正式起步。职业技能鉴定是指对劳动者进行技术等级的考核和技师、高级技师资格的考评。职业技能鉴定工作实行政府指导下的社会化管理。职业技能鉴定指导中心负责组织、协调、指导职业技能鉴定工作。职业技能鉴定站（所）具体实施对劳动者职业技能的鉴定，鉴定站由劳动行政部门审批。在组织实施方面，要建立国家职业技能鉴定题库，设立考评员，按照严格的程序组织实施。到 21 世纪初，我国已经基本建成了职业技能鉴定的“政策法规与行政管理”“组织实施和运行管理”“技术服务与技术支持”“质量保证和质量督导”四大体系。1994 年 6 月，劳动部职业技能鉴定指导中心正式成立。2001 年全国职业技能鉴定机构已经发展到 8 336 个，考评员 14.3 万人。

三、职业资格证书制度的确立

1994 年 2 月，劳动部、人事部联合颁发《职业资格证书规定》（劳部发〔1994〕98 号），明确了职业资格证书制度的概念、分类、效力、管理等基本内容。职业资格是对从事某一职业所必备的学识、技术和能力的基本要求，包

括从业资格和执业资格。职业资格分别由国务院劳动、人事行政部门通过学历认定、资格考试、专家评定、职业技能鉴定等方式进行评价，对合格者授予职业资格证书。职业资格证书是国家对申请人专业（工种）学识、技术、能力的认可，是求职、任职、独立开业和单位录用的主要依据。1998 年，国家正式确定国家职业资格为五个级别，即国家职业资格的五级、四级、三级，分别对应初级、中级、高级，二级和一级对应技师、高级技师。

五级（初级）　四级（中级）　三级（高级）　二级（技师）　一级（高级技师）

职业资格证书

四、职业资格证书制度的建设

1994 年 7 月颁布的《劳动法》规定：“国家确定职业分类，对规定的职业制定职业技能标准，实行职业资格证书制度，由经过政府批准的考核鉴定机构负责对劳动者实施职业技能考核鉴定。”1996 年 5 月颁布的《职业教育法》规定：“实行学历证书、培训证书和职业资格证书制度。”1999 年 6 月 13 日，中共中央、国务院发布的《关于深化教育改革全面推进素质教育的决定》再次明确，要“在全社会实行学业证书、职业资格证书并重的制度”。

职业资格证书制度包括职业分类、职业标准、职业技能鉴定和职业资格证书等，是一项庞大的系统工程。《劳动法》规定：国家确定职业分类，对规定的职业制定职业技能标准。劳动保障部、国家质量技术监督局、国家统计局会同有关部门共同组成工作委员会，从 1995 年开始组织近千名专家学者编制

《中华人民共和国职业分类大典》，并于 1999 年 5 月正式出版。《中华人民共和国职业分类大典》将我国社会职业分为 8 个大类、66 个中类、413 个小类、1 838 个细类（职业），比较全面客观地反映了我国职业结构的现状，填补了我国职业分类的空白。1993 年，劳动部会同有关部委制定了一批国家职业技能标准，并选择 50 个需求量大、通用性强、覆盖面广的工种，结合考核鉴定的工作要求，制定了鉴定规范。与此同时，国家职业技能鉴定题库也逐步得以建立和运行。

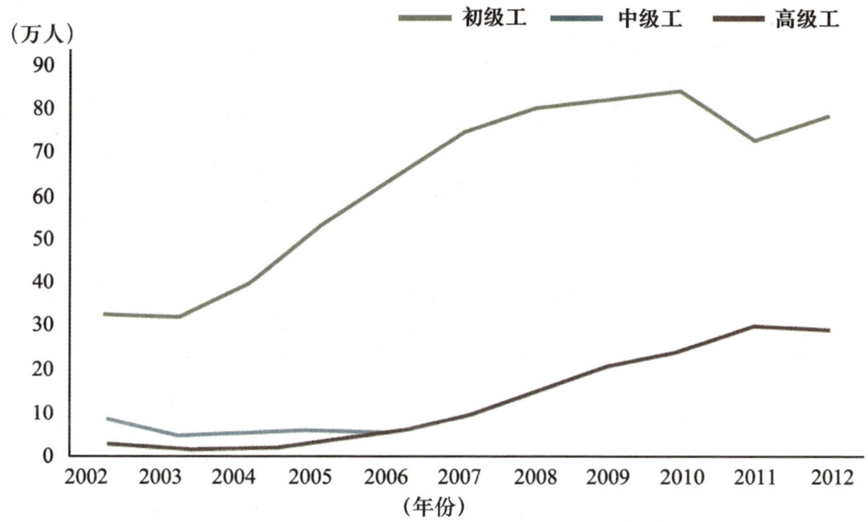

2002—2012 年全国技工院校毕业生取得职业资格证书情况

五、就业准入制度的探索

根据《劳动法》中“从事技术工种的劳动者，上岗前必须经过培训”的规定，1995 年 6 月，劳动部颁布了《从事技术工种劳动者就业上岗前必须培训的规定》（劳部发〔1995〕254 号）。文件确定对“技术复杂，通用性广，涉及到国家财产、人民生命安全和消费者利益的工种（职业）”实行准入制度。文件规定：“从事技术工种的劳动者就业上岗前必须经过培训，并实行职业资格证书制度。”“技工学校、职业（技术）学校、就业训练中心及各类职业培训实体的毕（结）业生，培训期满的学徒和转岗、转业的人员，经职业技能鉴定机构鉴定（考核），取得职业资格证书（技术等级证书）或岗位合格证书方可就业和上岗。”技术工种目录由劳动部确定并颁布，首批公布了机械、建设、交通、电子、内贸、农业、矿山、技术监督、兵器、新闻出版等行业的50个工种为持证就业上岗的技术工种。2000年3月，劳动保障部颁布《招用技术工种从业人员规定》（劳动保障部令第6号），根据新的形势，强化了职业资格证书的作用。文件规定，对从事技术工种的劳动者“必须从取得相应职业资格证书的人员中录用”，并将准入工种由50个扩大到90个。就业准入的实施，对于推行职业资格证书制度、提高劳动者技能水平起到了积极作用。就业准入制度的探索，成为当时推行职业资格证书制度的重要配套和促进措施。

经过近10年的发展，职业资格证书制度为社会广泛认可，对促进职业培训工作起到了积极作用。全国参加技能鉴定的人数稳步上升。到2001年，全国累计有3 000万人获得职业资格证书，年鉴定人数增加到534万人，其中就业准入工种鉴定人数为340万人，占63.6%。

职业资格证书制度在实施过程中也存在一些问题，如种类过多过细，与企业生产实际有距离，企业认可度不高，一些地方和行业职业技能鉴定工作质量不高，证书发放管理不严，等等。①

---

① 2015年，根据《国务院机构改革和职能转变方案》的要求和国务院推进简政放权放管结合优化服务的精神，为了进一步规范职业资格设置管理，推进职业资格制度改革，降低市场门槛，激发市场活力、潜力和创造力，推动大众创业、万众创新，人力资源社会保障部决定对《招用技术工种从业人员规定》（劳动保障部令第6号）予以废止。国务院分7批取消了70%的职业资格证书，由原来的265项946个职业减少到81项198个职业。

第五节　民办培训机构的发展

改革开放以来，各类民办培训机构逐步发展壮大。为鼓励社会力量办学，维护举办者、学校及其他教育机构、教师及其他教育工作者、受教育者的合法权益，促进社会力量办学事业健康发展，1997 年 7 月，国务院颁布《社会力量办学条例》，自 1997 年 10 月 1 日起施行①。

《社会力量办学条例》明确社会力量办学是指“企业事业组织、社会团体及其他社会组织和公民个人利用非国家财政性教育经费，面向社会举办学校及其他教育机构的活动”“以举办实施职业教育、成人教育、高级中等教育和学前教育的教育机构为重点”。在管理职责上，明确“国务院教育行政部门、劳动行政部门和其他有关部门在国务院规定的职责范围内负责有关的社会力量办学工作”“举办实施以职业技能为主的职业资格培训、技术等级培训的教育机构，举办实施劳动就业职业技能培训的教育机构，由县级以上人民政府劳动行政部门按照国家规定的审批权限审批”。参加职业培训的学员，可以按照国家有关规定参加职业资格考试或者技术等级考试，考试合格的，取得相应的职业资格证书或技术等级证书。《社会力量办学条例》是我国关于民办教育培训的一部重要法规，适应了市场经济条件下多元办学的要求，也赋予了劳动行政部门管理责任和服务职能。

① 2002 年 12 月 28 日，第九届全国人民代表大会常务委员会第三十一次会议通过《中华人民共和国民办教育促进法》，自 2003 年 9 月 1 日起施行。《社会力量办学条例》同时废止。

在各级劳动行政部门的指导推动下，民办培训机构得到快速发展。截至2003年底，全国约有1.9万家民办培训机构，年开展职业培训560多万人，成为开展劳动者职业技能培训和就业培训的重要力量。在民办培训机构中，出现了广州白云、山东蓝翔等年培训规模数万人的民办技工院校，但同时也存在着待遇不平等、发展不平衡、管理不规范等问题。

第七章
高技能人才走上历史舞台

进入21世纪，我国经济社会发展迈入新的阶段。2001年12月，我国正式加入世界贸易组织，进一步融入全球化，经济发展进入高速增长期。在规模快速扩张的同时，产业结构调整、升级的步伐明显加快。2002年11月，中国共产党第十六次全国代表大会召开，提出了全面建设小康社会的奋斗目标。经济社会发展对提高劳动者素质和技术工人培养提出了更高的要求。

党的十六大提出尊重劳动、尊重知识、尊重人才、尊重创造，加强职业教育和培训，发展继续教育，构建终身教育体系，造就数以亿计的高素质劳动者、数以千万计的专门人才和一大批拔尖创新人才。党的十六届三中全会通过了《关于完善社会主义市场经济体制若干问题的决定》，提出要营造实施人才强国战略的体制环境，创新人才工作机制，培养、吸引和用好各类人才，多层次、多渠道、大规模地开展人才培训，重点培养一批高层次和高技能人才。

为全面加强人才工作，党中央、国务院于2003年12月召开了第一次全国人才工作会议，提出把实施人才强国战略作为党和国家一项重大而紧迫的任务抓紧抓好，努力造就数以亿计的高素质劳动者、数以千万计的专门人才和一大批拔尖创新人才，建设规模宏大、结构合理、素质较高的人才队伍，充分发挥各类人才的积极性、主动性和创造性，开创人才辈出、人尽其才的新局面，大力提升国家核心竞争力和综合国力，为全面建设小康社会和实现中华民族的伟大复兴提供重要保证。

这次会议系统阐述了科学人才观，提出要牢固树立人才资源是第一资源的观念，树立人人都可以成才的观念，不唯学历、不唯职称、不唯资历、不唯身份，努力形成谁勤于学习、勇于投身时代创业的伟大实践，谁就能获得发挥聪明才智的机遇，就能成为对国家、对人民、对民族有用之才的社会氛围，创造人才辈出的生动局面。要牢固树立以人为本的观念，把促进人才健康成长和充分发挥人才作用放在首要位置，努力营造鼓励人才干事业、支持人才干成事业、帮助人才干好事业的社会环境。会议第一次把高技能人才纳入人才队伍的范畴和整体规划中。2006 年，中共中央办公厅、国务院办公厅下发《关于进一步加强高技能人才工作的意见》，高技能人才政策体系进一步完善。

2002 年，国务院召开了全国职业教育工作会议，印发了《国务院关于大力推进职业教育改革与发展的决定》(国发〔2002〕16 号)，把职业教育改革发展作为实施科教兴国和可持续发展战略的重大任务，提出要建立现代职业教育体系，重视技术工人特别是高级技工和技师的培养，加强职业教育与就业的联系，强调职业教育就是就业教育，要为促进就业再就业服务。2005 年，国务院再次召开职业教育工作会议，提出职业教育要以服务社会主义现代化建设为宗旨，培养数以亿计的高素质劳动者和数以千万计的高技能专门人才。

2003 年前后，我国高级技工仅占技术工人的 4% 左右，高技能人才十分短缺。国家人才强国战略的实施和职业教育改革发展的一系列措施，对技工教育产生了十分重要的影响，技工教育发展呈现出崭新气象。技能人才培养规模迅速扩大，职业培训形成高潮。技工学校走出调整阶段，步入新的发展轨道，在高技能人才培养中的主体作用更加突出。经过五年多的时间，全国培养新技师 60 多万人、高级工 144 万人，取得职业资格证书 6 000 万人次，高技能人才数量稳步增长，技能劳动者的素质结构得到了改善。

第一节　高技能人才的概念

一、高技能人才概念的提出

“高技能人才”的提法最早见于 1990 年 9 月，劳动部在《关于高级技师评聘的实施意见》(劳培字〔1990〕14号)中就出现了“高技能的人才”的提法。文件提出:“为进一步完善技师聘任制,选拔和培养高技艺、高技能的人才,以适应科技发展和‘四化’建设的需要,特提出关于高级技师评聘的实施意见。”1996年,广东省首次提出将技术工人中取得中级以上国家职业资格证书和企业技术岗位上的中级工以上的劳动者作为技能人才。但在当时,技能人才、高技能人才的概念尚无统一的界定,也未被普遍应用。

2002年9月,劳动保障部《关于印发国家高技能人才培训工程暨机电高级技工培训项目的通知》(劳社部发〔2002〕18号)中,再次明确了“高技能人才”的提法。2003年10月,党的十六届三中全会通过的《关于完善社会主义市场经济体制若干问题的决定》中,提出“多层次、多渠道、大规模地开展人才培训,重点培养一批高层次和高技能人才”,这是中央文件首次使用“高技能人才”的提法。2003年12月召开的全国人才工作会议,将高技能人才作为我国现代化建设有着不可替代作用的人才之一,正式纳入人才队伍建设范围。

二、高技能人才的定义

2003年12月,劳动保障部印发的《三年五十万新技师培养计划》(劳社部发〔2003〕38号),对高技能人才队伍建设进行了部署,并初步界定了高技能人才的概念。2007年3月,劳动保障部印发《高技能人才培养体系建设“十一五”规划纲要》(劳社部发〔2007〕10号),进一步明确高技能人才是在生产、运输和服务等领域岗位一线的从业者中,具备精湛专业技能、关键环节发挥作用、能够解决生产操作难题的人员。高技能人才主要包括技能劳动者中取得高级技工、技师和高级技师职业资格及相应职级的人员,可分为技术技能型、复合技能型、知识技能型三类人员,主要分布在一、二、三产业中技能含量较高的岗位上(《中华人民共和国职业分类大典》中第三至第六大类)。

《中华人民共和国职业分类大典（2015 年版）》

2011 年 4 月，中共中央组织部、人力资源社会保障部印发的《高技能人才队伍建设中长期规划（2010—2020 年）》中，对高技能人才作出了新的表述："高技能人才是指具有高超技艺和精湛技能，能够进行创造性劳动，并对社会作出贡献的人，主要包括技能劳动者中取得高级技工、技师和高级技师职业资格的人员。"这个定义对技能技艺做了简化，增加了"创造性劳动"和"对社会作出贡献"，体现出国家对高技能人才的新要求，包含着高技能人才贡献和素养的内涵。

三、高技能人才的分类

根据《高技能人才培养体系建设"十一五"规划纲要》（劳社部发〔2007〕10 号），高技能人才主要包括三类。

1. 技术技能型人才

技术技能型人才是在企业生产加工一线中从事技术操作，具有较高技能水平，能够解决操作性难题的人员，主要分布在加工、制造、服务等职业领域，如高级钳工、中式烹调师等。

2. 复合技能型人才

复合技能型人才是在企业生产加工一线掌握一门以上操作技能，能够在生产中从事多工种、多岗位的复杂劳动，解决生产操作难题的人员，如机电一体化人才、综合服务一体化人才，以及新兴的创意和操作一体化人才等。

3. 知识技能型人才

知识技能型人才是既具备较高的专业理论知识水平，又具备较高的操作技能水平，能够将所掌握的理论知识用于指导生产实践，创造性地开展工作的人员，主要分布在高新技术产业和新兴职业领域。

高技能人才的分类反映了高技能人才的实际内涵变化，把新的形态纳入技能人才队伍建设中，大大拓宽了高技能人才的范畴和领域，也为今后高技能人才培养提供了参考方向。

第二节　世纪之初的高技能人才工作

一、高技能人才培训系列工程

为促进高技能人才成长，缓解高技能人才短缺的状况，2002 年 9 月，劳动保障部《关于印发国家高技能人才培训工程暨机电高级技工培训项目的通知》（劳社部发〔2002〕18 号），提出实施国家高技能人才培训工程，在制造、加工、建筑、能源、环保等传统产业和信息通信、航空航天等新技术产业领域，选择一些重点工业城市，实施若干高级技工培训项目，力争通过 3 ~

5 年的努力，使技术工人尤其是高级工、技师和高级技师的数量和比重有明显增加和提高。

2004 年 6 月 25 日，劳动保障部与国资委联合印发《关于开展高技能人才队伍建设试点工作的通知》（劳社部函〔2004〕123 号），确定 34 家中央企业作为高技能人才队伍建设试点企业，通过中央企业的试点工作和示范引领，带动高技能人才工作的开展，开启高技能人才培养工作的新征程。

二、新技师培养计划

全国人才工作会议之后，劳动保障部于 2003 年印发《关于贯彻落实中共中央　国务院关于进一步加强人才工作决定做好高技能人才培养和人才保障工作的意见》（劳社部发〔2003〕37 号）和《三年五十万新技师培养计划》（劳社部发〔2003〕38 号），对加快高技能人才培养，完善高技能人才选拔机制，完善国家职业资格证书制度，建立高技能人才开发交流机制，提高高技能人才的待遇水平，加大对高技能人才的表彰奖励力度等提出了要求。在全面实施国家高技能人才培训工程的基础上，在全国实施《三年五十万新技师培养计划》，在制造业、服务业及有关行业技能含量较高的职业中，通过岗位培训、学校培养、个人岗位提高相结合的方式，培养 50 万新技师。在技师评价制度改革方面，确定了“统一标准、自主申报、社会考核、企业聘任”的考评原则，突破年龄限制和身份限制，鼓励不同所有制职工参加技师考评。按照劳动保障部统一部署要求，各地积极行动，实施不同形式的培养计划。如广东省从 2004 年起，组织实施 3 年 30 万高技能人才培养工程，确定了 90 个培训基地，仅 2005 年就引进培养高级工以上人才 10.4 万人。经过 3 年努力，全国共培养新技师 60 万人，超额完成了目标任务。其中，2006 年培养技师、高级技师 29 万人，高级工 144 万人。

2006 年 4 月，劳动保障部印发《新技师培养带动计划》（劳社部发

〔2006〕16号），提出重点依托行业企业，充分发挥高级技工学校、技师学院等各类职业教育培训机构的基础性作用，加强校企合作，加快培养一大批结构合理、素质优良的技术技能型、知识技能型、复合技能型高技能人才。文件提出在高级技工学校、技师学院以及其他具备条件的职业院校中开展预备技师培养试点工作，探索通过学校教育方式培养后备技师的途径和方法，力争“十一五”期间在全国培养新技师和高级技师90万人，培养高级技工700万人。

三、技能型紧缺人才培养培训工程

为贯彻落实《国务院关于大力推进职业教育改革与发展的决定》，教育部、劳动保障部等六部委于2003年12月3日印发了《关于实施职业院校制造业和现代服务业技能型紧缺人才培养培训工程的通知》（教职成〔2003〕5号），提出优先在数控技术应用、计算机应用与软件技术、汽车运用与维修、护理等四个专业领域实施制造业和现代服务业技能型紧缺人才培养培训工程。在全国选择确定500多所职业院校作为技能型紧缺人才示范性培养培训基地，建立校企合作新模式，加强职业院校与1 400多家企事业单位的合作，不断扩大培训能力，2003—2007年相关专业领域共输送毕业生100万人，提供短期技能提高培训300万人次，有效缓解了劳动力市场上技能型人才的紧缺状况。随后，有关部委和行业组织制定了相关领域技能型紧缺人才培养培训指导方案。

四、“金蓝领”培训

山东省创新培养模式，率先开展政府支持、校企合作培养高技能人才的“金蓝领”培训。2004年5月，山东省劳动保障厅、财政厅印发文件，在全省实施“金蓝领”培训项目，采取院校和企业相结合、理论和高技能实训相结合的办法培养技师、高级技师，实行高端带动，为高技能人才培养起到了示范作用。2006年1月，山东省劳动保障厅、财政厅又印发了《山东省

"金蓝领"培训项目管理办法》，将"金蓝领"培训作为财政经常预算项目。5 年中，"金蓝领"培训覆盖山东省 17 个市、22 个行业（部门），培训基地近 50 个，考核鉴定的技师职业（工种）达到 90 个，高级技师职业（工种）达到 20 个。此后，其他省份纷纷效仿并创新，最终形成了一项覆盖全国的政策。浙江省还将"金蓝领"培训扩大到境外，由政府补贴，选派企业一线优秀技术工人和技工院校优秀教师到国外知名企业、职业培训机构培训和研修。

"金蓝领"——高技能人才培养的优质品牌

"金蓝领"是指具有较高职业技能和职业素养的技能人才，同时，也是一个高技能人才培养的品牌项目。最早见于 2004 年 10 月，山东省劳动保障厅和财政厅下发的《关于实施"金蓝领"培训项目的通知》（鲁劳社办〔2004〕57 号）。文件指出："为加强高技能人才队伍建设，为半岛制造业基地建设提供技能人才保障，促进就业再就业，省劳动保障厅、省财政厅研究确定，在全省实施'金蓝领'培训项目，集中培养一批急需的青年新技师，实行高端带动，为高技能人才培养起示范作用。"随后，两厅又下发了《山东省 2004 年"金蓝领"培训项目试点方案》，进行了具体部署安排。

项目的具体内容是立足于为企业一线培养高技能人才，通过政府投入引导，企业和职工共同筹资的方式，采取院校和企业相结合，理论和高技能实训相结合的办法，培养思想品德好、技能水平高的技师、高级技师。首先选择济南等五个市，启动车工、维修电工、机修钳工、焊工4个职业的试点。培训计划由省下达，当年培训计划为1 000人。每培训1人，省级财政补贴1 000元。

在2004年试点的基础上，2005年扩大了试点范围，并将培训计划扩大为5 000人。2006年初，山东省又印发《“金蓝领”培训项目管理办法》，从项目管理、培训基地建设、培训内容要求、培训资金使用、考核鉴定、监督检查等方面进行了全面规范，使“金蓝领”项目走上了正轨。

山东省是制造业大省，也是技能人才和技工教育大省，多年来在高技能人才培养方面走在全国前列。“金蓝领”培训项目的出台，是2003年全国人才工作会议之后，山东省落实新的科学人才观，在高技能人才培养方面的创新举措，也为全国提供了借鉴。它的意义在于：第一，在全国首先采取公共财政补贴的方法培训企业在职职工，为后来的“新型学

徒制”探索了路径；第二，构建了“政、企、校”合作的培养模式，通过政府资金引导，提升了校企合作的人才培养水平；第三，首次将思想品德纳入技能人才的培养和评价标准，对思想教育课程有明确规定，并提出综合能力培养的相关要求，开启了职业素养培养的先河；第四，带动了技工教育的高质量发展。

2011年9月，浙江省人力资源和社会保障厅、省财政厅印发《关于开展浙江省“金蓝领”国（境）外培训工作的通知》，开展浙江省“金蓝领”国（境）外培训工作，学习借鉴国外先进制造工艺技术、先进职业教育理念和方法，提高高技能人才的技能水平和创新理念。自2011年以来，每年选派近100名优秀高技能人才赴国（境）外培训，每个培训项目时间21天左右。此项工作在全省引起强烈反响，不仅起到了良好的学习、借鉴和交流的效果，而且还产生了较为深远的延伸作用，这些人员中有许多人已成为国家和省级各类奖励的获得者，成为全省经济建设中的栋梁。

（资料来源：2018年10月13日《中国劳动保障报》）

第三节 国家高技能人才东部地区培训工程

为贯彻落实全国人才工作会议精神，进一步加强高技能人才工作，探索职业培训现代化道路，推动实现数量就业与素质就业并举，2005年，劳动保障部决定实施国家高技能人才东部地区培训工程（以下简称东部培训工程），并于当年5月印发了《国家高技能人才东部地区培训工程方案》（劳社部发〔2005〕10号），实施地区为北京、上海、江苏、浙江、福建、山东、广东7省市和部分重点城市。

东部培训工程于2005年5月在上海启动，2010年5月结束，对推进全国职业培训改革发展和高技能人才工作发挥了示范作用。

东部培训工程率先探索和实践了高技能人才工作新理念，实现了“四个率先”：一是通过区域联合，相互沟通，共同推动校企合作为主的高水平培训机制率先建立；二是一批面向社会、高效能的公共实训基地和鉴定平台在重点城市率先建成；三是与企业生产紧密结合的高技能人才评价模式率先试行；四是开发新职业、运用新技术、建立新机制、创建新环境的职业能力建设新模式率先构建。

公共实训基地建设是东部培训工程的一大成效。东部培训工程实施期间，劳动保障部推广了上海市公共实训基地建设的经验。2006年4月，中共中央办公厅、国务院办公厅印发《关于进一步加强高技能人才工作的意见》，明确提出“有条件的城市，可多方筹集资金，根据本地区支柱产业发展的需求，建立布局合理、技能含量高、面向社会提供技能培训和技能鉴定服务的公共实训基地”。2007 年 1 月，劳动保障部办公厅印发《关于开展高技能人才公共实训基地建设试点工作的指导意见》（劳社厅发〔2007〕1 号），要求东部地区每个省至少建立 2 个公共实训基地，把“高、新、长、前”（高技能、新技术、长远性、前瞻性）作为基本定位特色，突出公共实训和技能鉴定功能，以企业和培训机构无力开展的高新实训项目为主，免费开展实训和鉴定服务，所需经费从高技能人才专项工作经费、城市教育费附加、企业职工教育统筹经费等多方筹措，同时积极探索就业再就业资金、失业保险基金在促进就业方面发挥更大作用。

2010 年前后，各省普遍建立了公共实训基地，其中上海、深圳、无锡、天津、青岛、绍兴等城市的公共实训基地建设先行一步。广东省“十一五”期间，每年安排 1 亿元用于公共实训基地建设。公共实训基地的模式呈现多样化，有的建立独立运行的公益性、公共性实训基地，如上海、深圳；有的与技工学校一体运行，兼顾社会培训与学制教育，如青岛、无锡、苏州；有的由劳动保障部门统筹，依托高职院校建立实训基地，如绍兴等。

上海公共实训基地

上海市为推进职业培训工作，针对传统职业培训中面临的问题，按照市场经济条件下政府职能转变的要求，在职业培训管理机制方面进行了大胆的探索。面对传统的职业培训工作，他们发现三个方面的问题：一是培训机构不能有效了解劳动力市场的需求信息；二是培训出来的劳动者难以适应劳动力市场的实际需求；三是各部门都在举办自己的培训学校，从而形成狭隘的部门利益分割，难以形成真正的职业培训市场。针对这些问题，他们从 1997 年底开始探索“抓两头，放中间”的市场化、社会化的职业培训管理模式。他们感到，对于培训需求信息的引导和培训质量的监管这“两头”，是政府在职业培训上应当履行的社会管理职能，要力求引导好、监管好；对具体的培训实施过程，他们认为可以打破围墙，向全社会开放培训，通过市场竞标方式由社会培训机构实施，凡是有资质、有能力的机构都可以参与，政府发挥公共服务的职能，搭建服务平台，努力做好服务工作。为此，他们针对长期以来单个培训机构对培训设施投入改造能力不足，整个职业培训实训设施落后匮乏的状况，在考察分析了发达国家的职业技能发展趋势及上海未来产业发展方向后，根据“用明天的需求来培训今天的学员”的指导思想，坚持“先进性、实用性、可操作性”相统一的原则，通过政府集中投资，建立了一个面向社会培训机构免费开放、无偿使用、功能齐全、技术先进的公共实训基地。上海公共实训基地建起了工业中心、服务业中心、新产业中心等不同职业门类的实训室，可提供46个职业类别、覆盖200多个岗位工种的实训，每年完成实训20万人次以上，走出了一条高技能培训设施投资集约化、效益最大化的新路。根据产业发展规划，上海又继续建设一批新的公共实训基地，包括现代生活服务业、创业者、汽车服务业、电子信息服务业、现代物流业、会展及现代生物制药在内的六个公共实训基地，几乎涵盖了未来5～15年上海将要发展的主导产业。2005年5月，被劳动保障部确立为中国（上海）高技能人才公共实训中心。

东部培训工程在企业技能人才评价模式改革方面进行了探索。2008年，人力资源社会保障部在广州召开了推行企业技能人才评价模式的座谈会，探索以职业能力为导向，以工作业绩为重点，注重职业道德和职业知识的企业评价模式，鼓励企业创建符合高技能人才特点的评价内容和方式，推行结合工作成果开展业绩评定、通过生产现场进行能力考核的模式，重点评价技能人才执行操作规程、解决生产问题和完成工作任务的能力。

职业分类是国家劳动力管理的重要基础工作。1986 年，国家颁布了《职业分类与代码》（GB/T 6565—1986），1992 年颁布了《中华人民共和国工种分类目录》，1999 年颁布了《中华人民共和国职业分类大典》。2004 年，劳动保障部开始发布新职业。在以后的十余年里，共发布了上百个新职业。这些工作，为我国职业培训、职业技能鉴定和技能人才培养工作奠定了重要基础。

新 职 业

新职业是指经济社会发展中已经存在一定规模的从业人员，具有相对独立成熟的职业技能，《中华人民共和国职业分类大典》中未收录的职业，包括全新职业（随经济社会发展和技术进步而形成的新的社会群体性工作）和更新职业（原有职业内涵因技术更新产生较大变化，从业方式与原有职业相比已发生质的变化）。

从 1999 年起的近十年里，劳动保障部依据《中华人民共和国职业分类大典》，组织编制并颁布了 300 多个职业的国家职业标准。这些职业标准的颁布实施，奠定了国家职业资格证书制度的重要基础，为开发就业岗位，引导教育培训，提高就业能力起到了积极的促进作用。在此期间，随着经济社会的发展，职业的变化越来越活跃。及时搜集整理新职业信息，并向社会发布这些信息，既有助于开发就业岗位，规范职业管理，又能调动各方面的积极性，从而为促进就业，促进技能人才的培养发挥积极作用。对此，劳动保障部决定建立新职业发布制度。

2004 年 8 月 19 日，劳动保障部召开首次新职业发布会，标志着我国新职业研究与发布制度的正式建立。新职业发布制度是在对长期以来培训就业工作实践进行系统总结的基础上建立起来的，是在广泛听取公众和专家意见的基础上，用新的方法，立体而形象地展示职业名称和内涵。它对开展职业培训，完善劳动力市场建设，促进就业与再就业都起到了重要作用。

2004 年 8 月至 2009 年 11 月，劳动保障部、人力资源社会保障部共发布了 12 批 122 个新职业。之后，人力资源社会保障部启动了《中华人民共和国职业分类大典》的修订工作，以客观反映我国职业的发展变化情况。2015 年 7 月，新修订的《中华人民共和国职业分类大典（2015 年版）》正式发布。2019 年 4 月和 2020 年 2 月，人力资源社会保障部、国家市场监督管理总局、国家统计局共发布了 29 个新职业。

东部培训工程推动了校企合作的开展。2005 年，劳动保障部组织参与东部培训工程的有关技工院校，成立了高技能培训联合委员会（以下简称高联委）。高联委由 40 家设施先进、培训质量高、在省内或周边地区高技能人才培养中起到主导和示范作用的职业培训机构（包括高级技工学校、技师学院和公共实训基地等）自愿组成[①]，秘书处设在中国就业培训技术指导中心。高联委成立后，开展了许多有影响的工作，如编辑出版《推进校企合作工作指导手册》，率先倡议学习研究世界技能大赛标准等。高联委还组织了技工院校职业素养课题研究，推动了 12 个专业国家技能人才培养标准、课程规范的编制，成为活跃在高技能人才培养和技工教育工作战线上的一支重要力量。

---

① 截至 2017 年底，高联委已发展到 53 家成员单位。

第四节　中央关于进一步加强高技能人才工作的意见

一、高技能人才工作体系的确立

2006 年 4 月，中共中央办公厅、国务院办公厅印发《关于进一步加强高技能人才工作的意见》(以下简称《意见》)，这是党中央、国务院首次专门安排部署高技能人才工作，是在“十一五”开局之际，党中央对加强高技能人才工作的一项重大决策，也是指导推动高技能人才工作的系统性、纲领性文件，标志着高技能人才工作体系的确立。

《意见》从经济、社会、政治三个层面阐述了高技能人才工作的重要意义。大力加强高技能人才工作，是增强我国核心竞争力和综合国力，增强自主创新能力，建设创新型国家的重要举措，是在新的历史条件下巩固和发展工人阶级自身先进性，加强执政党的阶级基础的必然要求。对于促进人的全面发展，营造人才辈出、人尽其才的社会氛围，对于全面贯彻落实科学发展观、构建社会主义和谐社会，具有重大而深远的意义。

二、《意见》的主要内容

《意见》提出了一个指导思想、两个目标任务和六项措施。

以邓小平理论和“三个代表”重要思想为指导，全面贯彻落实科学发展观，大力实施人才强国战略，坚持党管人才原则，以职业能力建设为核心，紧紧抓住技能培养、考核评价、岗位使用、竞赛选拔、技术交流、表彰激励、合理流动、社会保障等环节，进一步更新观念，完善政策，创新机制，充分发挥市场机制对高技能人才资源开发和配置的基础作用，健全完善企业培养、选拔、使用、激励高技能人才的工作体系，形成有利于高技能人才成长和发挥作用的制度环境和社会氛围，带动技能劳动者队伍整体素质的提高和发展壮大。

《意见》提出两个目标任务。一是加快培养一大批数量充足、结构合理、素质优良的技术技能型、复合技能型和知识技能型高技能人才，到“十一五”期末，高技能人才占技能劳动者的比例达到 25% 以上。二是建立培养体系完善、评价和使用机制科学、激励和保障措施健全的高技能人才工作新机制，逐步形成与经济社会发展相适应的高、中、初级技能劳动者比例结构基本合理的格局。

《意见》提出六项重要措施。一是完善高技能人才培养体系，动员社会各方面力量开展高技能人才培养工作；以企业行业为主体，开辟高技能人才培养的多种途径；建立高技能人才校企合作培养制度；支持和鼓励职工参加职业技能培训；加强高技能人才培训基地建设。二是以能力和业绩为导向，建立和完善高技能人才考核评价、竞赛选拔和技术交流机制。三是建立高技能人才岗位使用和表彰激励机制，激发高技能人才的创新创造活力。四是完善高技能人才合理流动和社会保障机制，提高高技能人才配置和保障水平。五是加大资金投入，做好高技能人才基础工作。六是加强领导，营造有利于高技能人才成长的良好氛围。

三、高技能人才队伍建设的系统性要求

《意见》坚持科学发展观和科学人才观，从技能培养、考核评价、岗位使用、竞赛选拔、技术交流、表彰激励、合理流动、社会保障八个环节对高技能人才队伍建设提出了系统性要求。这八个环节是在总结国内外高技能人才工

作实践和高技能人才成长规律的基础上提出的，涉及高技能人才队伍建设的各个方面。在每个环节的各项举措中，又充分考虑各方面的因素。例如，在表彰激励方面，从政府、企业、社会三方面提出了具体措施。在资金保障方面，提出建立政府、企业、社会多渠道筹措投入机制，涵盖了各类资金来源渠道。

在培养方面，《意见》明确将校企合作作为高技能人才的培养制度。《意见》提出要健全和完善以企业行业为主体、职业院校为基础、学校教育与企业培养紧密联系、政府推动与社会支持相互结合的高技能人才培养体系，建立现代企业职工培训制度和高技能人才校企合作培养制度。

在考核评价方面，大力加强职业技能鉴定工作，积极推行职业资格证书制度，进一步突破年龄、资历、身份和比例限制，加快建立以职业能力为导向、以工作业绩为重点，注重职业道德和职业知识水平的高技能人才评价体系，开展各种形式的岗位练兵和职业技能竞赛等活动，为发现和选拔高技能人才创造条件。

在使用激励方面，表彰和奖励做出突出贡献的高技能人才。对为国家和社会发展做出杰出贡献的高技能人才给予崇高荣誉并实行重奖；进一步完善国家技能人才评选表彰制度；省、自治区、直辖市人民政府应对做出突出贡献的高技能人才进行奖励，并参照高层次人才有关政策确定相应待遇等。在此政策推动下，各地普遍建立起“首席技师”评选表彰制度和相应的政府津贴制度。

《意见》是指导推动高技能人才培养的一个纲领性文件，在高技能人才建设进程中具有里程碑意义，对解决当时迫切需要解决的问题和构建长效机制都发挥了重要作用。

第五节　宣传表彰高技能人才

一、完善技能人才表彰制度

对高技能人才进行表彰和奖励，是推动技能人才工作的重要举措。我国20世纪90年代就建立了技术工人国家表彰制度。从2002年起，又对高技能人才表彰奖励制度进行了完善，增设了国家培育技能人才突出贡献奖。从2004年起，评选表彰中华技能大奖获得者和全国技术能手的名额都增加了1倍。

2008年3月，中共中央组织部、中共中央宣传部、中共中央统战部、人事部、劳动保障部联合印发《关于高技能人才享受国务院颁发政府特殊津贴的意见》（国人部发〔2008〕24号），将高技能人才纳入国务院政府特殊津贴范围，每次选拔不超过400人。

2006年4月，劳动保障部会同教育部、国防科工委、国资委、全国总工会、共青团中央、全国妇联印发《关于开展学习中国高技能人才楷模先进事迹活动的通知》（劳社部函〔2006〕58号），树立了王为民、李斌、李凯军、许振超、束滨霞、罗东元、高凤林、栗俊平、唐建平、鲁宏勋10名中国高技能人才楷模，并发起学习楷模先进事迹的活动（事迹简介见本章附录）。中国劳动社会保障出版社推出了系列宣传画，在技工院校和企业广泛张贴。劳动保障部与中华全国总工会、共青团中央共同发起在青年职工中的读书征文活动，把学习活动引向深入。2010年，中共中央组织部、人力资源社会保障部等十部门印发《关于开展学习第二批中国高技能人才楷模先进事迹活动的通知》（人社部发〔2010〕81号），树立了王洪军等第二批十大楷模。

二、地方对技能人才表彰制度的创新

2002年6月，山东省劳动保障厅、财政厅、经贸委、总工会联合印发《山东省高级技能人才评选奖励办法》，对有突出贡献的技师（国家一、二级职业资格）和山东省技术能手进行奖励，在全国首先为高技能人才建立政府津贴，有突出贡献的技师每人每月津贴标准为200元。2004年，中共山东省委、山东省人民政府印发《关于加强高技能人才队伍建设的意见》，提出建立首席技师制度。随后，山东省人民政府办公厅印发了《山东省首席技师选拔管理办法》，确定每年表彰100名“山东省首席技师”，每人每月给予政府津贴1 000元，享受“有突出贡献的青年专家”同等待遇，并于2006年表彰了许振超等首批首席技师。2004年10月，浙江省宁波市印发《转发市劳动保障局关于加强高技能人才队伍建设意见的通知》，提出建立以职业技能带头人为主要内容的“首席技工”制度，对在工作中做出突出贡献的优秀技能人才，授予“宁波市有突出贡献技术工人”荣誉称号，对取得技师、高级技师职业资格证书，并被企业用人单位聘用的高技能人才，其住房等福利待遇可分别参照工程师、高级工程师享受同等待遇。2004年11月，江苏省委办公厅、省政府办公厅印发《关于进一步加强高技能人才队伍建设的意见》，从2004年起，每三年评选100名“江苏省突出贡献高级技师、技师”，每两年评选100名“江苏省技术能手”。2004年12月，内蒙古自治区人民政府办公厅印发《转发自治区劳动和社会保障厅关于加强高技能人才队伍建设意见的通知》，推广在关键职业（工种）、关键岗位、关键工序设立“首席技工”的制度。2005年，江西、云南、安徽等省也出台了相应的政策。各地政策制度的出台对于激励广大劳动者钻研技能、岗位成才，提高技能人才的社会地位，带动整个社会价值观的转变，起到了积极作用。

山东省首席技师制度

2004年，中共山东省委、山东省人民政府发文建立首席技师制度。根据《山东省首席技师选拔管理办法》，每年省政府表彰100名工人队伍中具有高超技能水平、良好职业道德、丰富实践经验、贡献比较突出，在全省本行业、领域中影响带动作用大、得到业内广泛认可的高技能人才，命名为“山东省首席技师”，管理期限为4年，每人每月给予政府津贴1 000元，纳入山东省高层次人才库。2006年2月，山东省召开表彰大会，表彰许振超等100名首批“山东省首席技师”。山东省首席技师一般从市级首席技师、省属大企业集团或中央直属企业首席技师中推荐，带动了全省各级建立首席技师制度。

2011年11月，山东省人民政府办公厅印发《山东省首席技师选拔管理办法》，对首席技师制度进行了进一步规范。2015年12月，山东省人民政府办公厅印发《齐鲁首席技师选拔管理办法》，将山东省首席技师更名为“齐鲁首席技师”。

附录

第一批中国高技能人才十大楷模

1. “铁人式好工人”王为民：用生命铺就革新之路

生前为中国石化胜利油田采油高级技师，全国劳动模范，首届中华技能大奖获得者。坚持刻苦钻研专业知识和技术，取得30多项技术革新成果，其中抽油杆防脱器等5项成果获得国家专利。技术革新成果广泛应用于石油行业生产实践，取得增产原油、降低成本的重大效益。1997年9月14日在进行技术革新试验时，不幸因公殉职。

2. “工人专家”李斌：从全能技工到应用专家

上海电气液压气动有限公司加工中心操作高级技师，全国劳动模范，全国五一劳动奖章、中华技能大奖获得者，技工学校毕业生。刻苦钻研数控理论和操作技术，完成技术攻关项目162项，直接参与新产品研发55项，在生产国际先进产品、实施刀具国产化等方面取得重大突破，成为全国机械行业知名的数控技术应用专家。被大学聘为数控机床教授。

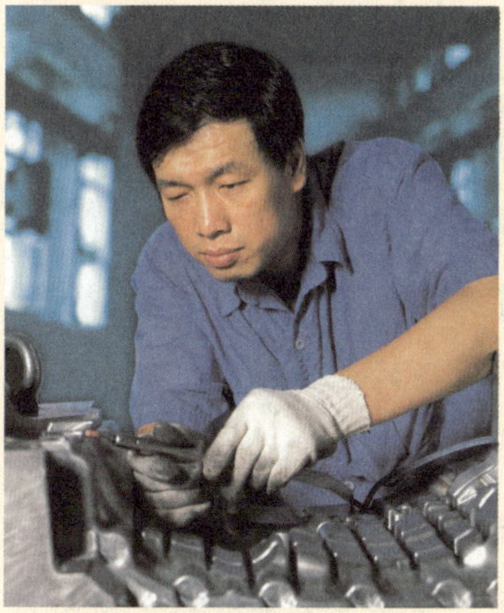

3.“模具新秀”李凯军：用技能铸就辉煌

中国第一汽车集团公司铸造公司模具钳工高级技师，全国五一劳动奖章、中华技能大奖获得者，技工学校毕业生。刻苦钻研模具制造专业知识，练就高超的钳工技术，加工制造了数百种优质模具，尤其是出色完成了重型车变速箱壳体等高难度压铸模具的制造，在我国高、精、尖复杂模具加工方面独具特色。

4.“金牌工人”许振超：勇于创新，追求卓越

青岛港前湾集装箱公司电动装卸机械司机技师、电动装卸机械修理高级技师，全国劳动模范，全国五一劳动奖章、中华技能大奖获得者。在工作岗位上积极钻研专业知识和技术，练就了“一钩准”“无声响操作”等绝活并加以推广，创造了“六连环”工作法和集装箱桥吊高效操作法，带领工友多次打破集装箱装卸世界纪录。

5.“油井女杰”束滨霞：精湛技艺造就管理“神功”

中国石油辽河油田公司采油高级技师，全国五一劳动奖章、中华技能大奖获得者。多年来坚持工作在采油第一线，潜心钻研采油技术，掌握了过硬的业务技能，探索和总结出碰泵“七个一”操作法、油井动态管理法和“三账一卡一图”成本控制法等先进、科学的管井方法，为开创老油井增产新路做出重要贡献。

6.“创新尖兵”罗东元：宝剑锋从磨砺出

广东省韶关钢铁集团有限公司电工高级技师，全国劳动模范，中华技能大奖获得者。在铁路电气设备维修工作中，完成了100多项技术革新项目，获得数项国家专利，其中“铁路道岔全自动转换装置”为国内首创，达到国际领先水平，为我国冶金企业铁路运输电气化做出重要贡献。

7. “焊接巧匠”高凤林：神技天焊

中国航天科技集团公司第一研究院特种熔融焊接高级技师，全国十大能工巧匠，中华技能大奖获得者，技工学校毕业生。在火箭发动机焊接工作岗位上，刻苦钻研，大胆创新，实现技术革新近百项。提出和创造多层快速连续堆焊加机械导热等多项新工艺方法，攻克运载火箭发动机大喷管焊接难关，高标准地完成多种运载火箭重要部件的焊接任务。

8. “采机神医”栗俊平：手握绝技，创造奇迹

山西焦煤集团公司采煤机维修高级技师，全国劳动模范，全国五一劳动奖章、中华技能大奖获得者。在采煤机维修工作中，掌握了各种型号采煤机的工作原理和技术性能，发明“栗俊平采煤机故障排除法”，成功解决采煤机多发和复杂技术问题，为现代化采煤技术的应用和推广做出重要贡献。

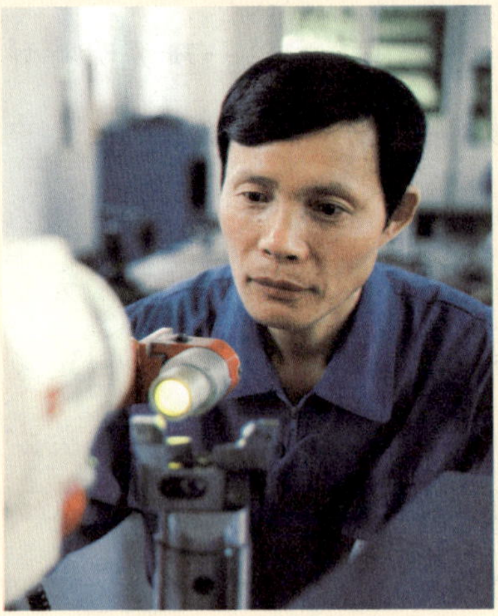

9. “精准操作手”唐建平：精准加工，遨游苍穹

中国航天科技集团公司第八研究院加工中心操作高级技师，全国劳动模范，全国五一劳动奖章、中华技能大奖获得者。在航天产品精密结构件加工岗位上，多年坚持不懈钻研专业理论和操作技术，擅长特殊材料的复杂零部件加工，出色完成“神舟”飞船等航天型号产品的高难度、高精度加工任务。

10. “革新高手”鲁宏勋：学技无止境，革新创新天

中国航空工业第一集团公司空空导弹研究院加工中心操作高级技师，中华技能大奖获得者，技工学校毕业生。在科研生产中，先后实现百种工装夹具和工艺方法革新，编制了数千个数控加工程序，总结出先进、高效、系统的数控加工方法，为我国空空导弹重点型号产品的成功研制做出突出贡献。

第八章
高技能人才队伍的建设发展

2007年10月，中国共产党第十七次全国代表大会召开。大会对科学发展观的时代背景、科学内涵和精神实质进行了深刻阐述，对深入贯彻落实科学发展观提出了明确要求。此后，我国经受住各种困难和风险考验，抵御住了国际金融危机，在全球率先实现经济企稳回升，成功举办北京奥运会、残奥会和上海世博会，夺取抗击汶川特大地震等严重自然灾害和灾后恢复重建重大胜利，经济总量跃升到世界第二位。从2009年开始，中国商品出口额占世界出口总额的比重上升至第一位，成为名副其实的制造业大国和世界工厂。经济的高速发展特别是先进制造业和现代服务业的发展，对技术工人和技能人才的需求进一步扩大。

2010年5月，党中央、国务院召开了第二次全国人才工作会议。会议强调，全党全国要全面落实加快建设人才强国各项战略任务，努力培养造就数以亿计的高素质劳动者、数以千万计的专门人才和一大批拔尖创新人才，进一步开创我国人才事业新局面。同期，《国家中长期人才发展规划纲要（2010—2020年）》发布，提出要统筹抓好党政人才、企业经营管理人才、专业技术人才、高技能人才、农村实用人才以及社会工作人才等人才队伍建设，为实现全面建设小康社会奋斗目标提供坚强的人才保证和广泛的智力支持。这一时期，高技能人才队伍建设的突出特点是统筹规划，完善政策，通过项目实施全面推进各项工作。

2011年，中共中央组织部、人力资源社会保障部印发《高技能人才队伍建设中长期规划（2010—2020年）》（中组发〔2011〕11号），对高技能人才工作进行全面规划部署。各级政府部门落实中央要求，加强领导，加大投入，以国家高技能人才振兴计划为龙头，实施了一系列建设项目，高技能人才队伍建设全面发展。高技能人才队伍规模不断扩大，结构逐步优化，培养体系逐步完善。高技能人才数量占技能劳动者数量的比例，提升到25%左右。技工学校发展环境得到改善，培养规模达到新的水平，培养模式改革逐步深化，培养质量进一步提高。

第一节　高技能人才队伍建设中长期规划

为贯彻落实《国家中长期人才发展规划纲要（2010—2020 年）》，2011 年 4 月，中共中央组织部、人力资源社会保障部印发了《高技能人才队伍建设中长期规划（2010—2020 年）》（以下简称《规划》）。这是我国第一个高技能人才队伍发展规划，是国家人才发展规划体系的重要组成部分，成为我国高技能人才工作的重要纲领性文件。

一、规划背景

截至 2009 年底，高技能人才达到 2 631 万人，比 2004 年底增加 771 万人，高技能人才占技能劳动者总量的比例达 24.7%。高技能人才成长的政策环境明显改善，培养体系逐步完善，评价工作得到加强，竞赛选拔机制逐步健全，在经济社会发展中的作用显著加强，以“首席技师”“首席工人”为代表的高技能人才带头人制度开始建立，高技能人才在技术攻关、工艺创新和带徒传技等方面的重要作用得到发挥，崇尚劳动、尊重技能、重视高技能人才的社会氛围正在逐步形成。

在高技能人才队伍建设过程中也存在一些问题。一是高技能人才培养能力与经济发展对高技能人才需求之间的矛盾突出，高技能人才总量短缺，结构不合理，领军人才匮乏。二是高技能人才培养投入总体不足，培养培训机构能力建设滞后，人才发展的体制机制障碍依然存在。三是对高技能人才的认识仍有偏差，重学历文凭、轻职业技能的观念还未从根本上得到扭转，企业职工和青年学生学习技能的积极性不高，高技能人才仍然面临发展渠道窄、待遇偏低等问题，人才成长发展的社会环境有待进一步改善。

人才资源是经济社会发展的第一资源。走新型工业化道路，加快产业优化升级，全面提升我国企业核心竞争力，迫切需要大力加强高技能人才队伍建设。首先，加快转变经济发展方式和调整优化经济结构，对加强高技能人才素质培养提出新要求。其次，经济社会发展对技能人员的需求日益强劲。再次，缓解就业结构性矛盾对提高劳动者技能水平提出了更高要求。最后，人口和劳动力的规模与结构变化对就业形势产生深刻影响，对高技能人才队伍建设提出新要求。我国经济发展将更多依赖人口素质和劳动者技能的提高。

二、指导思想和发展目标

以健全面向全体劳动者的职业培训制度为基础，以实施国家高技能人才振兴计划为龙头，以提升职业素质和职业技能为核心，以用好用活高技能人才为根本，进一步健全和完善以培养、评价、使用、激励为重点的高技能人才工作体系，营造尊重劳动、崇尚技能、鼓励创造的良好氛围，形成有利于高技能人才成长和发挥作用的制度环境和社会氛围，推动技能劳动者队伍的发展壮大和整体素质的提高。紧紧围绕国家产业发展目标，加快培养造就一支门类齐全、结构合理、技艺精湛、素质优良的高技能人才队伍，并带动中、初级技能劳动者队伍梯次发展，逐步形成与经济社会发展相适应的高、中、初级技能劳动者比例结构基本合理的格局。《规划》提出努力实现三个目标：一是高技能人才数量稳步增长，结构更加合理，素质明显提升；二是高技能人才工作体系得到健全和完善；三是高技能人才开发的政策和法制环境得到根本性改善。

三、基本原则和主要任务

《规划》提出了加强高技能人才工作的基本原则和主要任务。基本原则有四个方面：一是市场调节与政府推动相结合，构建政府与市场功能互补的高技能人才开发机制；二是产业政策与高技能人才开发政策相互协调，建立产业发展带动高技能人才队伍建设，高技能人才队伍建设支持产业发展的良性运行机制；三是高端带动与整体推动有机结合，通过高技能人才工作政策、体制、机制上的突破，畅通整个技能劳动者队伍的发展通道，通过技能劳动者队伍规模的不断扩大和素质的不断提升，为高技能人才的产生奠定良好的基础；四是机制建设与能力建设并重，着力完善高技能人才开发的工作机制和技能成才的激励机制。

《规划》提出了我国高技能人才队伍建设的主要任务。一是健全企业行业为主体、职业院校为基础的高技能人才培养培训体系。组织、引导各类行业和企业大力开展职工培训，积极探索引导职工在实践中学习和成才的有效途径。推动职业院校紧密结合市场需求和企业需要，进一步提高技能人才培养的针对性和适用性。鼓励有条件的地方建设一批公共实训基地，提供公益性、高水平、高技能实训和技能鉴定等服务。二是完善公平公正、运行规范、管理科学的高技能人才评价体系。坚持公开、公平、公正原则，以职业能力和工作业绩为导向，结合生产和服务岗位要求，进一步完善多元评价机制，构建和完善体现科学发展观和技能人才成长规律的人才评价体系。三是构建有效激励、切实保障、合理流动的高技能人才使用机制。引导和鼓励企（事）业单位完善高技能人才培训、考核、使用与待遇相结合的激励机制，完善高技能人才合理流动和社会保障的各项政策。四是营造尊重劳动、崇尚技能、鼓励创造的有利于高技能人才成长的社会氛围。五是建立健全党委政府统一领导，组织部门牵头抓总，人力资源社会保障部门统筹协调，有关部门和行业组织各司其职、密切配合，社会力量广泛参与的工作新格局，形成工作合力，共同推进高技能人才工作。

四、重点政策措施

1. 以实施国家高技能人才振兴计划为龙头，加大高技能人才培训力度。以技师、高级技师培训为重点，大力开展高技能人才培训。围绕十大振兴产业、新兴战略性产业和经济社会发展急需、紧缺行业（领域），依托具备高技能人才培训能力的职业培训机构和城市公共实训基地，建设高技能人才培训基地。到 2020 年底，全国建成 1 200 个示范性高技能人才培训基地，基本形成覆盖重点产业和中心城市的高技能人才培养网络。同时，制定完善支持高技能人才成长的政策措施，制定贯通高技能人才与工程技术人才职业发展通道的办法，鼓励企业与职业院校毕业生协商确定初次就业工资水平时，对取得高级工以上职业资格证书的参照大专毕业生待遇确定。

国家级高技能人才培训基地

2. 以实施青年技能培训工程和企业职工技能提升培训工程为重点，建立健全面向全体劳动者的职业培训制度。进一步加强各类就业技能培训、岗位技能提升培训和创业培训，建立健全覆盖城乡全体劳动者，并能适应其职业生涯不同阶段需要的职业培训制度，力争使新进入人力资源市场的劳动者都有机会接受相应的职业培训，使企业技能岗位的职工得到至少一次技能提升培训，使每个有培训愿望的创业者参加一次创业培训。

开封技师学院举办退役士兵培训班

温州技师学院创新创业教育学院揭牌仪式

3. 以制度创新为重点，健全高技能人才评价选拔制度。进一步突破年龄、资历、身份和比例限制，积极探索和完善符合高技能人才成长规律的多元评价机制，逐步完善社会化职业技能鉴定、企业高技能人才评价、院校职业资格认证和专项职业能力考核办法。进一步发挥职业技能竞赛在发现和选拔优秀高技能人才中的作用，引导和带动广大企业职工和院校学生积极参加岗位练兵和技能竞赛活动，为更多优秀高技能人才脱颖而出搭建平台。同时，按照世界技能组织的要求，积极组织我国优秀选手参加国际技能大赛，推动我国优秀技能人才走向世界。

4. 以建设技能大师工作室为重点，充分发挥高技能人才作用。鼓励企业以岗位为基础，建立高技能人才多层次发展通道并给予相应待遇，引导高技能人才立足本职，钻研技能，提高技能水平，实现职业发展。鼓励各级政府、行业、企业选拔生产、服务一线的优秀高技能人才，依托其所在单位建设一批技能大师工作室。到2020年底，国家重点支持1 000个左右技能大师工作室建设，基本形成覆盖重点行业、特色行业的技能传承与推广网络。

5. 以完善流动配置机制为重点，促进高技能人才合理流动。畅通高技能人才流动渠道，完善政府人才公共服务体系，建立健全高技能人才的人事代理、社会保险代理、劳动争议调解仲裁、人事档案管理、就业服务等公共服务平台。

6. 以完善制度和落实政策为重点，健全高技能人才激励表彰机制。进一步完善以政府奖励为导向，以企业奖励为主体，辅以必要的社会奖励的高技能人才奖励体系，不断提升高技能人才经济待遇和社会地位。对为国家和社会发展做出杰出贡献的高技能人才给予崇高荣誉并实行重奖。同时，重视提高高技能人才的政治待遇。

7. 以强化技术支持为重点，夯实高技能人才工作基础。加快推进职业技能培训有关立法，完善培训鉴定配套规章制度，将高技能人才工作纳入法制轨道。制定出台《职业技能培训和鉴定条例》《职业资格设置管理条例》等法规，修订《职业技能鉴定规定》，制定出台《技工院校管理办法》等规章。修订《中华人民共和国职业分类大典》，健全科学的职业分类体系，建立各类人才能力素质标准。同时，加强职业技能鉴定管理人员、考评人员、质量督导人员和专家队伍建设与管理。

8. 切实加大投入，为高技能人才队伍建设提供经费保障。健全政府、用人单位、社会和个人多渠道的高技能人才投入机制。各级政府进一步加大高技能人才工作经费投入，确保高技能人才发展重大项目实施，并对高技能人才师资培训、评选、表彰和教材开发等工作给予必要的经费支持。

《规划》要求，要加强对规划实施的组织领导，各级党委、政府要将贯彻实施《规划》作为落实《国家中长期人才发展规划纲要（2010—2020年）》的重要内容进行部署和推动，在中央人才工作协调小组领导下，人力资源社会保障部负责《规划》的组织实施。建立目标责任制度，将高技能人才培养目标任务完成情况作为对单位绩效评估、干部政绩（业绩）考核、相关经费划拨的重要依据，并建立相关的监测指标体系和报告制度。

随后，人力资源社会保障部会同有关部门陆续印发了《国家高技能人才振兴计划实施方案》以及国家级高技能人才培训基地建设项目、国家级技能大师工作室实施管理办法，全面推动《规划》的落实。

第二节　国家高技能人才振兴计划和职业培训政策实施

《国家中长期人才发展规划纲要（2010—2020年）》实施的12项重大人才工程中，包含了国家高技能人才振兴计划。《高技能人才队伍建设中长期规划（2010—2020年）》提出到2020年，培养技师350万人，高级技师100万人，在全国建成一批技能大师工作室，以及1 200个示范性高技能人才培训基地。

2011年9月29日，人力资源社会保障部、财政部印发《国家高技能人才振兴计划实施方案》（人社部发〔2011〕109号）。国家高技能人才振兴计划以技师、高级技师培训为重点，以提升职业素质和职业技能为核心，旨在培养和造就一批具有精湛技艺、高超技能和较强创新能力的高技能领军人才，引领、带动高技能人才队伍建设和发展，重点实施技师培训、高技能人才培训基地建设和技能大师工作室建设三个项目。

一、技师培训项目

适应加快转变经济发展方式、促进产业结构优化升级、发展现代产业体系的需要，充分发挥行业、企业和职业院校作用，加快培养一批具有精湛技艺和掌握新知识、新工艺的技师和高级技师。从2011年到2020年，全国新培养350万名技师、100万名高级技师，使技师和高级技师总量达到1 000万人。其中，国家重点支持50万名（每年5万名）经济社会发展急需、紧缺行业（领域）高级技师培训，具体培训补贴标准由地方政府确定。补贴资金由政府和企业（单位）共同负担，政府负担的补贴资金从就业专项资金中列支。中央财政通过就业专项转移支付资金，对地方给予适当补助（中央财政补助技师6 000元/人，高级技师8 000元/人），占50%左右。2011—2017年，取得技师、高级技师职业资格人数共340.13万人。

2011—2017年取得技师、高级技师职业资格情况　单位：万人

年份	2011	2012	2013	2014	2015	2016	2017
参加职业技能鉴定人数	1 746	1 830.55	1 838.57	1 854	1 894	1 755	1 473
其中：获得职业资格证书人数	1 482	1 548.78	1 536.67	1 554.28	1 539	1 446	1 199
其中：取得技师、高级技师职业资格人数	35.8	46.71	49.98	62.33	55.31	47	43

二、高技能人才培训基地建设项目

结合区域经济发展、产业振兴发展规划和新兴战略性产业发展的需要，主要围绕十大振兴产业、新兴战略性产业和经济社会发展急需、紧缺行业（领域），依托具备高技能人才培训能力的职业培训机构和城市公共职业技能实训基地，建设高技能人才培训基地，重点开展高技能人才研修提升培训、高技能人才评价、职业技能竞赛、高技能人才课程研发、高技能人才成果交流等活动。从 2011 年到 2020 年，建设 1 200 个高技能人才培训基地，基本形成覆盖重点产业和中心城市的高技能人才培养网络。中央财政对每个基地给予 500 万元的一次性补贴，主要用于购置实训设备、完善培训基础设施、聘用指导教师、加强师资培训、开发课程、开展与教学有关的科研活动等。

三、技能大师工作室建设项目

发挥高技能领军人才在带徒传技、技能攻关、技艺传承、技能推广等方面的重要作用，鼓励各级政府、行业、企业选拔生产、服务一线的优秀高技能人才，依托其所在单位建设一批技能大师工作室，开展培训、研修、攻关、交流等活动。其中，到 2020 年底，国家重点支持 1 000 个左右技能大师工作室建设，基本形成覆盖重点行业、特色行业的技能传承与推广网络。中央财政对每个工作室给予 10 万元一次性补贴，主要用于培训用品购置、技能交流推广等费用。

河南省全民技能振兴工程

河南省政府于 2009 年与人力资源社会保障部签署合作备忘录，共同推进河南全民技能振兴工程，大规模开展各类职业技能培训。河南省人民政府将全民技能振兴工程作为一项战略工程、民生工程强力推进，持续打造河南人力资源新优势，为招商引资、产业转型、河南发展提供人力资源保障。河南全民技能振兴工程已成长为全国职业培训领域叫得响的“金字招牌”。人力资源社会保障部先后与湖北、云南、安徽等省签订合作备忘录，开展省级层面的全民技能振兴工程，在全国起到了示范作用。

为进一步发挥以点带面的示范效应，人力资源社会保障部于 2013 年启动实施了百城技能振兴专项活动，选出 100 个工作基础好、推动力度大的城市，指导其开展技能振兴专项活动，确定了实现“三个率先”的工作目标，即率先健全面向全体劳动者的职业培训制度，率先建立培养体系完善、考核评价科学、激励保障健全的工作机制，率先建设高水平的职业培训和技能人才队伍建设综合示范区。各城市创新技能人才培养体系、整合培训资源、提升培训能力、推进公共实训服务，全面推动职业技能建设工作，为产业升级提供了人才支撑。

2008 年，《国务院关于做好促进就业工作的通知》（国发〔2008〕5 号）提出，建立健全面向全体劳动者的职业技能培训制度。2010 年，《国务院关于加强职业培训促进就业的意见》（国发〔2010〕36 号）提出，“使企业技能岗位的职工得到至少一次技能提升培训”“使高技能人才培训满足产业结构优化升级和企业发展需求”，并将职业培训补贴范围由就业前扩大到符合条件的企业新录用的劳动者，各项培训从就业专项资金予以支持。财政部、人力资源社会保障部印发的《关于进一步加强就业专项资金管理有关问题的通知》（财社〔2011〕64 号），明确了职业培训补贴范围、操作办法和程序要求。职业培训补贴政策的落实，对于提高城乡劳动者就业技能以及提升产业技术工人素质，起到了重要作用。

第三节　企业职工培训及高技能人才培养的措施

企业技能人才是我国人才队伍的重要组成部分，是推动经济社会发展的重要力量。加强企业技能人才队伍建设，也是深入实施人才强国战略和科教兴国战略、建设人力资源强国的重要内容。

一、企业技能人才队伍建设和职工培训的发展

2002年,《国务院关于大力推进职业教育改革与发展的决定》对企业职工培训提出要求，职工教育培训经费的提取比例一般企业按照职工工资总额的1.5%足额提取，从业人员技术素质要求高、培训任务重、经济效益好的企业可按2.5%提取，列入成本开支。教育部、国家经贸委、劳动保障部联合印发《关于进一步发挥行业、企业在职业教育和培训中作用的意见》(教职成〔2002〕15号)，要求高度重视技术工人特别是高级技工的培训。为贯彻落实全国人才工作会议精神，劳动保障部、国资委联合印发《关于开展高技能人才队伍建设试点工作的通知》(劳社部函〔2004〕123号)，选择34家中央企业进行高技能人才队伍建设试点单位，以点带面，推动企业高技能人才队伍建设。

2006年，中共中央办公厅、国务院办公厅印发《关于进一步加强高技能人才工作的意见》，要求充分发挥企业培养高技能人才的主体作用，制定培养规划，完善职工培训制度。国有和国有控股企业要将高技能人才培养情况作为企业经营管理者的业绩考核内容之一。企业要按规定提取职工教育经费，对未开展培训的企业，县级以上人民政府可以实行统筹。《高技能人才队伍建设中长期规划(2010—2020年)》也要求健全企业行业为主体、职业院校为基础的高技能人才培养体系，实施企业职工技能提升培训工程，引导支持各类企业特别是大型企业，建立现代企业培训制度。

2006年6月，财政部、全国总工会、劳动保障部等11部门印发《关于企业职工教育经费提取与使用管理的意见》(财建〔2006〕317号)，明确了企业职工教育培训的内容和要求，教育培训经费的使用、管理、监督等内容，提出“要保证经费专项用于职工特别是一线职工的教育和培训”“60%以上应用于企业一线职工的教育和培训”“重点投向技能型人才特别是高技能人才的

培养以及在岗人员的技术培训和继续学习”。

2009年11月，中国职工教育和职业培训协会召开全国职工教育职业培训先进个人先进单位表彰大会，表彰了203家全国企业职工教育培训先进单位以及196位全国职工教育培训先进个人。会议认为，我国企业职工培训工作已逐步构建起以高技能人才培训为龙头、以现代企业培训制度建设为主线的工作新格局。

2010年，《国务院关于加强职业培训促进就业的意见》（国发〔2010〕36号文），鼓励企业广泛开展技能提升和高技能人才培训。“要结合技术进步和产业升级对职工技能水平的要求，通过在岗培训、脱产培训、业务研修、技能竞赛等多种形式，加快提升企业在岗职工的技能水平”，并制定了相应的经费补贴政策，将职业培训补贴范围扩大到“企业新录用”的劳动者。

二、关于加强企业技能人才队伍建设的意见

2012年6月，国务院办公厅转发人力资源社会保障部、财政部、国资委《关于加强企业技能人才队伍建设的意见》（国办发〔2012〕34号）。文件明确了完善职业培训补贴直补企业的政策措施，对符合条件的，按规定给予企业相应的培训费补贴。探索实行企业在职职工就读职业院校的弹性学制、学分制政策，对于完成规定培训课程和学时的，经考核合格，可以获得职业院校毕业证书。职工在岗位练兵活动中的表现，可作为晋升职业资格和参评全国技术能手等相关荣誉称号的重要依据。对参加技师、高级技师培训并获得相应技能人员职业资格证书的企业在岗职工，按规定给予一定的培训费补贴，补贴资金由地方政府和企业共同负担，政府负担的补贴资金从就业专项资金中列支，中央财政通过就业专项转移支付资金对地方给予适当补助。

文件还提出，要健全企业技能人才激励机制，对企业开展的符合职业技能竞赛组织实施要求的技能竞赛活动，可纳入政府组织的职业技能竞赛计划。

对在职业技能竞赛中取得优异成绩的选手，按照规定给予奖励，对符合条件的竞赛获奖者晋升职业资格。企业对聘用的高技能人才可实行协议工资、项目工资、年薪制等收入分配方式，引导工资分配向技能人才倾斜。企业在与职业院校毕业生协商确定初次就业待遇水平时，对取得高级工以上技能人员职业资格证书的可按不低于大专毕业生待遇水平确定。各大中城市可根据当地紧缺急需技能人才情况，研究制定高技能人才落户政策。对企业杰出技能人才给予崇高荣誉并实行重奖。

文件首次提出探索建立企业新型学徒制度，要求选择有条件的企业开展新型学徒试点，采取“企校双制、工学一体”的模式，通过企校合作培养与企业以师带徒相结合的方式，对拟录用或新录用的员工开展学徒培训。企业应与职业院校或职业培训机构签订合作协议。企业应选派优秀的技能人才担任师傅，与学徒签订培训协议。企业可根据实际情况确定学徒期限，学徒期应不少于 1 年。对符合企业岗前培补贴条件的，按规定享受企业岗前培训费补贴政策。2014 年后，企业新型学徒制逐步成为企校合作技能提升的重要形式。

首钢总公司企业新型学徒制试点工作推进会

企业新型学徒制

2012年，《关于加强企业技能人才队伍建设的意见》首次提出探索建立企业新型学徒制度。2015年7月，人力资源社会保障部办公厅、财政部办公厅印发《关于开展企业新型学徒制试点工作的通知》（人社厅发〔2015〕127号），在北京市等12个省（区、市）开展企业新型学徒制试点工作，每个省（区、市）参照《企业新型学徒制试点工作方案》选择3～5家大中型企业作为试点单位，每家企业选拔100人左右参加学徒制培训。试点单位的基本条件为：企业重视技能人才队伍建设；建立较完善的企业职工培训制度；建立待遇与技能挂钩的激励机制；技能劳动者占企业职工比例达60%以上。

在培养对象和培养模式上，以与企业签订6个月以上劳动合同的技能岗位新招用人员和新转岗人员为培养对象。企业可结合生产实际自主确定培养对象，按照政府引导、企业为主、院校参与的原则，采取“企校双制、工学一体”的培养模式，即由企业与技工院校、职业培训机构、企业培训中心等教育培训机构（以下简称培训机构）采取企校双师带徒、工学交替培养、脱产或半脱产培训等模式共同培养新型学徒。学徒培养的主要职责由企业承担。企业应与学徒签订培养协议，明确培养目标、培训内容与期限、考核办法等内容。企业委托培训机构承担学徒的具体培训任务，应签订合作协议，明确培训的方式、内容、期限、费用、双方责任等具体内容，保证学徒在企业工作的同时，能够到培训机构参加系统的专业知识学习和技能训练。承担企业学徒培养任务的院校，与企业签订合作协议后，对企业学徒进行非全日制学制教育学籍注册，加强在校学习管理。学徒的培养由企业结合岗位需求确定，培养目标以中、高级技术工人为主，培养期限为1～2年。培养内容主要包括专业知识、操作技能、安全生产规范、职业素养等。在企业培养主要是通过企业导师带徒方式，在培训机构培养主要是采取工学一体化教学方式。学徒培训期满，经鉴定考核合格，可按规定取得相应职业资格证书或培训合格证书。

企业新型学徒制项目开班仪式

学徒在学习培训期间，按照劳动合同约定，由企业根据学徒实际工作贡献支付不低于当地最低工资标准的学徒基本工资。企业按照合作协议约定，向培训机构支付学徒培训费用，从企业职工教育经费中列支，符合有关政策规定的，由政府提供职业培训和职业技能鉴定补贴。承担带徒任务的企业导师享受导师带徒津贴，津贴标准由企业确定，津贴由企业承担。企业对学徒开展在岗培训、业务研修等企业内部发生费用，符合有关政策规定的，可从企业职工教育经费中列支。对开展学徒制培训的企业按规定给予职业培训补贴，补贴资金从就业专项资金列支。补贴数额一般可按企业支付给培训机构培训费用的60%确定，每人每年的补贴标准原则上应控制在4 000 ~ 6 000元的合理区间，补贴期限不超过2年。培训后未能取得中级以上职业资格证书的，按补贴标准的50%给予补贴；培训合格并通过职业技能鉴定取得中级以上职业资格证书（未颁布国家职业技能标准的职业应取得培训合格证书）的，按补贴标准的100%给予补贴。

企业新型学徒制拜师仪式

2016年7月，人力资源社会保障部办公厅、财政部办公厅印发《关于开展第二批企业新型学徒制试点工作的通知》（人社厅发〔2016〕112号），在第一批试点工作基础上，将河北省等10个省（区、市）纳入第二批试点范围。截至2018年10月，试点企业共158家，培养新型学徒制企业职工近2万人。

三、企业技能人才评价方面的改革探索

企业技能人才评价改革是企业技能人才队伍建设的关键环节。20世纪90年代中期，推行国家职业资格证书制度和社会化技能鉴定工作之后，原有的企业工人考核体系转化为职业技能鉴定体系，评价方式制约了企业技能人才队伍

建设工作的开展。中共中央办公厅、国务院办公厅《关于进一步加强高技能人才工作的意见》提出要探索高技能人才多元评价机制，依托具备条件的大企业开展改革试点。

随后，《关于进一步加强高技能人才评价工作的通知》（劳社部发〔2006〕22 号）明确了改革思路：“要依据国家职业标准，确定符合企业生产实际的能力考核和业绩评定内容，结合生产服务过程对企业高技能人才进行评价。”《推进企业技能人才评价工作指导意见》（人社厅发〔2008〕39 号），明确了指导思想、工作要求、评价方式和内容、组织实施、质量督导等，确定评价要以职业能力考核和工作业绩评定为重点，同时注重职业道德评价和理论知识考核。技能考核可以结合岗位实际对国家题库内容进行调整，国家题库中没有的工种，可以结合岗位实际组织开发。

2006 年和 2008 年，人力资源社会保障部先后组织 60 家试点国有企业进行企业技能人才评价方式改革，对企业技能人才培养起到了重要的带动作用。

企业开展技能人才评价方式改革

第四节　进一步完善职业技能鉴定工作

随着高技能人才队伍建设和职业教育改革的不断深化，技能评价制度的改革也在不断探索前行。《中共中央　国务院关于进一步加强人才工作的决定》提出："完善技能人才职业资格证书制度，推进技师考评制度改革，实行培训、考核、使用和待遇相结合。"2006 年中央文件提出："以能力和业绩为导向，建立和完善高技能考核评价、竞赛选拔和技术交流机制。"2010 年，中共中央、国务院印发《国家中长期人才发展规划纲要（2010—2020 年）》，提出在职业教育中推行学历证书和职业资格证书"双证书制度""促进技能人才评价多元化"。2011 年，中共中央组织部、人力资源社会保障部印发的《高技能人才队伍建设中长期规划（2010—2020 年）》提出："积极探索和完善符合高技能人才成长规律的多元评价机制。"与此同时，国家职业教育改革的重要决定，也对技能评价提出要求。《国务院关于大力推进职业教育改革与发展的决定》（国发〔2002〕16 号）和《国务院关于大力发展职业教育的决定》（国发〔2005〕35 号）强调在职业院校推行"双证书"制度。各方面积极推进，职业资格证书制度和多元评价改革探索都取得了一定成效。

一、在职业院校中开展职业技能鉴定

按照职业教育改革的要求，职业技能鉴定将职业院校作为扩大覆盖面的重点。2001 年，劳动保障部办公厅印发《关于进一步做好职业学校毕业生职业技能鉴定工作的通知》（劳社厅发〔2001〕6 号），要求各级劳动保障部门积极推进，并针对职业院校的特点合理确定考核项目和内容，采取灵活的鉴定方式，把职业技能鉴定与课程考试相结合。

随后，进一步明确专业教学内容与国家职业标准相符合的，考试合格可视为鉴定理论合格；国家级重点学校的主体专业，毕业生取得学历证书可视为鉴定合格，发给相应的中级职业资格证书；选择具备条件的学校建立职业技能鉴定所（站）等。全国人才工作会议之后，劳动保障部及时印发《关于健全技能人才评价体系推进职业技能鉴定工作和职业资格证书制度建设的意见》（劳社部发〔2004〕15号），提出“积极推进院校职业资格认证工作”“对参加资格认证的院校应按照国家职业标准的要求，调整教学计划和教学内容，强化职业技能训练，采取单元式教学、模块化考核、学分制管理的办法，突出对学生的职业能力评价，使职业院校毕业生在取得学历证书的同时，取得相应的职业资格证书”。

2004年，劳动保障部在百所院校进行职业资格证书国家级试点工作。试点的主要内容是建立职业技能鉴定所（站），专业与鉴定结合，进行部分新职业及计算机应用等统一鉴定。2006年，劳动保障部推行国家职业资格导航计划，要求2010年将鉴定所（站）覆盖到省级以上职业学校。这些措施大大推进了职业院校职业资格证书工作，使院校成为实施职业资格证书的主要领域之一，带动了证书扩面工作。2005年全国参加职业技能鉴定总人数首次突破1 000万人次。2006—2012年，参加职业技能鉴定人数从1 182万人增加到1 830.55万人。

2005—2012年职业技能鉴定情况

年份	2005	2006	2007	2008	2009	2010	2011	2012
职业技能鉴定组织实施机构（个）	7 567	7 957	7 794	9 933	9 538	9 803	10 677	10 963
职业技能鉴定考评人员（万人）	16.4	16	15.8	20	23.2	21	19	21.34

续表

年份	2005	2006	2007	2008	2009	2010	2011	2012
参加职业技能鉴定人数（万人）	1 000	1 182	1 223	1 337	1 492	1 658	1 746	1 830.55
其中：获得职业资格证书人数（万人）	831	925	996	1 132	1 232	1 393	1 482	1 548.78
其中：获得技师、高级技师职业资格人数（万人）	22.8	29.6	32.1	38.1	41.8	38.8	35.8	46.71

二、探索高技能人才多元评价机制

在依照国家职业标准开展技能鉴定的同时，各地在多元评价方面也进行了一些探索。2002 年，上海等地实施 1+X 评价模式，在国家职业标准基础上增加了新的技能要求，开发地方标准以体现地方特色，通过动态管理适应技术进步。

2006 年，《关于进一步加强高技能人才工作的意见》提出要建立以职业能力为导向、以工作业绩为重点、注重职业道德和职业知识水平的高技能人才评价体系。2006 年 5 月，劳动保障部召开高技能人才评价视频会议，提出高技能人才评价工作从五个方面着手。一是实现四个突破。突破年龄、资历、身份和比例限制，使各类群体中的高技能人才都能得到科学、规范、及时的评价。二是规范社会鉴定。三是要结合企业生产实际，注重业绩考评。四是技工学校要深化教学改革，强化校企合作。五是通过高端带动，提升整体水平。2008 年 6 月，人力资源社会保障部办公厅印发《推进企业技能人才评价工作指导意见》（人社厅发〔2008〕39 号），提出要指导企业依据国家职业标准，结合企业生产（经营）实际，采用贴近生产需要、贴近岗位要求、贴近职工素质提高的考核方式，对职工技能水平进行客观、科学、公正的评价。

企业开展职业技能鉴定活动

三、加强职业技能鉴定基础工作

劳动保障部办公厅先后印发《关于加强职业技能鉴定质量管理有关工作的通知》（劳社厅函〔2003〕18 号）和《关于进一步加强职业技能鉴定质量管理有关工作的通知》（劳社厅函〔2005〕175 号），并制定了《职业技能鉴定机构质量管理体系标准》（劳社厅函〔2005〕132 号）等规范性文件，强化基础工作，提高证书质量，在以下几个方面取得成效：一是制定并公布了一批国家职业标准和国家职业标准编制规程；二是加强了国家题库建设并实行网络运行管理，2008 年、2010 年、2012 年先后启用了新版国家题库；三是进一步完善了质量管理体系，明确了统一鉴定所条件、统一考评人员资格、统一命题管理、统一考务管理和统一证书管理“五统一”的要求，并于 2009 年建立了全国联网的证书查询系统。

2011 年 5 月，全国职业技能鉴定工作座谈会在上海召开。会议指出，职业技能鉴定工作的加强，对于推进技能人才队伍建设、促进就业发挥了积极作用。但从发展的眼光看，职业技能鉴定工作仍不能很好地适应促进就业以及推进经济转型升级对加快培养技能人才队伍的要求，其自身还存在不少亟待解决的问题，比如鉴定工作中的“假、乱、低”问题，考试太乱、证书太滥现象，鉴定题库跟不上职业技能技术以及鉴定工作要求，企业自主评价试点进度不够理想，等等，要求进一步加大推动力度，促进职业技能鉴定工作科学发展。2012 年 4 月，人力资源社会保障部办公厅印发《关于做好“十二五”期间职业技能鉴定工作的意见》（人社厅函〔2012〕181 号），明确了“十二五”期间职业技能鉴定工作的指导思想和目标任务。

第五节　广泛开展职业技能竞赛

职业技能竞赛是推动技能人才培养，展示工匠精神，宣传技能人才榜样，交流先进生产技术最直接、最有效的途径，也是技能人才评价的一种重要方式。技能竞赛选拔出的优秀人才，具有很高的社会认可度，通过职业技能竞赛可以将技能人才的培养、选拔、评价、使用、激励等环节有机结合，激发技能劳动者及青年学子学习业务、钻研技术、岗位成才的自觉性和积极性。

2000 年 2 月，劳动保障部印发《关于加强职业技能竞赛管理工作的通知》（劳社部发〔2000〕6 号），进一步明确对竞赛活动的分级分类管理。职业技能竞赛分为国家级、省级和地市级三级。其中，国家级分为两类：跨行业（系统）、跨地区的为一类竞赛，由劳动保障部牵头组织；单一行业（系统）的为二类竞赛，由国务院有关行业部门或行业（系统）牵头举办。国家级一类竞赛各工种获得前 5 名的选手、国家级二类竞赛各工种获得前 3 名的选手，以及在国际竞赛活动中进入前 8 名的选手，由劳动保障部授予“全国技术能手”称号，颁发证书和奖章。国家级竞赛获得优秀名次的选手，经劳动保障部职业技能鉴定机构按有关资格条件审定后，可颁发技师或高级技师资格证书。2003 年 5 月 28 日，劳动保障部全国职业技能竞赛组织委员会办公室发出《关于印发〈国家职业技能竞赛技术规程（试行）〉的通知》（劳赛组办发〔2003〕1 号），对国家职业技能竞赛的组织机构、组织管理、备案立项、组织实施、活动程序、宣传和信息交流等进行了规范。

一、全国计算机应用大赛

2001 年，由劳动保障部主办、信息产业部协办的全国首届计算机应用大赛，是我国加强和规范职业技能竞赛管理工作之后的第一个全国性职业技能大赛，从此也拉开了全国“以赛促练、以赛促培、以赛促教、以赛促学”以及推动“技能大比武、岗位大练兵”的序幕。此次大赛历时 8 个多月，全国近 4 万人、1 万多家单位参赛，大赛主网站累计受访超过 50 万人次。为配合全国再就业援助行动，大赛设立了“再就业竞赛专区”，2 000 多名下岗、失业人员接受了计算机应用知识的相关培训，为他们重新走上工作岗位创造了有利条件。获得大赛前 5 名的选手被授予“全国技术能手”荣誉称号，部分优秀选手还获得了全国计算机高新技术考试证书。

二、全国职工职业技能大赛

由全国总工会、科学技术部、劳动保障部联合主办的全国职工职业技能大赛是国家一类技能比赛当中规模最大的比赛。全国总工会授予各工种决赛前 3 名选手“全国五一劳动奖章”，人力资源社会保障部授予前 5 名选手“全国技术能手”称号，并直接晋升技师职业资格，已具有技师职业资格的，可晋升高级技师职业资格。第 6 ~ 20 名的选手，可直接晋升高级工职业资格，已具有高级工职业资格的，可晋升技师职业资格。

全国职工职业技能大赛从 2003 年起，每三年举办一届。2003 年和 2006

年的比赛项目是车工、钳工、铣工、焊工等通用性较强的传统工种。2009 年，比赛项目扩展到焊工、钳工、维修电工、速录师、数控车工、数控铁工、加工中心操作工、数控机床装调维修工 8 个工种。2012 年，开设了 7 个工种的比赛。2003 年大赛有 100 多万名职工参加，2006 年、2009 年分别增加到 900 多万名、1 300 多万名。2012 年，全国 31 个省（区、市）和新疆生产建设兵团共派出 190 支参赛队、946 名代表参加了长春、沈阳、天津、南通、成都 5 个赛区的比赛，全国共有 4 000 万名职工参加了各个层次的比赛。

三、全国数控技能大赛

2004 年，第一届全国数控技能大赛由劳动保障部、教育部、科技部、国防科工委、中华全国总工会、中国机械工业联合会主办。经过全国 30 个分赛区的选拔，422 名选手入围全国总决赛。对于职工组各工种前 5 名的选手，劳动保障部授予“全国技术能手”荣誉称号，并晋升技师或高级技师职业资格；对于获得各工种第 1 名的选手，向中华全国总工会申报“全国五一劳动奖章”；对于获得各工种第 6 ~ 30 名的选手，晋升一级职业资格。对于学生组各工种前 20 名的选手，由劳动保障部授予技师（二级）职业资格；对于各工种第 21 ~ 60 名的选手，晋升一级职业资格。

全国数控技能大赛每两年举办一届。通过重视竞赛产生的优秀数控技能人才，激励我国数控领域从业人员及后备力量，对推动先进制造业的发展起到了积极的作用，也进一步营造尊重劳动、尊重知识、尊重人才、尊重创造的良好社会氛围，进一步推动了技能人才队伍建设。

四、全国技工院校技能大赛

2004 年 5 月启动的全国技工学校技能竞赛是“2004 中国职业技能竞赛”系列活动三项主要赛事之一，是我国首次组织的全国性技工学校技能竞赛活动，是被劳动保障部列为一类竞赛的重要赛事。首届比赛决赛在天津举行，441 名选手参加了 4 个工种、8 个组别的总决赛。教师组前 5 名选手获得“全国技术能手”称号，其他获奖选手破格晋升职业资格。

第二届和第三届全国技工院校技能大赛分别于 2007 年、2010 年在广州、成都举办。第二届全国技工院校技能大赛全国 30 个省级赛区，1 000 多所技工院校，20 多万学生参加了大赛活动。大赛首次设立“雏鹰奖”，奖励各组别前 10 名选手。决赛期间，中央电视台、新华社等新闻媒体进行了采访报道，大赛组委会还与中央电视台联合拍摄了《技能中国——汽车维修电视超人》特别节目。545 名选手进入了决赛，45 名学子喜获殊荣，其中广州工贸技师学院的李骞、江苏省盐城技师学院的王泽民两位同学还代表中国参加了 2011 年第 41 届世界技能大赛。

2012 年，人力资源社会保障部举办了第四届全国技工院校技能大赛暨第 42 届世界技能大赛选拔赛。来自 31 个省级赛区代表队的 232 名选手参加了全国决赛，经过激烈角逐，有 40 名选手获得了“雏鹰奖”，20 人取得技师或高级工职业资格，40 名选手晋升了职业资格，全国有近十万名师生直接参与了竞赛活动。围绕“对接世界技能大赛，提升国内竞赛质量”，江苏、天津等5个赛区开展了第42届世界技能大赛11个参赛项目的选拔工作，为国际、国内技能竞赛工作合理衔接摸索出一套相互促进、协调发展的工作方法。

除此之外，全国每年还开展其他类别的一类职业技能大赛和各行各业的二类职业技能竞赛。截至2012年底，在一类职业技能竞赛中，全国青年职业技能大赛举办了八届，全国残疾人职业技能竞赛举办了四届，全国铁道行业职业技能竞赛和全国印刷行业职业技能大赛举办了三届。在二类职业技能竞赛中，全国焙烤职业技能竞赛、中国铁路通信信号集团职业技能竞赛已举办了十三届，全国工程建设系统职业技能竞赛、全国烟草行业职业技能竞赛举办了十届，全国电力行业职业技能竞赛举办了八届，全国洗染业职业技能竞赛举办了七届，中国南车职业技能竞赛、中国航天科技集团公司职业技能竞赛、全国钢铁行业职业技能竞赛、全国气象行业职业技能竞赛、全国有色金属行业职业技能竞赛举办了六届，中国北车职业技能竞赛、全国石油和化工行业职业技能竞赛、中国兵器工业集团职业技能竞赛、中国兵器装备集团公司职业技能竞赛举办了五届。

2010年10月，我国加入了世界技能组织，并开始组织参加世界技能大赛。2011年在英国伦敦举办的第41届世界技能大赛上，我国派出6名选手参加了6个项目的比赛，获得1枚银牌和5个优胜奖。

第六节　农民工技能提升培训

农民工是我国改革开放和工业化、城镇化进程中涌现的一支新型劳动者大军，也是产业工人和技能人才队伍中的新生力量。他们的户籍仍在农村，主要从事非农产业，有的在农闲季节外出务工，亦工亦农，流动性强，有的长期在城市就业，已成为产业工人的重要组成部分，对我国现代化建设做出了重大贡献。2003 年，国务院办公厅印发《关于做好农民进城务工就业管理和服务工作的意见》（国办发〔2003〕1 号），取消了对农民工进城的各种限制，标志着农民工政策导向的根本转变。农民工技能水平偏低，影响到他们的稳定就业和产业工人队伍整体素质。进入 21 世纪后，中央农村工作会议、中央人才工作会议和《中共中央　国务院关于促进农民增加收入若干政策的意见》对农民工技能培训工作提出了明确要求，国务院办公厅转发农业部等部门《2003—2010 年全国农民工培训规划》（国办发〔2003〕79 号）并进行了具体部署。为贯彻落实党中央、国务院的要求和部署，加强农村劳动力转移培训，从 2004 年起，农业部、劳动保障部、教育部、科技部、建设部、财政部共同组织实施农村劳动力转移培训阳光工程。

2006 年，国务院印发《关于解决农民工问题的若干意见》（国发〔2006〕5 号），这是一个在新的政策导向上系统解决农民工问题的重要文件，标志着

解决农民工问题已经到了系统操作和全面启动阶段。文件提出："各地要适应工业化、城镇化和农村劳动力转移就业的需要，大力开展农民工职业技能培训和引导性培训，提高农民转移就业能力和外出适应能力。扩大农村劳动力转移培训规模，提高培训质量。"

文件要求完善农民工培训补贴办法，对参加培训的农民工给予适当培训费补贴，推广"培训券"等直接补贴的做法，充分利用广播电视和远程教育等现代手段向农民传授外出就业基本知识，重视抓好贫困地区农村劳动力转移培训工作，支持用人单位建立稳定的劳务培训基地，发展订单式培训，研究制定鼓励农民工参加职业技能鉴定、获取国家职业资格证书的政策。输入地要把提高农民工岗位技能纳入当地职业培训计划。

首钢技师学院为首钢京唐公司海水淡化项目订单培养学生

文件明确，国务院建立农民工工作联席会议制度，统筹协调和指导全国农民工工作。联席会议由国务院有关部门和工会、共青团、妇联等有关群众团体组成，联席会议办公室设在劳动保障部。劳动保障、农业、教育、科技、建设、财政、扶贫等部门要按照各自职能，切实做好农民工培训工作。

劳动保障部随后印发《农村劳动力技能就业计划》(劳社部发〔2006〕18号)，目标是到2010年，对4 000万农村劳动力进行非农技能培训，培训以3～6个月为主，使劳动者至少掌握一项技能，且能够达到用人单位上岗要求，并提供技能水平评价服务，开展专项能力考核试点。

2006年，劳动保障部与国家开发银行联合组织实施农民工培训示范基地建设工程，从技工院校中优选100所基础好、管理规范、社会认可度高的学校和100个中心城市，国家开发银行提供15年的中长期贷款给予重点扶持。

对农民工较为集中的重点行业，采取重点扶持政策。2008年，人力资源社会保障部与住房城乡建设部联合组织实施建筑业农民工技能培训示范工程，推动建筑行业农民工培训。

2010年，国务院办公厅印发《关于进一步做好农民工培训工作的指导意见》(国办发〔2010〕11号)，要求针对缺乏统筹规划、资金使用效益和培训质量不高、监督制约机制不够完善等问题，搞好培训工作的统筹规划，明确重点，增强培训的针对性，建立规范的培训资金管理制度，努力提高培训质量。

在培训资金支持方面，《国务院关于加强职业培训促进就业的意见》(国发〔2010〕36号)中明确城乡有就业要求和培训愿望的劳动者参加就业技能培训或创业培训，培训合格并通过技能鉴定取得初级以上职业资格证书(未颁布国家职业技能标准的职业应取得专项职业能力证书或培训合格证书)，根据其获得职业资格证书或就业情况，按规定给予培训费补贴。企业新录用的符合职业培训补贴条件的劳动者，由企业依托所属培训机构或政府认定培训机构开展岗前培训的，按规定给予企业一定的培训费补贴。对通过初次职业技能鉴定并取得职业资格证书或专项职业能力证书的，按规定给予一次性职业技能鉴定补贴。对城乡未继续升学的应届初高中毕业生参加劳动预备制培训，按规定给予培训费补贴的同时，对其中农村学员和城市家庭经济困难学员给予一定生活费补贴。

为适应农民工培训的要求，便于农民工职业能力考核，劳动保障部从2005年开始，推出单项职业能力考核试点。在广泛开展社会化职业培训的基础上，组织开展实用职业技能考核，核发单项职业能力证书，提供公共职业能力认证服务，以此探索建立单项职业能力评价体系，为农村转移劳动力和下岗失业人员提高就业能力服务。对参加考核合格的人员，由试点地区劳动保障部门颁发写实性单项职业能力证书。该证书是劳动者能够熟练掌握并应用某项实用职业技能的证明，表明劳动者具备了从事某职业岗位所必需的基础工作能力。

第九章

新世纪的技工院校

进入 21 世纪，技工院校发展迎来新的高潮。2011 年全国技工院校招生 163 万人，在校生达到 430.42 万人，而 2001 年在校生仅为 134 万人，10 年增长近 3 倍，高于其他中等职业教育的发展速度。[①] 同时，技工院校结构发生了较大变化，技师学院、高级技工学校发展迅速，高级工以上层次人才培养比重提高。人才培养模式改革不断深入，形成了“校企双制、工学一体”的办学特色，一体化课程教学改革全面推行，人才培养质量不断提升。

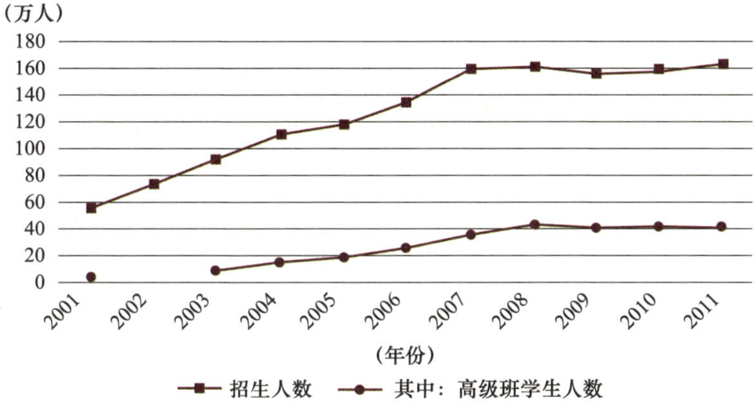

2001—2011 年全国技工院校招生人数统计

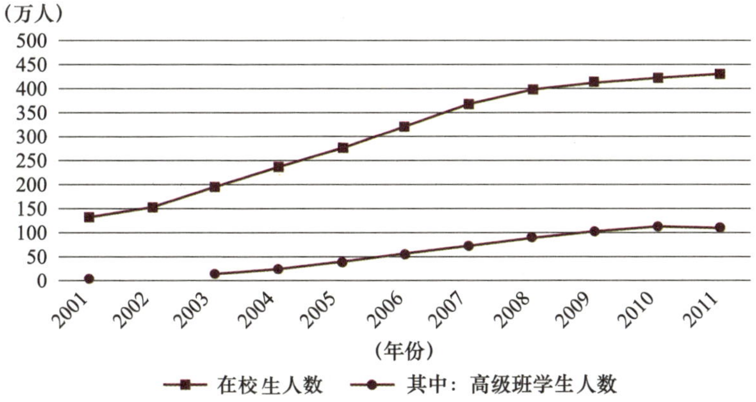

2001—2011 年全国技工院校在校生人数统计

① 除技工院校外的其他中等职业学校，2001 年在校生人数为 1 061 万人，2011 年在校生人数为 1 775 万人，增长近 70%。

第一节　发展环境进一步改善

技工院校发展得到党和国家的高度重视。2009 年 12 月 21 日，时任中共中央总书记、国家主席胡锦涛同志视察了广东省珠海市高级技工学校，亲切看望该校师生，了解技能人才培养和毕业生就业情况，并作出重要指示，强调“没有一流技工，就没有一流产品”，在全社会引起了强烈反响，给技工教育战线的干部职工以极大的鼓励和鞭策，技工院校社会认可度和社会地位得到显著提升。

胡锦涛勉励技校生：努力成为高素质技能型人才

时值隆冬，南粤大地依然绿意盈盈、生机勃发。

中共中央总书记、国家主席、中央军委主席胡锦涛在出席庆祝澳门回归祖国 10 周年活动后，于 12 月 20 日至 21 日来到广东省珠海市考察工作。

胡锦涛在中共中央政治局委员、广东省委书记汪洋等陪同下，深入到企业、研发机构和技工学校，同当地干部群众共商加快经济发展方式转变、提高自主创新能力、实现经济平稳较快发展大计。

技能型人才在推进自主创新方面具有不可替代的重要作用。胡锦涛专门前往珠海市高级技工学校，亲切看望师生，了解技能型人才培养和毕业生就业情况。

一间间实训室里，学生们正在教师指导下学原理、学操作。在多媒体技术实训室，胡锦涛同正在进行视频剪辑练习的学生交谈起来，询问他们学了多长时间、有没有掌握要领、对学习条件是不是满意。得知不少学生来自广东贫困山区，学校免除了他们的学习费用，总书记十分欣慰，叮嘱他们一定要珍惜机会、好好学习。在电子测试实训室，正在这里接受培训的几名退役士兵向总书记汇报了自己的学习情况，胡锦涛勉励他们发扬部队优良传统，不断提高就业本领，更好地适应社会需要。面对围拢在身边的技校学生，胡锦涛语重心长地说，没有一流的技工，就没有一流的产品。现在我国技术工人特别是高级技工非常匮乏。希望同学们刻苦学习文化科学知识，潜心钻研专业技能，努力成为高素质技能型人才。

63岁的瑙石是摩天宇中德职业培训中心的一名德国籍教员。在该中心设在技工学校的实习工厂里，胡锦涛同瑙石亲切交谈，关切地询问他在华工作、生活情况，感谢他为推动中国职业技术教育、为增进中德两国人民友谊做出的贡献。胡锦涛走到一台台机床前，一边听介绍，一边观看学生操作，还拿起锉刀，亲自锉起一个零件。总书记熟练的动作，引来一片热烈的掌声。

临行时，技工学校的师生们拥到路边，激动地向总书记问好。掌声、欢呼声在校园里久久回荡。

（资料来源：2009年12月22日《中国教育报》，
新华社记者孙承斌、邹声文）

一、高技能人才队伍建设和职业培训的政策

全国人才工作会议及《关于进一步加强高技能人才工作的意见》、高技能人才队伍建设规划等，都对技工院校的地位予以充分肯定，要求在高技能人才培养中，充分发挥高级技工学校、技师学院的培训基地作用，加大对技工院校的扶持力度。地方各级政府进一步拓宽资金筹集渠道，加大对技工院校等职业院校和公共实训基地建设资金投入，并按规定合理安排城市教育费附加，对高

技能人才培养给予支持。国家高技能人才振兴计划中的高技能人才培训基地、技能大师工作室建设以及新技师培养计划，技工院校都参与其中。同时，就业再就业资金、公共实训基地建设等都给予技工学校的发展以有力支持。人力资源社会保障部会同国家发改委等部门，协调 1.4 亿元国债资金，支持 74 所技工学校发展，会同国家开发银行农民工培训项目中长期贷款，主要用于支持技工院校建设培训基地。技工院校基本建设、实习实训条件有了较大提高和改善。

各级党委、政府也高度重视技工教育发展。广东省把发展技工教育作为加快转型升级、建设幸福广东的战略举措来抓，省委主要领导强调“搞好技工教育是提高竞争力的重要举措”，要求建设国际水平的技工教育并给予大力支持。“十五”期间，广东省技工学校招生数量和在校生人数跃居全国第一位。“十一五”期间，广东省推进 40 多所重点学校建设，并健全和完善了地方技工院校的管理服务机构和体系。

2001 年，山东省人民政府印发《关于加强职业培训教育全面提高劳动者素质的通知》，要求扩大技工教育规模，提高办学层次，各市和主要行业都要办好 1 ~ 2 所骨干技工学校，没有高级技工学校的要创办一所高级技工学校。2004 年，山东省委、省政府提出“省国民经济主要行业和各市都要办好高级技工学校，积极创办技师学院”“要逐步形成以职业教育为基础、以高级技工教育为依托、社会各方面共同参与的高技能人才培养体系”。山东省明确了技工院校在高技能人才队伍建设中的重要地位，并在办学政策、体制规格等方面给予支持，调动了各地、各部门举办高级技工学校的积极性。

2006 年，江苏省劳动保障厅制定了《江苏省重点技师学院建设标准（试行）》，支持发展建设一批重点技师学院。这一时期，黑龙江、湖南、陕西、新疆等地也在支持技工学校发展建设方面出台了有特色的政策措施。

技工院校毕业生待遇等政策有所突破。高级技工学校毕业生待遇是技工学校发展中的一个突出问题，各地为解决这一问题进行了积极探索。2003 年

9 月，山东省人民政府印发《关于加强职业培训提高城乡劳动者就业能力的通知》，首次提出“高级技工学校毕业生在政策上与大专以上学历人员同等对待，在使用上要一视同仁；技师（国家职业资格二级）、高级技师（国家职业资格一级）在企业工作的，分别享受中级和高级专业技术职称有关待遇”。2005 年 8 月，浙江省人民政府在《关于实施职工技能素质工程加强技术工人队伍建设的意见》中明确：“高级技工学校和技师学院的毕业生，并取得高级职业资格证书的，其学历与大学专科同等。”2009 年 2 月，深圳市印发了《关于我市高级技工学校技师学院中等职业学校毕业生大专待遇的通知》，明确在本市公务员、职员和雇员招考中，在本市机关事业单位以及市、区属国有企业组织的各类考试中，以及本市机关事业单位以及市、区属国有企业在聘（任）用人员时，取得高级职业资格证书的高级技工学校、技师学院、中等职业学校毕业生，与大专学历人员同等对待。聘（任）用后，其工资待遇、职位晋升、考核定级及其他各项待遇与大专学历人员同等对待。

在各地探索的基础上，2010 年 8 月，人力资源社会保障部印发《关于大力推进技工院校改革发展的意见》（人社部发〔2010〕57 号），“鼓励企业在与高级技工学校、技师学院毕业生协商确定初次就业工资水平时，对取得高级工以上职业资格证书的参照大专毕业生待遇确定”，提出“制定高技能人才与工程技术人才职业发展贯通办法，选择部分工程技术类专业，探索开展取得高级工以上职业资格证书的高级技工学校、技师学院毕业生参加相应专业职称评价试点”“积极探索在基层和生产一线的优秀技术工人中考录公务员的办法。根据《直接从非军事部门招收士官工作规定》，高级技工学校、技师学院毕业生纳入军队士官招收对象范围，首次授衔确定工资起点标准等参照全日制大专、本科毕业生执行”。

2011 年 4 月，中共中央组织部、人力资源社会保障部印发的《高技能人才队伍建设中长期规划（2010—2020 年）》也再次明确：“鼓励企业与职业院校毕业生协商确定初次就业工资水平时，对取得高级工以上职业资格证书的参照大专毕业生待遇确定。”各地认真贯彻落实，提高了技工学校毕业生待遇，促进了技工院校的健康发展。

二、国家职业教育政策

进入 21 世纪，国家出台了一系列职业教育政策。作为职业教育重要组成部分的技工院校，也得到了相应的政策支持。

1. 资助体系和免学费政策

2005 年，全国职业教育工作会议召开，国务院决定在中等职业教育中建立贫困学生助学制度。2006 年，财政部、教育部印发《关于完善中等职业教育贫困家庭学生资助体系的若干意见》(财教〔2006〕74 号)，提出建立和完善贫困家庭学生助学金制度、奖学金制度、以学生参加生产实习为核心的助学制度、学费减免制度、助学贷款或延期支付学费制度，以及社会资助制度等中等职业学校学生资助体系。从 2009 年秋季学期起，对中等职业学校农村家庭经济困难学生和涉农专业学生免学费。从 2010 年秋季学期起，将中等职业学校城市家庭经济困难学生纳入免学费政策范围。《关于扩大中等职业教育免学费政策范围进一步完善国家助学金制度的意见》(财教〔2012〕376 号)提出，从 2012 年秋季学期起，对公办中等职业学校全日制正式学籍一、二、三年级在校生中所有农村(含县镇)学生、城市涉农专业学生和家庭经济困难学生免除学费(艺术类相关表演专业学生除外)。将中等职业学校国家助学金资助对象由全日制正式学籍一、二年级在校农村(含县镇)学生和城市家庭经济困难学生，逐步调整为全日制正式学籍一、二年级在校涉农专业学生和非涉农专业家庭经济困难学生。

2. 中等职业教育基础能力建设项目

2007 年 3 月，国家发改委、教育部、劳动保障部印发《中等职业教育基础能力建设规划（2005—2010 年）》（发改社会〔2007〕549 号）。基础能力建设项目实施以来，共有 800 余所技工院校（每年 70 多所）获得该项目支持，中央财政投入资金近 40 亿元。建设项目资金由国家补助 + 地方政府配套 + 学校自筹组成，每所院校约 800 万元，主要用于教学、实训基础设施建设和设备购置。

3. 中等职业学校示范校建设计划

2010 年 6 月，教育部、人力资源社会保障部和财政部印发《关于实施国家中等职业教育改革发展示范学校建设计划的意见》（教职成〔2010〕9 号），从 2010 年到 2013 年，中央财政重点支持 1 000 所中等职业学校改革创新，改革培养模式、教学模式和办学模式，创新教育内容，加强师资队伍建设，完善学校内部管理，改革评价模式，形成一批代表国家职业教育办学水平的中等职业学校，大幅度提高这些学校办学的规范化、信息化和现代化水平，使其成为全国中等职业教育改革创新的示范、提高质量的示范和办出特色的示范，在中等职业教育改革发展中发挥引领、骨干和辐射作用。4 年中，183 所技工院校获得该项目支持，办学条件得到了改善。

东莞技师学院

肇庆市技师学院

第二节 技工院校在高技能人才培养中的骨干作用

一、技工院校高技能人才培养状况

技工院校在技术工人培养方面的传统优势，使其在新世纪高技能人才队伍建设中肩负起重要历史使命，成为院校培养高技能人才的骨干力量。2003—2012 年，技工院校毕业生取得高级工及以上职业资格的共 143.5 万人，技工院校培训社会人员中取得高级工职业资格的共 215.1 万人、取得技师和高级技师职业资格的共 62.16 万人。根据高技能人才队伍建设的新要求，各级劳动保障部门实施高端引领，加快技工院校结构调整，大力发展高级技工学校和技师学院，提高高级工培养比重，高技能人才培养成为技工院校的重要职能。

2006 年，劳动保障部印发《关于推动高级技工学校、技师学院加快培养高技能人才有关问题的意见》（劳社部发〔2006〕31 号），明确将技工院校培养规划纳入高技能人才工作总体部署，确定技工院校培养高级工、预备技师、技师或高级技师的培养目标，要求各级建立高技能人才校企合作培养协调指导委员会，校企共同制订培养计划、共享师资资源，实行全日制与非全日制等多元培养方式、强化实习教学等。

2007 年初，劳动保障部召开了校企合作培养高技能人才工作视频会，交流技工院校校企合作经验做法，部署建立校企合作培养高技能人才制度，加快技工院校高技能人才培养的有关工作。同年，劳动保障部修订了《高级技工学校标准》（劳社部发〔2007〕27 号），进一步强化了校企合作、实习基地、师资队伍的有关要求。2008 年，劳动保障部培训就业司与中国就业指导中心组织编写《校企合作指导手册》，提炼总结校企合作的方法和经验，指导校企合作培养高技能人才。

1997 年底，全国高级技工学校 30 所；2001 年底，全国高级技工学校发展到 229 所；到 2008 年底，全国高级技工学校达到 406 所；2012 年底，全国技师学院近 300 所。截至 2016 年底，全国共有技工院校 2 526 所，年招生 127.2 万人，在校生 323.2 万人，开展职业培训 451.6 万人次。其中，技师学院 400 多所，约占技工院校总数的 20%，但其招生、在校生、毕业生规模均超过技工院校相应总数的 50%，生均规模是全国技工院校生均规模的 3 倍。技师学院高级工以上层次在校生的占比近 50%。技工院校培养高级工以上层次学生，从 2003 年的 16.4 万人增加到 2012 年的 114.2 万人。

2003—2012 年技工院校高级工班和预备技师（技师）班学生情况

年份	在校生人数（人）	其中：高级工班和预备技师（技师）班学生人数（人）	占比（%）
2003	1 931 423	164 178	8.50
2004	2 344 504	261 458	11.15
2005	2 752 974	383 001	13.91
2006	3 208 150	537 033	16.74
2007	3 671 475	723 865	19.72
2008	3 975 203	904 677	22.76
2009	4 142 578	1 022 168	24.67
2010	4 209 752	1 128 714	26.81
2011	4 293 723	1 119 021	26.06
2012	4 228 216	1 142 266	27.02

二、技师学院的建设发展

技师学院的发展壮大是技工院校建设的一大亮点，有力地带动了高技能人才的培养。

2000 年，江苏省常州市建立了全国第一所技师学院。2001 年，浙江省分 2 批同意 5 所学校增挂技师学院校牌（杭州技师学院、宁波技师学院以及浙江铁路技师学院、浙江商业技师学院、浙江吉利技师学院）。2002 年，广东省试点建立"技师培训学院"。2004 年，山东省人民政府批准建立山东技师学院，成为第一所由省政府批办的技师学院。

2002 年 7 月，劳动保障部在《加强职业培训提高就业能力计划》（劳社部发〔2002〕13 号）中首次提到“大力发展高级技工学校或技师学院”。2003 年《中共中央　国务院关于进一步加强人才工作的决定》要求“充分发挥高等职业院校和高级技工学校、技师学院的培训基地作用，扩大培训规模，提高培训质量”，首次确定了技师学院的地位，成为技师学院发展的重要依据。随后，劳动保障部对技师学院的功能定位进行了明确。“技师学院招收取得高级职业资格的在职职工和职业学校毕业生，学制 1 ~ 2 年，将课堂教学与企业生产实际和技术革新、技术改造相结合，采取课题研究的方式，培养技师、高级技师。”

根据技师学院发展实际，2006 年 8 月，劳动保障部在《关于推动高级技工学校、技师学院加快培养高技能人才有关问题的意见》（劳社部发〔2006〕31 号）中进一步明确了技师学院的定位、功能、设置标准等。技师学院“是高等职业教育的组成部分，是以培养技师和高级技工为主要目标的高技能人才培养基地，同时，承担各类职业教育培训机构师资培训和进修任务”。技师学院设立条件为：在校生规模 3 000 人以上，其中高级工、预备技师占 40% 以上等。“对达到条件的，应报请省级人民政府同意，并报我部备案。”“预备技师在相应职业岗位工作满 2 年后（工作业绩突出的可适当缩短），可申报参加技师综合评审和业绩评定。合格者按规定核发技师国家职业资格（二级）证书。”从 2006 年起，各地招收的技师专业学制生，实行预备技师制度。同年 12 月，劳动保障部办公厅印发《关于规范技师学院管理有关工作的通知》（劳社厅发〔2006〕30 号），要求此前批办的技师学院要根据设置标准重新评估，并报省级人民政府批准。

此后，全国各地的技师学院犹如雨后春笋般地发展起来。截至 2016 年底，全国技师学院有 400 多所。

海南省技师学院揭牌

为保证技师学院人才培养质量，人力资源社会保障部办公厅印发《关于预备技师证书核发及管理工作有关问题的通知》(人社厅发〔2010〕13号)，规范了预备技师证书的适用范围、发放办法、证书管理，明确预备技师证书表明持证人已完成预备技师学制教育，并通过相应职业技师的理论知识考试和操作技能考核。

2012年1月，人力资源社会保障部在《技工院校设置标准(试行)》(人社部发〔2012〕8号)中修订了技师学院的设置标准，规定培养规模不低于5 000人，其中学制教育在校生规模不低于3 000人，占地面积不少于10万平方米(约150亩)，设立技师学院3年内高级工、预备技师(技师)在校生规模不低于60%。2013年，人力资源社会保障部制定了《国家级重点技师学院评估标准》(人社部发〔2013〕9号)，引导技师学院向更高层次和更高质量发展。

第三节　技工院校的特色发展

2000 年，劳动保障部提出“调整布局、提高层次、突出特色、服务就业”的 16 字方针，指导技工院校树立就业导向，体现技工教育就是就业教育的要求。2010 年，根据高技能人才队伍建设的新形势、新要求，人力资源社会保障部又提出“高端引领、校企合作、多元办学、内涵发展”的新 16 字办学方针，全面服务于技能人才队伍建设。高端引领，就是要结合区域经济发展和产业布局，立足技工教育发展基础，加强规划引导，形成以技师学院为龙头、高级技工学校为骨干、普通技工学校为基础的覆盖城乡劳动者的技工教育培训网络。校企合作，既是技工院校发展的方向，也是技工院校的一项基本办

广州市工贸技师学院与企业签订世赛企业实训基地合作协议

学制度。实施校企合作就是要积极探索多种有效的校企合作模式，努力实现校企互利双赢。多元办学，是指发挥多方面力量开展技工教育培训，由注重学制教育向多元化技工教育培训转变，由注重学校教育功能向技工教育培训、技能水平评价和就业指导服务等综合性功能转变。内涵发展，就是要处理好扩大规模和内涵发展的关系，指导技工院校在注重改善办学条件，保持适度办学规模的同时，强化内涵发展。

2010 年，人力资源社会保障部《关于大力推进技工院校改革发展的意见》（人社部发〔2010〕57 号）将校企合作明确为技工院校的一项“基本办学制度”，各级成立校企合作领导机构，组建校企合作集团，组织“百校千企”“学校进园区”等校企对接活动，并形成“校企双制、工学一体”的办学模式，使技工学校“校企一体”“工学结合”等历史传统和特色在新时期得到了发扬光大。

重庆五一技师学院与 46 家深度合作企业举行校企合作签约仪式

广东深化校企合作系列活动

2010 年 5 月，广东省组织全省百所优质技工学校与包括现代产业 500 强和自主创新 100 强企业在内的千家重点企业对接，成功举办广东省技工院校“百校千企”合作大会，100 所技工院校与 1 205 家国内外知名企业，共签订合作项目 3 223 个，形成了共建生产实训中心、技能大师工作室进校园、先进企业文化进校园、共建多元评价体系、产教研一体化等多种合作模式。

广东省 21 个市安排 2.1 亿元财政资金，支持 86 所技工院校与全省 36 个省级产业转移工业园区全面对接合作，为园区企业优先输送毕业生、开展在岗职工技能提升培训、开展产教研训合作等，有效解决了园区面临的用工难、稳工难等问题。这项活动参与学校与工业园 262 家企业共达成 1 880 项对接合作意向。技工院校在园区设立校区和分校，建立实训基地、生产实训中心以及人力资源服务平台，直接为园区提供服务。

一、调整专业设置

进入 21 世纪，经济结构、产业结构调整加快，传统产业升级，新兴产业不断涌现，对人才培养提出新的要求。技工院校作为与经济社会发展需求联系紧密的教育形式，专业设置必须不断调整以适应发展。

技工院校专业目录是技工教育行政管理和技工院校教学工作的指导性文件。专业目录规定专业划分和专业内涵，反映人才培养的基本要求和就业方向，是技工院校设置与调整专业，实施人才培养，安排招生，指导就业，进行教育统计和信息处理等工作的重要依据。

1995 年 7 月，劳动部办公厅组织编制并颁发了首批《技工学校专业目录》，收录了 10 类共 169 个专业。1995 年 11 月，劳动部办公厅组织编制并颁发了第二批《技工学校专业目录》，收录了 13 类 240 个专业。1996 年 12 月，第三批《技工学校专业目录》印发，共 5 类 129 个专业。

至此，三批《技工学校专业目录》共收录28类共538个专业。与中、高等职业学校专业目录相比,《技工学校专业目录》自成一体，呈现了“行业主导专业，专业内涵反映行业岗位技能”的显著特征。这不是由两类职业教育分属不同的政府部门造成的，而是由我国技工教育的起源、性质和发展趋势决定的。

随着社会经济发展,《技工学校专业目录》逐渐不能适应技工院校发展。一是内容已显陈旧。如蒸汽机车驾驶、电报营业员等，这些职业（工种）已趋于消失；如汽车修理、仓储等许多专业工种的工作对象和应掌握的知识技能已经随科技发展发生了很大的变化。二是专业内涵界定不够规范，一些通用专业被各个行业分别开设。如焊接除有电焊和气焊两个专业之外，又有汽车焊接工；除机械维修工外，又有缝纫机维修工、矿山设备维修工等。三是专业工种的行业特殊性太强。如飞机铆接钳工、纺织行业空调操作工。这使得专业知识和技能的通用性被严重削弱，限制了学生的专业复合能力和职业领域内的转岗能力。四是专业分类不当，内在关系失序。如“铁路”大类，包含了“驾驶”“机械制造”“建筑”“电工电子”“管道”“设备使用与维修”“钣金加工”等各种职业（工种）。五是止步于中级职业资格。这是基于当时的技工学校只培养中级工的现实，没有设计对应的高层次专业目录以适应经济发展、产业升级对高技能人才培养的需要。

2001年和2003年，劳动保障部印发两批《高级技工学校专业目录》，以流水号的方式收录专业80个。与《技工学校专业目录》相比,《高级技工学校专业目录》将《中华人民共和国职业分类大典》作为专业分类的唯一依据，在专业设置上突出了专业与职业的对应关系，使得专业的通用性、复合性增强。但《高级技工学校专业目录》没有突出分类标识，以致分类标准并不明显，客观上影响了使用效果。由于编制者不同，分类标准不同，《高级技工学校专业目录》和《技工学校专业目录》没有实现很好的衔接，因此对技能人才梯次培养的指导作用有限。

基于以上原因，2007年，劳动保障部科学技术办公室设立部级课题《技师学院、高级技工学校、技工学校专业目录研究》（劳社科技办函〔2007〕30号）（项目编号：LB 2007-06），由劳动保障部培训就业司、中国就业培训技术指导中心、中国劳动社会保障出版社有关人员组织实施。在组织全国技工院校全面调研的基础上，经过两年多的实践研究，重新构建了我国技工院校专业目录体系，形成了全新的专业分类、条目设置，统一了专业名称、培养目标、学习年限、职业资格等内容。

2009年11月，人力资源社会保障部印发《关于颁布全国技工院校专业目录（2009年修订）的通知》（人社部函〔2009〕272号，以下简称《通知》），原《全国技工院校专业目录》同时废止。新修订的《全国技工院校专业目录》（以下简称《目录》）涵盖了技工院校机械加工制造、电工电子、计算机信息、交通运输、商贸服务、农林、其他7类120个主体专业。《目录》修订工作充分考虑了经济社会发展、科技进步和产业结构调整现状，紧密结合企业和人力资源市场发展需求，体现了技工院校的办学方向和职业能力培养特点，突出教学内容的科学性、先进性和规范性，注重专业设置、培养目标与国家职业资格的相互衔接。《通知》将《目录》作为技工院校电子注册和统计信息管理的基本依据，同时要求各地人力资源社会保障部门加强对技工院校专业设置的指导和管理。

飞机维修专业

航空乘务专业

《全国技工院校专业目录（2013年修订）》将专业大类调整为机械类、电工电子类、信息类、交通类、服务类、财经商贸类、农业类、能源类、化工类、冶金类、建筑类、轻工类、医药类、文化艺术类和其他15个，专业数量达到227个。在修订过程中，主要坚持了三项原则：一是专业设置不重复原则，避免出现专业数量过多过散的问题；二是专业设置合理性原则，专业内涵和专业界定应清晰准确、专业开设要具有教学的可操作性；三是专业设置相对稳定性原则，指专业要有一定的招生规模、就业前景，办学具有相对的稳定性。

无人机应用技术专业

《全国技工院校专业目录（2018年修订）》紧密围绕经济社会发展需求，特别是结合党的十八大以来中央领导批示要求以及国务院印发的相关行业产业发展规划对技能人才培养的需求，积极增设新专业。例如，根据《中国制造2025》，增设了无人机应用技术、物联网应用技术、3D打印技术应用等专业；根据习近平同志关于文物保护工作的重要指示，增设了文物修复与保护专业；根据国务院《促进大数据发展行动纲要》，增设了工业互联网与大数据应用专业；根据《节能与新能源汽车产业发展规划（2012—2020年）》，增设了新能源汽车制造与装配等专业。这次修订，还对技工院校学籍管理系统中，暂未归入专业目录的信息进行了整理和吸收；为充分反映世界技能大赛工作成果，专门征求了世界技能大赛基地学校意见。人力资源社会保障部教材办公室根据《中华人民共和国职业分类大典（2015年版）》《国家职业资格目录》《职业与院校专业对应目录指引》调整了专业对应职业（工种）、职业资格，并请专业设置、职业分类等领域专家进行审改。

技工学校专业目录发展变化情况

主要阶段		公布时间	专业分类	专业数量
技工学校专业目录	第一批	1995 年 7 月	10 类	169 个专业
	第二批	1995 年 11 月	13 类	240 个专业
	第三批	1996 年 12 月	5 类	129 个专业
高级技工学校专业目录	第一批	2001 年 12 月	未分类	50 个专业
	第二批	2003 年 12 月	未分类	30 个专业
2009 年修订版		2009 年 11 月	7 类	120 个专业
2013 年修订版		2013 年 3 月	15 类	227 个专业
2018 年修订版		2018 年 3 月	15 类	280 个专业

除 2013 年和 2018 年两次较大规模修订外，人力资源社会保障部职业能力建设司在《关于做好技工院校毕业证书打印发放工作的通知》（人社职司便函〔2011〕25 号）中公布了 7 个大类、51 个新增专业。人力资源社会保障部在《关于做好 2016 年技工院校招生工作的通知》（人社部函〔2016〕84 号）中公布了 36 个新增专业和 20 个专业方向。人力资源社会保障部在《关于公布〈全国技工院校专业目录（2018 年修订）〉2020 年度增补专业的通知》（人社部函〔2020〕32 号）中公布了 31 个新增专业和 11 个专业方向。

二、推进一体化课程教学改革

为适应新时期技能人才培养需求，技工院校在人才培养模式方面进行了改革探索。2001 年前后，以北京市工业技师学院、广州市工贸技师学院为代表的一批技工院校，针对技工教育原有“三段式”教学法存在的问题，组织有关专家，参考借鉴国际职业技术教育的先进经验，进行一体化教学改革。2005 年和 2007 年，劳动保障部先后组织北京工业技师学院等技工院校进行了相关课题研究。在此基础上，人力资源社会保障部又组织北京师范大学和部分技师学院专家研究制定面向全国的试点方案。2009 年 7 月，人力资源社会保障部办公厅印发《技工院校一体化课程教学改革试点工作方案》（人社厅发〔2009〕86 号），决定在全国选择部分具备条件的技师学院、高级技工学校开展一体化课程教学改革试点工作。2010 年，人力资源社会保障部在《关于大力推进技工院校改革发展的意见》中把一体化课程教学改革作为技工学校改革发展的重要措施。

一体化课程教学改革是以国家职业标准为依据，以综合职业能力培养为目标，以典型工作任务为载体，以学生为中心，根据典型工作任务和工作过程设计课程体系和内容，按照工作过程的顺序和学生自主学习的要求进行教学设计并安排教学活动，实现理论教学与实践教学融通合一、能力培养与工作岗位对接合一、实习实训与顶岗工作学做合一。

试点工作的指导思想是建立以职业活动为导向、以校企合作为基础、以综合职业能力培养为核心，理论教学与技能操作融合贯通的课程体系，提高技能人才培养质量，加快技能人才规模化培养，探索中国特色的技工教育改革与发展之路。基本原则是以综合职业能力培养为目标，以典型工作任务为载体，以学生为中心。工作目标是在全国选择部分具备条件的技师学院、高级技工学校开展一体化课程教学改革试点工作。通过两年努力，开发完成技工院校若干主体专业一体化课程体系，探索建立适应经济社会发展、符合企业生产需要的现代技工教育新教学体系。试点工作主要任务可以归纳为四个“一体化”。

1. 开发制定一体化课程教学标准

依据一体化课程教学改革基本原则，设计一体化的专业课程体系、教学内容和教学方案，开发理论与实践相融合、知识学习与技能训练相结合的一体化课程教学标准，统一规范专业课程名称、培养目标、职业能力要求、课程结构与内容、教学安排和教学保障条件等。

国家技能人才培养标准及一体化课程规范

2. 组织开发一体化课程教材

创新教材编写模式，打破学科体系，编写理论教学和实践教学相融合的教材和教辅材料，依据劳动者的职业特征、职业成长规律和典型工作任务设计教材教学单元，力争实现工作过程导向的教学模式，实现理论知识与技能训练的有机结合。

一体化课程教材

3. 探索建设一体化课程教学场地

打破理论课与实训课授课地点分离的传统模式，建设既能满足理论教学，又能具备技能训练的一体化教学场地，将传统理论教学教室和实训场地合一，力争创设真实的工作环境，实现理论教学与技能训练融合进行，为学生提供体验实际工作过程的学习条件。

一体化课程教学现场

4. 加快建设一体化课程师资队伍

加快培养既能讲授理论知识课，又能指导技能训练和生产实习的一体化课程教师。注重在一体化课程开发实践过程中，促进教师更新教学观念、创新教学方法、提高教学水平和能力，不断提升教师企业实践能力、一体化课程开发能力，逐步形成一支教学质量高、结构合理、示范性强的优秀一体化课程教学团队。

技工院校一体化课程教学改革试点工作的保障措施：一是组织保障。人力资源社会保障部成立技工院校一体化课程教学改革试点工作领导小组。领导小组由人力资源社会保障部职业能力建设司牵头，人力资源社会保障部教材办公室、中国劳动社会保障出版社、中国就业培训技术指导中心、中国职工教育和职业培训协会参加，负责全国技工院校一体化课程教学改革试点工作的统筹规划和指导协调。各试点院校所在地省级人力资源社会保障部门指导试点院校做好相关工作。各试点院校成立由校长挂帅，骨干专业教师、教学管理人员组成的专门工作小组，加大人力、物力和财力的投入，确保试点工作顺利进行。二是教学保障。各试点院校要进一步深化校企合作技能人才培养制度，深入开展多种形式的校企合作，探索将企业厂房、设备、技术、资金和师资引进学校，实现教学与生产同步，实习与就业联体。鼓励试点院校参与企业的技术改造、产品研发和科技攻关。要推动以工学结合为核心的教学制度改革，配合一体化课程教学改革试点工作，可将课程分解量化为学分，学生按照学分规定自主学习，累计学分。允许学生工学交替、分阶段完成学业。要充分发挥教师在教学改革中的重要作用，完善学校教学和教师管理的配套措施，制定促进一体化课程教师队伍建设的奖励办法，鼓励教职员工积极参与一体化课程教学改革。三是政策扶持。制定一体化课程教学技能考评工作方案，通过开展课程认证和过程化考核，做好职业技能鉴定与试点院校一体化课程教学工作的衔接。对开展一体化课程教学改革试点院校，其专业课程经人力资源社会保障部门评审后，毕业生学习成绩合格，可视同为职业技能鉴定合格，取得相应职业和等级的国家职业资格证书。

一体化课程师资队伍建设

2009 年 7 月，首批试点正式启动。首批试点包括 30 所技工院校，涉及汽车维修、数控加工、机床切削加工、钳加工、电气自动化设备安装与维修 5 个专业。通过两年的教学试验证明：一体化课程教学改革是一场教学革命，从教学组织形式到教学实践等诸多环节均颠覆了传统的教育理念，收到了初步成效。它打破了职业教育传统的公共课 + 专业理论 + 实习“三段式”课堂教学模式，把深化工学一体的教学改革作为主攻方向，实行教学方式上的理实一体化（理论教学和实践教学融通合一）、课程方式上的工学一体化（专业学习和工作实践学做合一）、教育模式上的能岗一体化（能力培养和工作岗位对接合一）。学生的学习兴趣明显提高。试点院校掌握了一体化课程开发方法，构建了一体化课程体系，建设了能满足理论知识教学与技能操作训练的一体化教学场所，以工作过程为导向编写了一批一体化教材，并将教学与生产实际相结合实施一体化课程教学，采取多元化模式评价教学质量，取得了良好的教学效果，提升了学生的综合职业能力，培养了一批综合素质较高的一体化课程专业教师。

"全国一体化课程教学改革试点单位"铭牌

首批一体化课程教学改革试点院校和专业

序号	试点院校	试点专业（方向）	职业资格
1	北京市工贸技师学院	电气自动化设备安装与维修	维修电工
2	北京市工业技师学院	汽车维修	汽车修理工
		数控加工（数车）	数控车工
		电气自动化设备安装与维修	维修电工
3	天津市电子信息高级技术学校	电气自动化设备安装与维修	维修电工
4	河北省技师学院	数控加工（数车）	数控车工
5	承德技师学院	钳加工（机械设备维修）	机修钳工
6	山西交通技师学院	汽车维修	汽车修理工
7	黑龙江技师学院	电气自动化设备安装与维修	维修电工
8	江苏省常州技师学院	电气自动化设备安装与维修	维修电工
		钳加工（模具制造）	工具钳工
9	江苏省盐城技师学院	机床切削加工（车工）	车工
		钳加工（模具制造）	工具钳工
10	苏州技师学院	电气自动化设备安装与维修	维修电工
11	无锡技师学院	数控加工（数车）	数控车工

续表

序号	试点院校	试点专业（方向）	职业资格
12	杭州技师学院	汽车维修	汽车修理工
13	宁波技师学院	数控加工（数车）	数控车工
14	厦门技师学院	数控加工（数车）	数控车工
15	青岛市技师学院	电气自动化设备安装与维修	维修电工
16	山东工程技师学院	汽车维修	汽车修理工
17	山东劳动职业技术学院	机床切削加工（车工）	车工
		钳加工（机械设备维修）	机修钳工
		电气自动化设备安装与维修	维修电工
18	开封技师学院	机床切削加工（铣工）	铣工
		电气自动化设备安装与维修	维修电工
19	襄樊市第二高级技工学校	数控加工（数车）	数控车工
20	衡阳技师学院	电气自动化设备安装与维修	维修电工
21	广东省高级技工学校	汽车维修	汽车修理工
22	广州市工贸技师学院	汽车维修	汽车修理工
		电气自动化设备安装与维修	维修电工
		钳加工（模具制造）	工具钳工
23	江门高级技工学校	数控加工（数车）	数控车工
24	深圳第二高级技工学校	汽车维修	汽车修理工
25	珠海市高级技工学校	电气自动化设备安装与维修	维修电工
		数控加工（数车）	数控车工
26	广西机械高级技工学校	钳加工（机械设备维修）	机修钳工
		汽车维修	汽车修理工
27	重庆五一技师学院	数控加工（数车）	数控车工
		汽车维修	汽车修理工

续表

序号	试点院校	试点专业（方向）	职业资格
28	成都市技师学院	钳加工（模具制造）	工具钳工
29	西安技师学院	数控加工（数车）	数控车工
30	西安工程技师学院	电气自动化设备安装与维修	维修电工
		钳加工（模具制造）	工具钳工

2012 年 8 月，人力资源社会保障部办公厅印发《关于扩大技工院校一体化课程教学改革试点工作的通知》（人社厅函〔2012〕397 号）。9 月 24 日至 25 日，人力资源社会保障部在杭州召开全国技工院校一体化课程教学改革扩大试点工作启动会，提出了"积极探索、稳步推进、确保质量"的原则，确定第二批试点新增 94 所试点院校，使全国参与一体化课程教学改革试点的院校达到 124 所，参加试点的学生由 2 000 多人扩大到 1.25 万人。同时，还扩大了试点专业范围，新增焊接加工等 10 个试点专业（课程），在全国 33 所技工院校开始进行教学试验。

2012 年，人力资源社会保障部颁布了《一体化课程开发技术规程（试行）》，2013 年 4 月又印发了《国家技能人才培养标准编制指南（试行）》和《一体化课程规范开发技术规程（试行）》，构成了国家技能人才培养标准体系和一体化课程改革技术上的顶层设计框架。2012 年 4 月，人力资源社会保障部启动技工院校一体化课程教学改革评价研究，由广州市职业技术研究室具体承办，对 2009 年秋季入学的试点院校试点班和非试点班毕业生综合职业能力开展对比研究。经研究发现，试点班学生在测评成绩总分、纸笔与实操测评、职业行动维度、纸笔测评的综合职业能力、实操测评指标等方面的平均得分率均高于非试点班学生。2016 年，人力资源社会保障部组织了第三批一体化课程教学试点，共 86 所学校参加试点，试点专业新增了工业机器人应用与维护等 17 个专业。

三、“校企双制”办学

校企合作培养高技能人才

“校企双制”的提法起源于广东省。2010 年前后，广州市工贸技师学院等技工院校从一体化课程教学改革实践中认识到，必须建立校企之间人才培养和使用密切联系的新机制，才能真正实现工作学习一体化，总结出“校企双制、工学一体”的办学模式。2012 年，广东省人力资源社会保障厅印发《广东省技工院校“校企双制”办学指导意见》，明确“校企双制”是指依据技能人才培养和使用的规律，依托院校和企业双方优势资源，通过政府出政策、企业出岗位、院校出学位，校企联合招工招生、送岗送学、双制培养，充分发挥院校育人机制和企业用人机制的耦合作用，建立院校和企业共同培养技能人才的新的办学制度。“校企双制”主要有两种形式：一是招生即招工的全日制双制班，主要面向初高中毕业生开展以综合职业能力为培养目标的中高等技工教育，学员身份主要是全日制学生；二是招工即招生的在职双制班，主要面向企业在岗职工开展弹性学制技工教育和职业技能提升培训，培养中高等技能人才，学员身份主要是企业员工。为推动校企双制，广东省成立技工院校“校企双制”协调指导委员会，负责统筹规划、指导协调和技术咨询，协调解决工作中遇到的困难和问题，研究制定支持“校企双制”的各项配套政策，并要求各级予以政策支持和经费保障。广东省确定首批30所技工院校开展“校企双制”办学试点，全面提升了校企合作水平。

企业兼职教师指导学生开展生产实训

2012年，国务院办公厅转发人力资源社会保障部、财政部、国资委《关于加强企业技能人才队伍建设的意见》（国办发〔2012〕34号），首次将“校企双制”（企校双制）在国务院文件中加以明确：“采取‘企校双制、工学一体’的模式，通过企校合作培养与企业以师带徒相结合的方式，对拟录用或新录用的员工开展学徒培训。”

在2014年6月召开的全国职业教育工作会议上，“校企双制、工学一体”被誉为具有中国特色的技能人才培养模式。2017年12月，国务院办公厅印发《关于深化产教融合的若干意见》（国办发〔2017〕95号）再次肯定了技工院校“校企双制”的办学特色，明确提出“大力发展校企双制、工学一体的技工教育”。

在各地试点的基础上，人力资源社会保障部组织专家进一步研究，明确校企双制的内涵是："技工院校和企业以共同培育技能人才为目标，双方通过有效的合作机制，将教育、就业制度与企业生产、用人制度有机结合，学校学习过程与企业工作过程相互融合，形成校中有企、企中有校，校企共育、工学一体的办学制度和培养模式。"新的定义有三个要点，一是校企共同体的基础，二是制度文化的融合，三是培养模式的融合。"校企双制"以"八个共同"为主要内容，即校企双方共同招生招工、共商专业规划、共议课程开发、共组师资队伍、共创培养模式、共建实习基地、共搭管理平台、共评培养质量。

天津市劳动保障技师学院与大连机床集团有限责任公司校企合作签字仪式

四、打造特色教师队伍

2003—2012 年，技工院校教师人数稳步增长，特别是高级讲师、高级实习指导教师、技师和高级技师以及一体化教师的人数增长速度较快。与 2003 年相比，2012 年在职教职工人数增长 32.05%，高级讲师增长 81.76%，高级实习指导教师增长 179.74%，技师和高级技师增长 339.65%，一体化教师增长 183.17%。

2003—2012 年技工院校教师情况

年份	在职教职工人数	高级讲师人数	高级实习指导教师人数	技师、高级技师人数	一体化教师人数
2003	202 190	19 096	2 897	4 338	22 701
2004	204 657	20 550	3 809	6 151	21 625
2005	204 009	22 413	3 465	8 615	25 686
2006	215 349	24 761	4 728	11 000	30 636
2007	239 989	26 333	5 454	14 352	42 479
2008	246 736	28 802	6 264	17 787	44 433
2009	258 254	30 820	6 926	16 746	51 129
2010	264 944	32 093	7 261	18 390	52 377
2011	264 896	33 195	7 293	17 526	57 963
2012	266 994	34 708	8 104	19 072	64 282

在教师队伍建设过程中，一方面注重知识结构的改善，高学历教师不断增加；另一方面注重实践能力的培养，保持教师队伍的“高技能化”，同时加快具有理论实践能力的“一体化”教师队伍建设。2002 年 1 月，劳动保障部印发《关于加强职业培训教师队伍建设的意见》（劳社部函〔2002〕12 号），明确教师队伍建设的指导思想是：认真贯彻落实《中共中央　国务院关于深化教育改革全面推进素质教育的决定》要求，大力推进教师资格证书制度和职业培训教师上岗资格证书制度，进一步建立和完善教师培训制度，使职业培训教师队伍的整体素质有明显提高，教研、教改能力普遍增强，既能讲授专业理论又能指导生产实习的“一体化”教师不断增多，逐步形成一支数量适当、结构合理、专兼职相结合，具有较高职业道德水平、较强创新意识和实践能力的新型教师队伍。

2010年8月，人力资源社会保障部印发《关于大力推进技工院校改革发展的意见》(人社部发〔2010〕57号)，强调要制订技工院校教师培训、进修计划，定期组织师德教育和业务培训，提高专业理论课教师和实习指导课教师的技能操作水平，安排专业教师每年不少于两个月的企业生产实践活动，鼓励技工院校教师参加专业硕士学习。到“十二五”期末，技工学校专业课教师具有高级工以上职业资格的应达到50%以上，高级技工学校、技师学院专业课教师具有高级工以上职业资格的应达到70%以上。要积极吸收企业工程技术人员和高技能人才到学校担任专业课教师或生产实习指导教师。经过十多年的努力，教师队伍中高技能教师明显增多。

劳动保障部于2007年启动实施高技能人才师资培训项目，每年组织5～10个专业的师资培训。到2012年，累计培训一体化教师近4 000人。另外，为提升技工院校管理水平，劳动保障部从2007年起，举办骨干校长培训班。截至2012年，共举办6期培训班，培训院校长600多人。

昆明重工机械厂高级技师耿家盛在为昆明技师学院学生授课

第四节　技工院校在抗震救灾、技能扶贫中的贡献

一、对口援助灾区

2008 年 5 月，四川汶川地区发生特大地震。按照党中央、国务院要求，人力资源社会保障部党组在第一时间决定组织实施技工培训援助行动，北京等 15 个省市的 103 所技工院校，先后两批无条件地安置灾区 2 737 名学生，其中江苏、湖北、广东、山东等地承担主要任务，这是技工教育历史上第一次在全国范围内、有组织的大规模学生转移行动，充分体现了全国技工教育战线“一方有难，八方支援”的团结互助精神。

山东省高级技工学校迎接四川地震灾区学生

2008年5月22日，人力资源社会保障部紧急发出《关于对地震灾区开展技工培训援助的通知》(人社部明电〔2008〕7号)，决定组织全国技工院校对地震灾区开展援助。援助内容包括：援助灾区技工院校在校生继续完成学业，积极接收灾区学生到本校对口专业学习，援助灾区孤儿就读技工院校，搞好援助对接，落实救助任务。人力资源社会保障部又于6月20日印发了《关于做好地震灾后恢复重建提供人才支持工作的通知》《关于进一步做好受灾地区就业援助工作的通知》，对安置工作要求做到学习、生活、安全“三落实”。

2008年6月10日，人力资源社会保障部部长尹蔚民、北京市市长郭金龙等同志出席人力资源社会保障部与北京市政府联合召开的灾区技工学校转移学生座谈会，与来京就读的四川地震灾区技工学校学生座谈。此次技工培训援助行动，让学生和家长满意，也得到了社会的赞誉。随后，人力资源社会保障部委托中国职协组织了第二批转移安置工作。

各地纷纷选择质量较高、综合实力较强、就业前景较好的技工院校承担援助任务，制定了详细的援助工作方案，并安排专人负责具体工作。

为鼓励四川地震灾区品学兼优、家庭经济困难的技工学校学生刻苦学习，中国职协与北京华育助学基金会共同设立了技工培训援助“华育奖助学金”。中国劳动社会保障出版社免费发放教材教辅1 380种。各地按国家有关政策为灾区学生免除学杂费、食宿费等，还为所接收的灾区学生提供数额不等的生活补贴及奖学金、助学金。

为疏导学生心理，中国就业培训技术指导中心组织编写了《心理危机干预指导手册》。各学校普遍组织对灾区学生进行心理辅导，苏州技师学院邀请苏州大学专家为灾区学生做了名为“点亮心灵烛光、坚强意志长城”的心理辅导，湖南省接收院校安排有责任心的老师或学生与灾区学生结成“一对一”的帮扶关系，实现生活上能照顾、学习上能辅导、感情上能交流、心理上能疏导的帮扶效果。

为灾区学生开展心理辅导活动

通过细致的工作措施，灾区学生思想稳定，学习积极性高涨，知识与技能得到了提升，圆满完成了学业。根据灾区学生就业意向，52% 的学生选择在当地就业，40% 的学生选择返乡就业，5% 的学生选择自主就业，3% 的学生选择继续深造或参军。

灾区学生给帮扶学校的感谢信

二、技能扶贫

2001 年 6 月，国务院印发《中国农村扶贫开发纲要（2001—2010 年）》（国发〔2001〕23 号），确定从 2001 年到 2010 年，集中力量，加快贫困地区脱贫致富的进程，把我国扶贫开发事业推向一个新的阶段。全国各地技工院校积极响应国家号召，充分发挥自身优势，吸纳贫困地区劳动力及其子女入学，通过培训，掌握技能，实现就业，“培训一人、就业一人、脱贫一户”，逐步探索出一条技能扶贫之路，为扶贫攻坚做出了积极贡献。

广东省从 20 世纪 90 年代中后期开始，探索技能扶贫工作。1996 年，清远市技工学校开始从贫困山区招收贫困家庭子女，当年招生 376 人，学费减收 25%，发放助学金，推荐就业。1998 年，时任广东省委书记李长春同志视察该校予以肯定并要求推广。2000 年，广东省政府实施智力扶贫助学促富工程。从 2001 年起，广东省财政每年安排 3 亿元专项资金，用于免收全省农村人均年纯收入 1 500 元以下困难家庭子女义务教育阶段书杂费，每年资助 5 000 名农村人均年纯收入 1 500 元以下困难家庭子女接受技工教育。2002 年

广州市机电技师学院开展对接帮扶活动

9 月，广东省劳动保障厅与广东省扶贫开发领导小组办公室联合印发《广东省技工学校承担智力扶贫任务的实施方案》，确定每年招收 5 000 名农村贫困生入读技工学校，免收学费、住宿费、实习试验费，并明确了贫困生资格确认、招生、经费拨付办法、学生管理与推荐就业、监督检查等。2005 年，第一届扶贫生毕业，顺利实现 100% 就业目标。

在学习借鉴广东省智力扶贫经验的基础上，2005 年 5 月，山东省劳动保障厅、财政厅印发《山东省实施技能扶贫计划的意见（试行）》，明确提出了技能扶贫的一系列措施。技能扶贫计划坚持以农村为主、兼顾城镇的原则。资助对象为全省农村人均年收入在 800 元以下的贫困家庭和享受城镇居民最低生活保障家庭的 1 名年龄在 15 岁至 22 岁之间、具有初中以上文化程度、有就业愿望的子女。每生省财政补助 1 500 元学费，承担任务的技工学校免除教材、住宿等费用。入选的省重点技工院校必须具备“毕业生当年就业率连续三年达到 95% 以上”的条件。2005 年，首批 5 500 名贫困家庭子弟进入全省 63 所重点技工学校，之后几年逐渐增加。到 2012 年，全省有 7 万多名农村贫困生进入技工院校学习，毕业后顺利走上工作岗位。

技能扶贫流动车

2005 年 8 月，国务院扶贫开发领导小组和劳动保障部肯定了技能扶贫的经验，指出：包括技工学校在内的培训机构是开展扶贫培训的重要力量，要求“扩大贫困地区劳动力职业培训规模，有效促进贫困地区劳动力转移就业，做到‘培训一人、输出一人、就业一人、脱贫一户’”。由此，各地技工学校技能扶贫工作逐步展开，并逐步成为扶贫攻坚的品牌。

向贫困学生送去录取通知书

教师走访贫困学生家庭

与此同时，劳动保障部组织技工学校对口技能扶贫，并于2004年启动了部分省份技工学校对口培养安徽省金寨县和霍山县贫困学生项目。江苏、浙江、山东、广东、湖北、安徽等省参加，招收两县贫困学生。2004—2007年，32所技工学校招收了1 370多名贫困学生，累计减免各种费用上千万元，学生全部实现就业，对技工学校技能扶贫工作起到了引领作用。

对定点帮扶地区技工院校教师开展师资培训活动

第五节　职业院校在技术工人培养方面的基础作用

进入21世纪，国家在职业教育改革发展方面推出了一系列重大举措，其中之一就是要求职业院校要为经济建设服务，在技能人才培养方面发挥积极作用。

2002年7月，国务院召开全国职业教育工作会议。会议指出，要采取切实有效措施，大力推进职业教育的改革与发展，加大再就业培训和高技能人才培养工作力度，培养大批高素质劳动者和实用技术人才。职业教育要为经济结构调整和技术进步服务，要“迅速改变我国企业中技术工人比例偏低的状况”。2004 年 3 月，国务院批转教育部《2003—2007 年教育振兴行动计划》（国发〔2004〕5 号），提出大力发展职业教育，大量培养高素质的技能型人才，特别是高技能人才。2005 年，第六次全国职业教育工作会议和《国务院关于大力发展职业教育的决定》（国发〔2005〕35 号）明确了职业教育改革发展的目标和方向，要求进一步建立和完善适应社会主义市场经济体制，满足人民群众终身学习需要，与市场需求和劳动就业紧密结合，校企合作、工学结合，结构合理、形式多样，灵活开放、自主发展，有中国特色的现代职业教育体系。强调要“以服务社会主义现代化建设为宗旨，培养数以亿计的高素质劳动者和数以千万计的高技能人才”“实施国家技能型人才培养培训工程，加快生产、服务一线急需的技能型人才培养，特别是现代制造业、现代服务业紧缺的高素质高技能专门人才的培养”。2010 年，全国职业教育与成人教育工作会议强调，职业教育是面向人人、面向整个社会的教育，根本目的是让人学会技能和本领，能够就业，成为有用之才，要注重学生实际操作能力的教学和训练，培养更多的应用型、技能型人才。2010 年 7 月，中共中央、国务院印发《国家中长期教育改革和发展规划纲要（2010—2020 年）》，强调职业教育要满足经济社会对高素质劳动者和技能型人才的需要。

国家关于高技能人才队伍建设的相关文件中，也明确职业院校是高技能人才培养不可缺少的组成部分。《关于进一步加强高技能人才工作的意见》要求“在国家发展职业教育、实施国家技能型人才培养培训工程中，突出高技能人才培养工作”。2011 年《高技能人才队伍建设中长期规划（2010—2020 年）》中也肯定了高职院校在高技能人才培养方面所发挥的重要基础作用，要求“健全企业行业为主体、职业院校为基础的高技能人才培养培训体系”。

技能人才特别是高技能人才的培养，成为职业院校人才培养的重要目标。从 2005 年开始，国家实施职业教育示范性院校和基础能力建设计划。2005 年 4 月，教育部办公厅印发《关于进行全国示范性高职高专院校遴选工作试点的通知》（教高厅函〔2005〕22 号），启动了国家示范高等职业院校建设计划。2010—2012 年，教育部和财政部又遴选 100 所高职院校，启动了国家骨干性高等职业院校建设计划。2006 年 6 月，国家发改委、教育部、劳动保障部联合印发《关于编制中等职业教育基础能力建设规划的通知》（发改社会〔2006〕1146 号），并于 2007 年 3 月印发了《中等职业教育基础能力建设规划（2005—2010 年）》（发改社会〔2007〕549 号），提出中央专项资金重点支持 1 000 所左右县级职教中心（或县级职业学校）和 1 000 所左右示范性中等职业学校建设。2010 年 6 月，教育部、人力资源社会保障部、财政部印发《关于实施国家中等职业教育改革发展示范学校建设计划的意见》（教职成〔2010〕9 号），启动了 1 000 所中等示范职业学校建设。在这些项目中，都把培养高素质技能型人才作为重要条件之一，引导职业院校的办学方向和教学改革。教育部办公厅《关于进行全国示范性高职高专院校遴选工作试点的通知》（教高厅函〔2005〕22 号）明确：示范性院校必须“加大人才培养模式的改革力度，坚持培养面向生产、建设、管理、服务第一线需要的‘下得去、留得住、用得上’，实践能力强、具有良好职业道德的高技能人才”。2006 年，教育部印发《关于全面提高高等职业教育教学质量的若干意见》（教高〔2006〕16 号），提出高等职业教育“肩负着培养面向生产、建设、服务和管理一线需要的高技能人才的使命”。

同时，职业院校更加重视实践和实训环节教学，提高技能训练水平。教育部实施了职业教育实训基地建设计划，在重点专业领域建成 2 000 个专业门类齐全、装备水平较高、优质资源共享的职业教育实训基地，并大力推行工学结合、校企合作的培养模式。到 2011 年，已组建 500 多个职业教育集团，有 5 600 多家企业参与，涉及 43 个行业，覆盖 30% 的中等职业学校和 80% 的高等职业学校。

到 2012 年，我国已建成世界上规模最大的职业教育体系，为技能人才培养提供了更加广泛的基础。

结语

新时代，技工教育开启新征程

2012年中国共产党第十八次全国代表大会之后，党和国家事业发生历史性变革，开启了中国特色社会主义新时代，中华民族踏上实现伟大复兴的新征程。中国经济进入高质量发展阶段，深化供给侧结构性改革，建立现代化经济体系，转变发展方式，以及稳增长、稳就业，稳中求进的发展基调，对技工教育提出新的要求。技工教育呈现出新的发展特色，迈上了新的征程。

一、党和国家对技术工人队伍建设高度重视

党和国家高度重视技术工人队伍建设。党的十八届五中全会通过的《中共中央关于制定国民经济和社会发展第十三个五年规划的建议》中提出："推动人才结构战略性调整，突出'高精尖缺'导向，实施重大人才工程，着力发现、培养、集聚战略科学家、科技领军人才、企业家人才、高技能人才队伍。"2017年，中共中央、国务院印发《新时期产业工人队伍建设改革方案》。文件指出，产业工人和技能人才是工人阶级中发挥支撑作用的主体力量，是创造社会财富的中坚力量，是创新驱动发展的骨干力量，是实施制造强国战略的

有生力量。同时指出：要从巩固党的执政基础的高度，从促进我国经济社会持续健康发展的高度，加快产业工人队伍建设改革，坚持全心全意依靠工人阶级的方针，按照“政治上保证、制度上落实、素质上提高、权益上维护”的总体思路，针对影响产业工人队伍发展的突出问题，创新体制机制，提高产业工人素质，畅通发展通道，依法保障权益，造就一支有理想守信念、懂技术会创新、敢担当讲奉献的宏大的产业工人队伍。

习近平总书记特别关心技能人才培养工作，重视技术工人队伍对经济社会发展的支撑作用。2013 年 4 月，习近平总书记到全国总工会机关同全国劳动模范代表座谈时强调：“工业强国都是技师技工的大国，我们要有很强的技术工人队伍。”2014 年 5 月，习近平总书记在上海听取来华外国高层次专家发言时指出：“作为一个制造业大国，我们的人才基础应该是技工。”2019 年 9 月，习近平总书记对我国选手在世界技能大赛上取得佳绩作出重要指示：劳动者素质对一个国家、一个民族发展至关重要。技术工人队伍是支撑中国制造、中国创造的重要基础，对推动经济高质量发展具有重要作用。要健全技能人才的培养、使用、评价、激励制度，大力发展技工教育，大规模开展职业技能培训，加快培养大批高素质劳动者和技术技能人才，要在全社会弘扬精益求精的工匠精神，激励广大青年走技能成才、技能报国之路。2020 年 12 月，习近平总书记致信祝贺中华人民共和国第一届职业技能大赛举办，强调各级党委和政府要高度重视技能人才工作，大力弘扬劳模精神、劳动精神、工匠精神，激励更多劳动者特别是青年一代走技能成才、技能报国之路，培养更多高技能人才和大国工匠，为全面建设社会主义现代化国家提供有力人才保障。

李克强总理在 2017 年会见世界技能大赛中国选手时指出，在全面建成小康社会和全面建设社会主义现代化国家进程中，技能人才可以大有作为，也必将大有作为。中国经济要迈上中高端，劳动者的职业技能首先要迈上中高端。2019 年，李克强总理对我国选手在世界技能大赛上取得佳绩作出批示：技能人才是国家的宝贵资源，是促进产业升级、推动高质量发展的重要支撑。2020 年，李克强总理对中华人民共和国第一届职业技能大赛的批示中指出，提高职业技能是促进中国制造和服务迈向中高端的重要基础。要进一步完善技能人才培训培养体系，积极营造有利于技能人才脱颖而出的良好环境。

党中央、国务院对技能人才培养和技术工人队伍建设工作的高度重视，为技工教育发展注入了强大动力。处在新的历史方位的技工教育被赋予了光荣使命，为推动中国社会经济发展砥砺奋进。

二、技能人才发展环境进一步改善

中共中央、国务院先后印发了《关于深化人才发展体制机制改革的意见》（2016 年）、《关于分类推进人才评价机制改革的指导意见》（2018 年）、《关于提高技术工人待遇的意见》（2018 年）等重要文件。为落实中央要求，人力资源社会保障部等部门制定了一系列的政策措施，加大了政策供给，在解决长期存在的体制机制问题方面取得了重要突破，技能人才的各项待遇和社会地位有了大幅度提升。在社会层面，大力开展技术工人表彰活动，营造劳动光荣、技能宝贵、创造伟大的社会氛围，使技术工人获得更多的职业荣誉感。在社会待遇方面，明确对技能领军人才，在住房、落户、子女教育、就业等方面享受优惠政策。在使用待遇方面，健全技术工人评价选拔制度，充分发挥技能人才的作用，建立适合技能人才的分类评价制度和人才贯通制度。高级技工学校、技师学院毕业生在报考公务员、事业单位工作人员，在确定工资起点标准、职称评定、职位晋升等方面，按照全日制大专或本科学历享受相应待遇政策。在提高经济待遇方面，以为国家做出突出贡献的高技能领军人才为重点支持对象，着力提高技术工人收入水平，完善工资正常增长机制，拓宽收入渠道，全面改善技术工人待遇水平。

三、终身职业技能培训制度建设取得成效

2015 年 10 月，党的十八届五中全会通过的《中共中央关于制定国民经济和社会发展第十三个五年规划的建议》中，正式提出建立"终身职业技能培训制度"。2018 年 5 月，国务院印发《关于推行终身职业技能培训制度的意见》（国发〔2018〕11 号），完整阐述了目标任务和相关措施，主要包括四个方面：一是培训对象全覆盖，覆盖城乡全体劳动者；二是职业培训补贴全覆盖，每个阶段都有相应的补贴，跟随劳动者职业生涯全过程；三是技能评价激励活动全覆盖，覆盖劳动者培训就业全过程；四是全方位的服务保障，以各类培训机构为载体，提供服务保障、资金保障、权益保障等。

在落实终身职业技能培训制度方面，国家推行两项重要举措：一是大力推行企业新型学徒制。企业新型学徒制是适应我国技能人才培养要求，借鉴国际先进经验，发挥企业主体作用，以在职职工为主要培养对象，"入企即入校""企校双制、工学一体"，企业和院校联合培养的模式。2012 年 6 月，国务院办公厅转发人力资源社会保障部、财政部、国资委《关于加强企业技能人才队伍建设的意见》（国办发〔2012〕34 号）首次提出企业新型学徒制，并将企业新型学徒制写入《中共中央关于制定国民经济和社会发展第十三个五年规划的建议》。2018 年 10 月，人力资源社会保障部、财政部印发《关于全面推行企业新型学徒制的意见》（人社部发〔2018〕66 号），在试点基础上，以与企业签订 1 年以上劳动合同的技能岗位新招和转岗等人员为主要对象，以企业为主体，学徒每人每年补贴标准不低于 4 000 元，并根据经济发展、培训成本、物价指数等情况逐步提高。目标是到 2020 年底培训企业新型学徒 50 万人，并从 2021 年开始，力争每年培训学徒 50 万人。

二是实施职业技能提升行动方案。2019 年《政府工作报告》提出实施职业技能提升行动，从失业保险基金结余中拿出 1 000 亿元，用于 1 500 万人

次以上的职业培训。同年5月，国务院办公厅印发《职业技能提升行动方案（2019—2021）》（国办发〔2019〕24号），目标是三年内开展各类补贴性职业技能培训5 000万人次以上，其中2019年培训1 500万人次以上。经过努力，到2021年底技能劳动者占就业人员总量的比例达到25%以上，高技能人才占技能劳动者的比例达到30%以上。职业技能提升行动主要围绕企业职工开展技能提升和转岗转业培训，围绕就业重点群体开展职业技能提升培训和创业培训，围绕贫困劳动力和贫困家庭子女开展技能扶贫工作。在培训内容上，围绕市场急需紧缺职业、先进制造业、战略性新兴产业、现代服务业以及循环农业、智慧农业、智能建筑、智慧城市等新产业开展培训，加大人工智能、云计算、大数据等新职业新技能培训力度。在培训形式上，采取岗前培训、在岗培训、脱产培训，开展岗位练兵、技能竞赛、在线学习等活动，短中长期相结合，线上线下相结合，学制教育与非学制培训相结合，灵活多样。职业技能提升行动的开展，对稳定和促进就业，加强高技能人才队伍建设，建设知识型、技能型、创新型劳动者大军，推动我国经济转型升级，以及形成职业培训的长远体制机制，具有重大的现实意义和深远的影响。

四、技能人才评价制度改革迈出新步伐

2013年后，国务院将减少职业资格许可作为推进“放管服”改革的重要内容。人力资源社会保障部牵头组织，先后7批取消434项职业资格，占部门设置职业资格总数的70%以上。2017年9月，人力资源社会保障部向社会公布国家职业资格目录，实行清单式管理。人力资源社会保障部积极推进技能人才评价制度改革。2018年11月，人力资源社会保障部印发了《关于在工程技术领域实现高技能人才与工程技术人才职业发展贯通的意见（试行）》（人社部发〔2018〕74号）。同年12月，人力资源社会保障部办公厅印发《关于开展职业技能等级认定试点工作的通知》（人社厅发〔2018〕148号），选择

18 家中央企业先行试点。2019 年 4 月和 6 月，中石油大庆公司、中车唐山公司颁发首批职业技能等级证书，标志着技能人才评价改革正式起步。2019 年 4 月，人力资源社会保障部办公厅印发《关于扩大企业职业技能等级认定试点工作的通知》（人社厅函〔2019〕83 号），要求各省选择 10 家左右的企业开展试点。同年 9 月，人力资源社会保障部印发《关于改革完善技能人才评价制度的意见》（人社部发〔2019〕90 号），明确了改革的指导思想、基本原则和主要目标，以及改革的基本内容、评价标准、监管服务等。职业技能等级将由用人单位和社会培训评价组织按照有关规定开展认定。政府、市场、用人单位、社会组织各司其职，从而建立起权责清晰、管理科学、协调高效的技能人才评价管理体制。2019 年底，国务院决定分步取消水平评价类技能人员职业资格，推行社会化职业技能等级认定。李克强总理在 2019 年 12 月 30 日举行的国务院常务会议上特别强调："这是推动政府职能转变、形成以市场为导向的技能人才培养使用机制的一场革命，有利于破除对技能人才成长和弘扬工匠精神的制约，促进产业升级和高质量发展。"各地根据人力资源社会保障部的部署，按照市场化要求，积极推进评价制度改革，新的技能人才评价体系正在逐步形成。

五、中国技能选手登上世界技能舞台

2010 年 10 月，人力资源社会保障部派出代表团赴牙买加，参加世界技能组织大会。这次大会表决通过中国正式加入世界技能组织，成为第 53 个成员。2011 年 10 月，中国首次派出选手参加了在英国伦敦举办的第 41 届世界技能大赛，参加了数控车、焊接等 6 个项目的比赛，中国石油天然气第一建设公司员工裴先峰勇夺焊接项目银牌，实现奖牌零的突破。2013 年 7 月，在德国莱比锡举办的第 42 届世界技能大赛上，中国代表团参加了 22 个项目的比赛，获得 1 枚银牌、3 枚铜牌和 13 个优胜奖。2015 年 8 月，在巴西圣保罗举办的第43届世界技能大赛上，中国代表团参加了29个项目的比赛，获得5金6银3铜，实现金牌零的突破。2017年8月，在阿联酋阿布扎比举办的第44届世界技能大赛上，中国代表团以15枚金牌、7枚银牌、8枚铜牌的优异成绩，列金牌榜首位。来自常州技师学院的选手宋彪，获得阿尔伯特·维达大奖，展示了中国青年一代技能精英的风采。2019年8月，在俄罗斯喀山举办的第45届世界技能大赛上，中国代表团获得16枚金牌、14枚银牌、5枚铜牌，继续领跑金牌榜。从首战伦敦、挺进莱比锡、圆梦圣保罗，再到竞技阿布扎比、征战喀山，短短几年，中国代表团实现了从学习者、跟随者到领跑者的转变。中国技能选手在世界技能舞台上取得的优异成绩，受到党和国家领导人的高度重视。2019年9月，习近平总书记对我国选手在第45届世界技能大赛中取得佳绩作出重要指示，强调弘扬精益求精的工匠精神，激励广大青年走技能成才、技能报国之路。2017年11月，李克强总理在会见第44届世界技能大赛中国选手时指出，推动中国制造和服务迈上中高端、实现经济高质量发展，新一代青年技能人才肩负不可替代的使命。一些省市对获奖选手进行宣传、表彰和奖励，进一步改变了“重文凭、轻技能”的传统社会观念，提升了技术工人的社会地位。世界技能大赛的理念、竞赛内容和标准等成果转化，对于提高我国技能人才培养水平发挥了重要作用。

六、技工院校发展建设呈现新水平

党和国家高度重视技工院校发展，强调“大力发展技工教育，支持技师学院建设”（《新时期产业工人队伍建设改革方案》，2017年），“大力发展校企双制、工学一体的技工教育”[《关于深化产教融合的若干意见》（国办发〔2017〕95号）]。技工院校进入高质量发展阶段，通过落实《技工教育“十三五”规划》（人社部发〔2016〕121号），办学实力进一步增强，培养水平、服务能力进一步提升，走上世界技能舞台，积极参与脱贫攻坚，为中国经济转型升级和全面建成小康社会做出了积极贡献。

政策支持力度不断加大。技工院校师资队伍建设、学生待遇等政策普遍得到落实，通过继续实施国家高技能人才振兴计划和终身职业技能培训各项措施，以及中职基础能力建设、中职示范校建设、产教融合发展工程等项目，技工院校建设进入新阶段。2012—2016 年，中央财政累计投入近 70 亿元，带动地方加大投入，提升了技工院校整体实力。

规模保持稳定。自 2013 年以来，技工院校年招生人数基本保持在 130 万人左右。技能人才培养结构更加合理，在校生中高级工班以上学生比重增加，技师学院发展迅速。

服务能力增强。适应产业升级要求，调整专业设置。先进制造业、现代服务业、战略性新兴产业、现代农业和传统工艺技艺领域的专业迅速发展。各地技工院校建设了一批与当地主导产业发展相匹配的特色专业。技工院校在服务产业经济方面发挥了积极作用。

人才培养质量提高。技工院校创造了校企双制、工学一体的办学模式。将劳动教育和工匠精神培养融入公共课程、专业教学、实习实训、就业指导和考核鉴定体系，贯穿技工培养全过程。积极引进转化世界技能大赛标准和国际先进培养模式，国际化办学水平有了新的提高。

为中国技能人才走上世界技能舞台做出突出贡献。技工院校参赛选手占我国参加世界技能大赛选手总数的一半以上，技工院校师生夺得 58% 的金牌和近 60% 的奖牌。第 45 届世界技能大赛 205 个国家训练基地中，有 155 个设在技工院校，占 75%。技工院校在技能领军人才培养方面展现出强大的实力和水平。

肩负脱贫攻坚重任。2016 年 7 月，人力资源社会保障部、国务院扶贫办印发了《关于开展技能脱贫千校行动的通知》（人社部发〔2016〕68 号）。2019 年 1 月，两部门再次印发《关于深入推进技能脱贫千校行动的实施意见》

（人社部发〔2019〕2 号），深入实施技能脱贫千校行动。人力资源社会保障部、财政部、国务院扶贫办《关于切实做好就业扶贫工作的指导意见》（人社部发〔2016〕119 号）明确了相关财政补贴政策，全国技工院校广泛动员，积极参与，做到“应培尽培、能培尽培”，实现“技能培训一人，就业创业一人，脱贫致富一户”。2018 年 10 月，人力资源社会保障部职业能力建设司荣获“中央和国家机关脱贫攻坚先进集体”称号。

新时代，职业教育改革不断迈出新步伐。2014 年，国家召开了全国职业教育工作会议，提出建立现代职业教育体系。2019 年，国务院印发的《国家职业教育改革实施方案》明确职业教育是一种教育类型，并提出发展职业教育的一系列政策措施。职业教育为产业经济服务、为技能人才培养服务的作用不断加强。各类职业学校在招生等方面享受统一政策，技工院校与其他职业学校呈现出百花齐放、共同发展的良好态势。

回忆往昔，在 150 多年的发展历程中，技工教育为中华民族的独立和解放事业、为社会主义建设做出了不可磨灭的巨大贡献。展望未来，中国技工教育的发展前景更加辉煌，发展道路更加宽广。习近平总书记在中国共产党第十九次全国代表大会上指出，今天的中国，比任何时候都更加接近和有能力实现中华民族的伟大复兴。未来的中国将成为富强、民主、文明、和谐、美丽的社会主义现代化强国。在实现中华民族伟大复兴的征程中，技工教育大有可为，也必将大有作为。各类技工院校在培养知识型、技能型、创新型劳动者大军，造就一支数量充足、结构合理、素质优良、技艺精湛的青年技能人才大军，建设技能强国，实现充分就业，推动经济向更高质量发展等方面，将做出新的更大贡献。

附录

向图强而生　伴复兴而盛
——中国技工教育发展印记

岁月奔流，长风浩荡。中国技工教育在民族危难之时发轫，在新中国建设和改革开放之中发展，在民族复兴之路上兴盛，画出了一条从无到有、从弱到强的历史轨迹。

弦歌不辍，今更峥嵘。在波澜壮阔的历史进程中，技工教育逐渐成为培养技能人才的主阵地。广大技能人才始终与民族共命运，与人民同呼吸，谱写了壮美华丽的乐章。

诞生在民族危难之际

福建马尾，中国船政文化博物馆，一块船政学堂的奠基石，昭示着历史的纹路，散发着时代的光芒。

19世纪中叶以后，中国进入了一个充满动荡与变革的时期。在“求强”“求富”的洋务运动中，1866年，左宗棠及其继任者沈葆桢在福建马尾造船厂中附设了旨在培养造船、驾驶人才的船政学堂。

为了培养造船修船的技术工人，1868 年 2 月，学堂增设“艺圃”，后分为艺徒学堂和匠首学堂。艺徒择优升入匠首，培养高级技工。中国第一所技工学校由此诞生。

“艺圃和过去传统的师徒教育不同，它坚持厂校一体、工学一体，具备了技工院校的基本要素。”国家教育咨询委员会委员、中国就业促进会原副会长陈宇说。

由于教学与实践紧密结合，艺圃创办 5 年之时，试行让学制造专业的学生和艺圃学生“放手自造”舰船设备，“验其工程均能一一吻合”。这里先后制造出了我国第一艘千吨级轮船、第一台蒸汽机、第一艘钢壳网甲军舰等，成为中国近代海军的摇篮。

自此以后，薪火传衍。教泽绵绵，蔚然成风。

为救世济民，众多仁人志士在技工教育方面展开探索，在中国历史舞台上留下浓墨重彩的一笔——

1898 年，张之洞创办湖北工艺学堂；1912 年，实业家张謇在江苏南通创办纺织染传习所；1914 年，张謇又出资创办了南通女工传习所；1918 年，黄炎培等人在上海创办中华职业学校……

“这些探索是近代中国追求民族进步、自强不息的一个缩影。一个多世纪以来，先辈们不断探索，创造出先进的技能人才培养模式，让我们由衷地充满敬意。”人力资源社会保障部职业能力建设司司长张立新说。

历史车轮滚滚向前。在抗日战争和解放战争期间，中国共产党领导下的技工教育以旺盛的生命力继续发展，为民族独立和人民解放做出了积极贡献。

1942 年，新西兰友人路易 · 艾黎在陕甘宁边区创办了培黎工艺学校，以机械维修制造专业为主，采用半工半读的教学模式，将先进的工农业科学技术带到了大西北农村。

东北地区解放后，大连机车车辆厂技工学校、哈尔滨车辆厂技工学校等积极培养人才。解放区技工学校在校生有 2 700 多人，为新中国的发展积蓄了力量。

在服务新中国建设中蓬勃兴起

耿鼎，全国劳模，1947 年参军。1950 年，年仅 16 岁的他进入重庆一所技工学校学习，毕业后成长为高级工程师，担任昆明重机厂总工艺师至离休。他见证了技工教育伟大的起航时代——

1949 年 10 月 1 日，中华人民共和国在废墟上站立起来。历经多年战乱，失业成为新生的人民政权面临的一个棘手问题。

资料显示，彼时在北京、南京等大城市，失业人口均超过全市人口的 1/4。

为破解这一难题，1950 年 5 月 19 日，政务院举行第 33 次政务会议，通过《关于救济失业工人的指示》。随后，全国各地普遍开展了以工代赈和转业训练。

从 1950 年到 1953 年，全国参加职业训练的失业人员达 15 万多人，许多人通过培训获得了工作。由于生活有了保障，他们对党和政府的信任度和满意度显著提高，这项工作有力地促进了人民政权的稳定。

1953 年，我国开始实施第一个五年计划，提出兴建 156 项重点工程，对技术工人的需求激增，国家开始建立有计划培养后备技术工人的制度，技工教育开始进入蓬勃发展的崭新阶段。

构建起技工教育新格局——

1953 年，政务院决定由劳动部门对全国技工学校进行综合管理。“一五”期间，国家相继出台《技工学校暂行办法》《工人技术学校标准章程》等，确立了我国技工教育的基本制度。1958 年，半工半读教育制度兴起，改变了我国单一的全日制教育结构。

培养了大批熟练技术工人——

1959 年秋，一场盛大的全国新技工培养训练展览会在北京劳动人民文化宫举办。在一幅特制的地图上，技工学校发展情况用各色灯光标注，宛如繁星密布，引得人们驻足观赏。

新中国成立之初，广袤的华夏大地上只有 3 所技工学校。到 1958 年，全国技工学校发展到 417 所，在校生近 17 万人。1949—1959 年，全国技工院校毕业生达 20 余万人，通过各种形式培训企业技术工人 800 万人次，奠定了新中国工业化建设的工人队伍主体。

有力推动社会主义工业化建设——

“革新成功‘单管喷吸钻’，使加工精度大为提高，效率提高了 10 ~ 20 倍。”昆明重机厂的厂志记载着耿鼎的众多发明，这是他一生中 600 多项优异工作业绩之一。

“新中国第一炉钢水、第一辆汽车、第一艘万吨轮、第一架飞机、第一台万吨水压机的背后，都活跃着广大技校毕业生的身影。”山东劳动技师学院原党委书记崔秋立说。

在改革开放中飞跃发展

1980 年，沿着父亲耿鼎的足迹，17 岁的耿家盛考取了昆明机床厂技工学校，他或许没有意识到，一个技工教育飞跃发展的新时期已迎面而来——

1978 年，党的十一届三中全会决定，把全党工作的重点转移到社会主义现代化建设上来，中国发展翻开新的一页。“应该考虑各级各类学校发展的比例，特别是扩大农业中学、各种中等专业学校、技工学校的比例。”与社会主义现代化建设同频共振，技工教育迈入新的发展阶段——

1979 年，《技工学校工作条例（试行）》颁布，进一步恢复和规范技工学校办学。1979 年，为解决技校师资来源问题，国务院批准在天津、山东、河南、吉林设立 4 所技工师范学院。1986 年，《技工学校工作条例》颁布实施，技工教育走上规范办学之路。

“通过上述改革，有力推动了技工学校的发展。1978 年，技工学校在校生只有 38 万人。1990 年，在校生达到 133 万人，是 1978 年的 3.5 倍，毕业生质量逐年提高。”张立新说。

1993 年，劳动部印发《关于深化技工学校教育改革的决定》，技工学校招生由指令性计划改为指导性计划。同时，新兴产业迅速发展，技工教育在迎接挑战的同时，也明确了新的发展方向——

从 1993 年确定 18 所技工学校为第一批国家级重点技工学校，到 1995 年下发通知对申办高级技工学校进行规范；从 2000 年对技工学校进行改革，到逐步形成技工学校、高级技工学校和技师学院 3 个层次的培养体系……随着对高级技术人才需求的增加，技工教育不断整合、提质，提高了办学层次，取得了新发展。

截至 2010 年末，全国共有技工学校 2 998 所，在校生 421 万人。在数量庞大的技能人才支撑下，2010 年，我国制造业产出占世界的比重为 19.8%，已经成为全球制造业第一大国。

进入 21 世纪后，技工荒开始逐渐蔓延。面对我国制造业发展对技能人才的迫切需求，技工教育被提升至国家战略高度，再次进入快速发展期——

2003 年，全国人才工作会议明确提出，高技能人才是国家人才队伍的重要组成部分。国家先后出台了发放国家助学金、对农村困难学生免学费等政策。2010 年 8 月，人力资源社会保障部印发文件，提出了推进技工院校改革发展的一系列政策措施，极大地促进了技工院校发展。

乘势而上，不断攀登，技工教育作用进一步凸显——

“沈阳轿车制造厂技校 3 个实习工厂完成了轿车制造厂的生产任务，还创造了经济价值150万元。”1988年，一则新闻振奋了不少人。多年来，这样的新闻不计其数。

“改革开放以来，广大技工院校不仅培养了技能人才，还承担了企业职工、下岗失业人员以及其他社会人员的培训任务，在促进中国经济飞跃式发展、劳动者就业创业、农村劳动力转移等方面发挥了重要作用。”中国职工教育和职业培训协会副秘书长李荣生表示。

春风化雨，蔚然成林，技能人才成为支撑中国迈向世界舞台的重要力量——

从技校毕业后，耿家盛成长为名副其实的“全能”机床工，被誉为云南机械加工行业的“一把刀”；从技校毕业的王军，两次荣获国家科技进步二等奖，被称为“蓝领科学家”；从技校毕业的徐强，创造了大型齿轮加工4级精度的全国之最，被称作“徐强精度”。

因时而进，因势而新。鼎新前行的技工教育，不仅成为我国职业教育事业的重要组成部分，而且也成为世界职业教育改革发展的重要参与者和实践者。

新时代向世界技能高峰迈进

“工业强国都是技师技工的大国。”“作为一个制造业大国，我们的人才基础应该是技工。”党的十八大以来，面对中国经济结构调整和创新驱动发展战略的实施，处在崭新历史方位的技工教育又一次被赋予了光荣的使命，为推动中国制造“品质革命”奋力前行。

顶层设计不断完善。中共中央、国务院印发的《新时期产业工人队伍建设改革方案》提出，大力发展技工教育，支持技师学院建设。2016年，人力资源社会保障部出台了《技工教育“十三五”规划》，为全国技工教育事业发展描绘了新的蓝图。2017年，人力资源社会保障部印发文件，进一步完善技工院校教师职称制度，在技工院校增设正高级职称，在全国范围内推动技工院校教师职称制度改革。

服务国家战略更加有力。围绕创新驱动发展、“一带一路”建设、京津冀协同发展等战略，技工院校主动作为，新增了无人机应用、智能机器人、3D打印等一大批新专业和专业方向，加快培养新兴产业急需的高技能人才。

高端引领方向更加聚焦。2014年，人力资源社会保障部印发了《关于推进技工院校改革创新的若干意见》，明确了技师学院主要承担通过学制教育培养高级工以上技能人才任务，属职业教育高层次技能人才培养范畴。2012—2016年，中央财政累计投入近70亿元，带动各地加大投入，提升了技工院校整体实力。

一个具有中国特色和世界水平的技工教育发展体系已经成型——

2017年，在阿联酋阿布扎比举办的第44届世界技能大赛上，中国代表团高居奖牌榜和金牌榜首位。其中，出自技工院校的奖牌占比为64.2%，金牌占比为60%。

截至2017年底，全国共有技工院校2 490所，在校生达338.2万人，其中，高级工、预备技师和技师班在校生为127.5万人，占在校生总量的37.7%。广大技工院校坚持高端引领、校企合作、多元办学、内涵发展的办学理念，形成了鲜明的办学特色，技工教育的社会影响力不断提升。

让青年技能人才享有人生出彩的机会，记下社会发展的脚步——

21岁的阿木约布来自四川凉山。2015年，经过珠海市技师学院与凉山州农业学校共同培养，阿木约布掌握了一身过硬的技术。2017年，阿木约布毕业后留在珠海，成了一家公司的车间班组长。技工教育给阿木约布插上了梦想的翅膀。

技工教育为众多有志于学技能的孩子，特别是一些贫困家庭的孩子提供了实现梦想的机会，斩断了贫困代际传递。

人才辈出，群星璀璨，撑起中国从“制造大国”到“制造强国”的坚实一跃——

20 世纪 20 年代，有人在哈尔滨推广拖拉机时，既无拖拉机手，也无熟练的机械维修人员。结果是，数量很少的拖拉机成了一堆废铁。

今天，在技能人才的助力下，天眼探空、蛟龙探海、神舟飞天、高铁奔驰……一批重大工程稳步推进，取得了突破性进展。

芳林新叶催陈叶，流水前波让后波。处在历史交汇期，实现第一个百年奋斗目标胜利在望，向第二个百年奋斗目标进军的恢宏大幕正在徐徐拉开。朝着新目标，技工教育正稳步前进。

（资料来源：2018 年 7 月 13 日《中国组织人事报》，作者孙忠法）

参考文献

[1]《现代班组》编辑部. 特别策划：全国职工职业技能大赛 [J]. 现代班组，2010（2）.

[2] 白中阳. 清末民初女工传习所探析 [J]. 天津大学学报（社会科学版），2018（5）.

[3] 陈道章，林樱尧. 福建船政大事记 [M]. 修订本. 北京：中国文联出版社，2011.

[4] 陈海澄. 景德镇瓷录 [J]. 中国陶瓷（增刊），2004.

[5] 陈斯毅. 广东技能人才供给侧改革与模式创新 [M]. 广州：中山大学出版社，2018.

[6] 陈旭麓. 近代中国的新陈代谢 [M]. 上海：上海社会科学院出版社，2006.

[7] 陈学恂. 中国近代教育史教学参考资料 [M]. 北京：人民教育出版社，1993.

[8] 奉莉. 抗战时期大后方职业教育发展研究——以川、滇、黔三省为中心 [D]. 重庆：西南大学，2011.

[9] 符祚钢. 首届全国数控技能大赛圆满结束 [J]. 制造技术与机床，2004（12）.

[10] 高爱娣. 中国工人运动史 [M]. 北京：中国劳动社会保障出版社，2008.

[11] 高奇. 壬戌学制——职业教育从“富国强兵”的实业教育向关注国计民生的职业教育之转折 [J]. 中国职业技术教育，2008（27）.

[12] 桂树红. 劳动和社会保障部召开首次新职业发布会 [J]. 中国培训，2004（9）.

[13] 雷前虎，崔莉萍. 练习生制：民国时期的现代学徒制探索 [J]. 职业技术教育，2019（6）.

[14] 李蔺田. 中国职业技术教育史 [M]. 北京：高等教育出版社，1994.

[15] 李楠夫. 周学熙实业教育活动述论 [J]. 历史教学，2000（8）.

[16] 李新临. 全国首届计算机应用大赛在京圆满结束 [J]. 劳动保障通讯，2002（1）.

[17] 李忠. 民国时期劳工教育制度建设及其影响 [J]. 职教论坛，2010（4）.

[18] 刘建华，潜伟. 民国时期技术工人学校教育研究——技工训练班技术工人教育考察 [J]. 学术论坛，2006（12）.

[19] 刘作芹. 抗战期间大后方的职业教育 [D]. 大连：辽宁师范大学，2009.

[20] 栾炳文. 清末工艺局对学徒制的改革 [J]. 山西师大学报（社会科学版），1989（4）.

[21] 米靖. 中国职业教育史研究 [M]. 上海：上海教育出版社，2009.

[22] 荣国丞，董衍美. 新时代全国职业院校技能大赛：新跃升、新特点、新方向 [J]. 职业技术教育，2018（21）.

[23] 沈岩. 船政学堂 [M]. 北京：科学出版社，2007.

[24] 施正康. 近代上海华商纱厂联合会与棉纺业的自救 [J]. 上海经济

研究，2006（5）.

[25] 宋德臣.“振兴工艺”：清末游民就业工程 [J]. 世界博览，2009（6）.

[26] 王晓君，崔秋立. 新中国成立70年技工教育的发展特色及贡献 [J]. 职业，2019（29）.

[27] 王筱宁，李忠. 民国时期劳工教育思潮及其影响 [J]. 职教论坛，2015（10）.

[28] 尉凤英. 技术革新使我人生多彩 [J]. 兰台世界，2003（1）.

[29] 吴洪成，郭海洋. 传统学徒制度在近代中国的嬗变 [J]. 职教论坛，2019（6）.

[30] 吴洪成等. 中国近代职业教育制度史研究 [M]. 北京：知识产权出版社，2012.

[31] 吴静，李如瓛. 群众性技术革新运动：中国式的技术发展道路 [N]. 东方早报，2016-05-10.

[32] 吴玉伦. 清末实业教育制度研究 [D]. 武汉：华中师范大学，2006.

[33] 谢华，杨志强. 民国时期职业补习学校的特点及其对当代职业教育发展的启示 [J]. 职教通讯，2015（10）.

[34] 谢长法. 中国职业教育史 [M]. 太原：山西教育出版社，2011.

[35] 辛雨，杨大伟. 民国时期工厂学徒制厂规探析 [J]. 职业教育研究，2019（10）.

[36] 严鹏. 富强求索——工业文化与中国复兴 [M]. 北京：电子工业出版社，2016.

[37] 严鹏. 简明中国工业史（1815—2015）[M]. 北京：电子工业出版社，2018.

[38] 杨大伟. 技术技能人才培养的中国模式 [N]. 中国教育报，2019-10-22.

[39] 姚力. 新中国成立初期的劳模表彰及其社会效应 [J]. 党的文献，2013（4）.

[40] 姚荣启. 新中国建国十周年召开的全国群英会 [J]. 工会信息，2018（18），2019（6）.

[41] 俞启定，和震. 中国职业教育发展史 [M]. 北京：高等教育出版社，2012.

[42] 袁耀华. 新技工培训事业光辉的十年 [J]. 中国劳动，1959（19）.

[43] 云生. 新职业的界定、发布与标准 [J]. 企业文明，2008（4）.

[44] 张东，余冬阳. 论陶行知的“生利主义”教育观 [J]. 职业教育研究，2016（4）.

[45] 张立新. 我国职业能力建设工作回顾与前瞻（上）[J]. 中国培训，2016（5）.

[46] 张倩，宁永红，刘书晓. 新中国成立以来的技工教育：历程、回归与超越 [J]. 中国职业技术教育，2017（24）.

[47] 张淑春. 我国高技能人才管理制度的纵向比较研究 [J]. 人力资源管理，2015（9）.

[48] 张小建. 为实现技能中国理想而努力奋斗：2001—2010 职业培训工作文稿 [M]. 北京：中国劳动社会保障出版社，2011.

[49] 张晓东. 民国时期建教合作职业教育研究 [J]. 职教论坛，2010（10）.

[50] 郑师渠. 中国近代史 [M]. 北京：北京师范大学出版社，2016.

[51] 中国劳动和社会保障部. 新中国劳动和社会保障事业 [M]. 北京：中国劳动社会保障出版社，2010.

[52] 中国铁道学会教育委员会. 中国铁路教育史（1949—2000）[M]. 成都：西南交通大学出版社，2007.

[53] 周谈辉. 中国职业教育发展史 [M]. 台北：三民书局，1985.

后记

2018 年 7 月 15 日，人力资源社会保障部在北京举办了世界青年技能日主题活动。在这次活动中，举办了中国技工教育发展历程图片展，这是我国首次对技工教育发展历程的系统回顾，对于总结我国技工教育的历史经验，宣传技工教育的发展成就和培养特色具有十分重要的意义。为搞好这次活动，人力资源社会保障部职业能力建设司、中国人力资源和社会保障出版集团做了大量工作，组织全国各地提供了大量珍贵的资料和图片。鉴于我国尚没有一部关于技工教育发展的著述，有关领导提议，在图片展的基础上继续深入挖掘，收集整理，编写成书，填补空白。自此，开启了本书近两年的编写过程。

技术工人是我国工业化、现代化的重要支撑。自近代洋务运动以来，多形式、多层次的技术工人培养就伴随着工业化进程而逐步兴起，历经民国时期，特别是新中国成立之后得到了大力发展，已形成政策、体制、培养、评价等较为完整的技工教育体系。新时代，技术工人队伍是支撑中国制造、中国创造的重要基础，对推动经济高质量发展具有重要作用。

本书所称技工教育，指多种形式的技术工人培养，非专指技工学校教育。本书主要介绍了自近代洋务运动起至 21 世纪初，我国技术工人培养的发展历程，包括学校教育和各种培训，也包括影响技术工人培养的制度、政策、环境变迁。技工教育发展历程也是我国工业化进程的缩影。本书在叙述工业化进程的背景下，对技工教育进行研究，力求找到其中的联系和规律。

虽然本书是在广义上介绍技工教育，但技工学校教育仍是本书研究的重点之一。从广义上讲，技工学校教育是我国职业技术教育的重要组成部分，也是职业技术学校的一种类型。但从历史源流上看，技工学校一直与其他类型职业学校教育并行发展，在民国时期就独立存在，在新中国成立初期，曾在职业技术学校教育中占据主导地位。经过 150 多年的发展，形成了技工教育的办学定位和特色，如适应需求的办学定位，校企合作的办学制度，工学一体、产训结合的培养模式，注重实践技能的培养方法，以劳动精神、工匠精神为统领的职业素养培养等。可以说，技工学校教育是最适合技能人才培养的教育。本书详细阐述了不同历史阶段技工学校的办学特色，对技工学校工作者和从事技工教育、职业教育研究的朋友或许能够有所帮助。

编写组由几位长期从事技工教育工作，有情怀、有研究能力和成果的人员组成。在编写过程中，大家翻阅了数十种有关我国职业教育发展历程的著作和大量的学术文章，检索了新中国成立以来有关的重要文献，收集了大量学校、企业的历史资料，并赴一些重要历史事件发生地进行实地考察。在收集整理的基础上，依据我国社会发展历史对技工教育历史分期做了研究分析，对发展脉络进行梳理，对发展特色和规律进行总结提炼，对历史人物和事件进行考证和评价，并征询有关领导和专家的意见，反复研磨，形成了今天这部书稿，可谓来之不易。

本书在编写过程中，得到全国许多技工教育工作者的关注和支持。几位专家顾问对书稿倾注了大量心血并提供了宝贵资料，陕西师范大学李忠教授等专家帮助审阅文稿并提出了有价值的修改意见，在此表示诚挚的谢意。同时，陈斯毅、韩原生、宋文涛、刘继斌、张中洲、李永盛、李长江、田秀平、李涛、童华强、林蓉、张传龙、汤伟群、罗永刚、付尚谋、刁建平、杨金国、曾令萍、王雪宁、李斌、武宸妤（排名不分先后）等同志，也为本书的编写提供了很多帮助，在此一并致谢。

本书的出版填补了我国技工教育发展史的空白，满足了技工教育工作者的期待，对研究总结规律，借鉴历史经验，推动技工教育发展具有重要意义。总的来说，由于首次编写，时间偏紧，有些资料的查阅较为困难，加之本书注重普及性，兼顾学术性，对于史料考证方面难免有所欠缺，因而有资料不够翔实、精确之虞。同时，由于编写组成员思想水平、学术水平和研究能力有限，难免存在一些疏漏、不足和偏差，如对历史分期的研究未必十分科学精准，对历史人物、事件的评价和有关内容的概括总结也恐有不少不准确、不到位的地方，敬请读者和有关专家批评指正。希望本书的出版发行，能够引起更多专家学者的关注并积极参与技工教育发展历程的研究，结出更多更好的成果。

编者

2021 年 3 月